亚洲区域合作专项资金项目成果

"一带一路"建设与东北亚能源安全

朴光姬　钟飞腾　李芳　主编

中国社会科学出版社

图书在版编目(CIP)数据

"一带一路"建设与东北亚能源安全/朴光姬，钟飞腾，李芳主编． —北京：中国社会科学出版社，2017.10
ISBN 978-7-5203-0880-9

Ⅰ.①一… Ⅱ.①朴…②钟…③李… Ⅲ.①"一带一路"—国际合作—研究②能源—国家安全—研究—东亚 Ⅳ.①F125②TK01

中国版本图书馆 CIP 数据核字（2017）第 210443 号

出 版 人	赵剑英
责任编辑	周晓慧
责任校对	无 介
责任印制	戴 宽

出　　版	中国社会科学出版社
社　　址	北京鼓楼西大街甲 158 号
邮　　编	100720
网　　址	http://www.csspw.cn
发 行 部	010-84083685
门 市 部	010-84029450
经　　销	新华书店及其他书店
印　　刷	北京明恒达印务有限公司
装　　订	廊坊市广阳区广增装订厂
版　　次	2017 年 10 月第 1 版
印　　次	2017 年 10 月第 1 次印刷
开　　本	710×1000　1/16
印　　张	19
插　　页	2
字　　数	268 千字
定　　价	86.00 元

凡购买中国社会科学出版社图书，如有质量问题请与本社营销中心联系调换
电话：010-84083683
版权所有　侵权必究

目　录

序 ……………………………………………………………………（1）

第一编

"一带一路"与能源安全：聚焦地缘政治和
　风险管理 …………………………………………… 查道炯（3）
"一带一路"倡议下区域能源
　安全合作 ………………………… 徐小杰　朱子阳　程覃思（17）
"一带一路"对油气基础设施的影响 ………………… 姜鑫民（32）
"一带一路"油气投资中的风险及其防控 …………… 胡菁菁（50）
试析日本对"一带一路"的认识与应对 ……………… 李成日（63）

第二编

东北亚地区的能源合作：现状、阻力与路径 ………… 田光强（81）
东北亚能源安全的竞争与合作 ……………………… 周永瑞（100）
"一带一路"与东北亚能源安全合作
　机制建设 ………………………………… 郭　霞　朴光姬（118）
能源安全与"一带一路"倡议下中国参与
　东北亚能源合作 …………………………………… 孙溯源（136）
中国能源革命、"一带一路"与东北亚能源安全 ……… 钟飞腾（166）
俄罗斯"东向"能源战略与东北亚地区能源合作 ……… 富景筠（200）

第三编

国际合作新形势对"中蒙俄经济走廊"建设的影响 …… 范丽君(217)
"一带一路"倡议下的中蒙俄能源合作路径研究 ……… 郑 伟(238)
地区安全视角下"一带一路"建设与中蒙俄
　能源合作 …………………………………… 朴光姬　李 芳(253)

后记 ………………………………………………………… (278)

序

东北亚本是一个地理概念，系指亚洲东北部地区，包含日本、韩国、朝鲜、蒙古国、俄罗斯的远东联邦辖区以及中国的东北和华北地区，陆地面积1600多万平方公里，占亚洲总面积的40%以上。在全球化趋势的影响下，东北亚地区的政治、经济、文化交往已经超越了这一地理范围，演变为中、蒙、俄、朝、韩、日六国的区域性活动，因此，东北亚六国日益被视为全球交往中的一个区域性集合体。并且，因区域内同时聚集了世界上的化石能源生产大国——俄罗斯，以及能源消费严重依赖外源的能源需求大国——中、日、韩，而使得东北亚能源安全与合作成为该区域的持久性议题。能源合作是"一带一路"建设的重要组成部分，随着"一带一路"倡议的逐步实施，以及世界政治经济和能源形势的变动，东北亚地区的能源安全环境也处在变动之中。在新的能源安全环境下，东北亚能源合作或面临新机遇，或面临更多挑战，因此，必须对"一带一路"下，东北亚能源安全局势展开进一步研究，以期推动东北亚能源合作向前迈进，巩固东北亚能源安全。

一　世界能源形势及展望

能源素有国民经济"血液"之称，对一国经济和社会发展具有举足轻重的作用。尽管当前世界能源的消费仍然高度依赖以煤、石油、天然气为代表的化石能源，然而，在技术进步和对环境关注的驱动下，世界能源形势正展现出两大特征：一是传统油气格局进一步调整；二是能源结构持续向低碳化转型。在新的能源形势下，能源生产国之间、消费国之间、生产国与消费国之间的关系也发生着变化。

（一）传统油气供需格局进一步调整

1. "页岩气革命"推动油气生产中心多元化

美国"页岩气革命"的成功，实现了非常规油气开采的技术突破，在其技术变革的引领下，北美乃至整个美洲地区将成为世界油气供给的新增长极。美国在2006年以后页岩气产量实现跨越式增长，能源独立接近实现，并强势加入油气出口市场。挪威Rystad能源咨询公司报告显示，截至2015年，美国持有的可开采原油数量比沙特或者俄罗斯多。其中，美国可采原油大约2640亿桶，俄罗斯约为2560亿桶，沙特约为2120亿桶。[1] 随着美国解禁石油出口禁令，美国油气供应商在全球出口市场上竞价将指日可待。受美国技术外溢的影响，加拿大成为全球第二个实现页岩气商业化开采的国家，对欧洲、亚太地区的供应逐年增多。2015年，北美从能源净进口区域变为净出口区域。未来，委内瑞拉重油、巴西盐下石油以及阿根廷页岩油气的潜力若得以大规模开发，西半球将逐渐成为世界油气供给的另一极。由此，世界油气市场将呈现出中东地区、俄罗斯、非洲以及美洲等多个油气生产中心。

2. 新兴经济体成为能源消费增长的主要来源

金融危机以来，亚太地区以中国、印度代表的新兴经济体因经济持续增长而对能源的需求量与日俱增，同经济合作与发展组织（Organisation for Economic Co-operation and Development，OECD）代表的发达经济体因经济放缓而导致的能源需求增长乏力形成反差。全球能源需求市场增量大多由新兴经济体贡献，全球消费中线正在集中到亚太区域，出现"东移"趋势。根据国际能源署（International Energy Agency，IEA）的数据，中国在2009年消费了22.52亿吨油当量，超

---

[1] 储芸：《一份耗时三年的研报显示：美国油储首超沙特和俄罗斯》，《华尔街见闻》，http://wallstreetcn.com/node/252553（2016-07-05）。

出美国约4%，①成为全球第一大能源消费国。尽管随着中国经济结构的调整和转型升级，中国能源消费增长率有所放缓，但是中国在金融危机后一直保持着全球第一大能源消费国地位。印度则紧随其后，在2015年超越俄罗斯，成为世界第三大能源消费国。随着中印经济体量的不断增大，两国在世界能源消费中的地位将进一步提升，能源消费中心东移趋势更加明显。

3. 全球石油供给过剩或成常态

随着非常规油气开采技术的突破以及可再生能源技术的发展，全球能源供给能力显著提升。而在能源需求侧，受全球经济低迷的影响，能源需求增速放缓。全球呈现出石油供给过剩的局面，石油价格下行压力加大。2014年下半年开始，石油价格一路狂跌，油气生产商遭受巨大损失。然而，为了维持市场份额，各国减产的动力不足，进一步加剧着生产过剩的局面，石油价格已经维持了两年的低位徘徊状态。世界主要油气生产商的市场份额之争将有增无减。根据英国石油公司（BP）的统计数据，2015年，俄罗斯超越沙特阿拉伯成为世界第一大石油出口国，并且继续维持着第一大天然气出口国的地位。而美国的油气产量增长也势不可当，2014年，美国超越沙特成为全球第一大石油生产国，同时其页岩气产量增长迅猛，超越俄罗斯，成为世界第一大天然气生产国。全球页岩气供应的急剧增加，气价也面临着下行压力。随着美国石油出口禁令的解除，未来美俄在全球油气市场上的竞争将更加激烈。

长期内，充裕的石油供给与石油需求放缓的矛盾有可能进一步加剧石油生产国之间的竞争，低成本生产者可能会利用其竞争优势来增加市场份额。根据BP统计，全球石油技术可开采量约为2.6万亿桶，其中约有1.7万亿桶（65%）位于中东、独联体国家和北美洲。如此充裕的石油资源与石油需求增长放缓形成对比，到2035年，累计石油需求预计约为0.7万亿桶，明显少于中东一个地域的技术可开采石

---

① 国际能源署：《中国超美国成世界最大能源消费国》，http://finance.qq.com/a/20100720/003577.htm（2010－07－20）。

油。且到2050年左右,全球累计石油需求量不足现在技术可开采石油资源的一半。就石油资源的分布来看,大多数低成本石油资源位于大型常规陆上油田里,特别是在中东和俄罗斯,其次是美国的致密油田。因此,未来中东欧佩克国家、俄罗斯和美国的产量将继续增加,[1] 石油供给过剩可能成为常态,油价迟迟难回高位。

(二) 能源结构持续向低碳转型

全球能源消费量将继续增长,但其增长幅度正在被提升的能效大量抵消。在技术进步的推动以及能源消费环境约束的驱动下,世界能源消费结构逐步向低碳转型。

1. 可再生能源占比将明显增加

近年来,在应对全球气候变化成为国际主流议题的大背景下,以大力发展清洁能源,尤其是可再生能源替代化石能源为主要内容的能源转型已经成为世界各国能源政策的重要内容。同时,一系列技术进步及其在能源领域的应用,推动了可再生能源的快速发展,具体表现为:一方面,由于技术改进,新能源发电的成本不断下降,光伏发电、风电等清洁能源的装机规模不断扩大;另一方面,互联网技术的升级使得智能电网成为可能,弃风、弃光现象有望在技术层面得到改善,区域和跨区域能源互联网逐步成为趋势。

在政策和技术的共同推动下,能源结构低碳化转型正在全球推进,不仅美国、欧盟等发达国家处于清洁能源的战略推进和研发应用的前沿,中国和印度等新兴经济体也在积极推进和发展中。2016年,中国风电、光伏发电、太阳能热利用的市场规模都位居全球首位,并建成具有国际竞争力的产业体系,关键核心技术实力明显增强,可再生能源发电的经济性显著提高。[2] 为推动清洁能源的长期发展,印度政府制定了宏大的发展规划和激励政策,要求到2022年可再生能源

---

[1] 《BP世界能源展望(2017年)》,第50—53页。
[2] 《风电装机一亿千瓦!可再生能源规模领跑全球》,中国储能网,http://www.escn.com.cn/news/show-388953.html(2017-01-19)。

总装机量达到175吉瓦,其中太阳能100吉瓦,风能60吉瓦,生物质能10吉瓦,小水电5吉瓦。① 根据《BP世界能源展望(2017年)》预测,到2035年可再生能源、核能、水电提供了新增能源需求的一半,其中可再生能源在能源结构中的占比将从2015年的3%升至2035年的10%,年均增速达7.1%,远高于其他能源的增速。且得益于能效提高和能源结构的变化,能源消费的碳排放量增速不到过去20年平均增速的1/3。②

2. 化石燃料的消耗也将日益清洁化

除了可再生能源、核能、水电等清洁能源对传统的化石能源的替代以外,在碳排放的倒逼作用下,化石燃料的消耗也将日益清洁化。这主要表现在三个方面:

第一,煤炭占比的相对下降以及煤炭清洁化利用。根据BP公司的预计,未来20年里,煤炭消费增长预计将急速放缓至年均0.2%,煤炭消费有可能在2025年左右达到峰值。作为第一大煤炭消费大国,中国煤炭"十三五"规划指出,到2020年,煤炭在中国能源消费结构中的占比将降至58%。同时,煤炭行业也在积极探索煤炭清洁化技术,煤炭洗选、煤制油气等深加工技术也不断实现突破。中国煤炭"十三五"规划指出,在水资源有保障、生态环境可承受的地区,开展煤制油、煤制天然气、低阶煤分质利用、煤制化学品、煤炭和石油综合利用五类深加工模式,推进煤炭的清洁化利用。

第二,传统的油气消费结构也将因页岩气供应增加、能源消费终端设备的技术改进而发生变化。根据《BP世界能源展望(2017年)》的预测,在美国"页岩气革命"的带动下,未来20年中,天然气比石油和煤炭增长更快,年均增速将达到1.6%,在2035年前天然气将超越煤炭成为世界第二大燃料来源,它在一次能源中的份额也将增加。

---

① 《印度可再生能源市场及激励政策》,中国储能网,http://www.escn.com.cn/news/show-388940.html(2017-01-19)。
② 《BP世界能源展望(2017年)》,第6、7页。

第三，石油需求增速放缓，年均增速约为0.7%，非燃烧使用的需求将逐渐取代交通需求，成为石油需求增长的主要来源；同时，普通燃油汽车能效的提升、电动汽车的日益渗透以及出行革命的蔓延将对未来石油需求产生重要影响。BP公司预计，燃油效率的提升将使得一辆普通用车的行驶里程由2015年的不到30英里/加仑提升至2035年的50英里/加仑。电动汽车的增长也能减缓石油需求的增长，据BP估计，电动汽车增加1亿辆，减少石油需求约120万桶/日。此外，绿色出行已成时尚，在中国部分大中型城市，租车服务不断完善，租车、拼车已经成为大众出行的方式之一；公共自行车也逐渐成为城市街道一道亮丽的风景线，人们的出行方式正在向低碳节能转变。在技术进步和低碳理念的持续发展下，石油时代是否渐行渐远已经成为热议的话题之一。

（三）能源生产国、消费国之间关系的调整

化石燃料的可耗竭性以及地域分布的不均衡性，导致化石能源的相对稀缺，世界各国均将能源特别是石油作为重要的战略资源。因此，围绕石油资源的获取，能源生产国与消费国之间展开了长期的博弈。油气生产国与消费国之间的关系主要表现为，能源生产国通过合谋的方式协定产量来维持油气价格处于高位，典型的国际组织就是欧佩克，产油国利用垄断优势，协定产量，维持高油价，获取垄断利润。虽其合谋行为存在单方面增产获利的动机，但是，各产油国之间为实现长远的垄断利益，仍在石油危机后的较长时期内维持了合作的主局面。能源消费国之间（主要是油气资源贫瘠的国家）为获取稳定的油气供给而展开激烈的竞争，最典型的表现之一便是东北亚地区的中、日、韩等国对中东、俄罗斯油气资源的长期竞争大于合作的局面，进而导致了"亚洲溢价"的长期存在。再者，能源生产国与消费国之间则围绕石油资源利益的获取，展开错综复杂的政治经济博弈。比如，俄罗斯擅长使用"能源外交"，向周边油气消费国家施压，维护自身利益；能源消费国之间有时也通过联合来获取议价的主动权，比如国际能源署的成立。总而言之，在第二次世界大战后相当

长的时间里，油气生产国之间为获取垄断利益而进行联合的积极性高于油气消费国之间联合的积极性，也高于油气生产国与消费国之间联合的动机。

然而，近年来能源格局的变动以及能源结构转型，促使能源生产国、消费国之间的关系进入新的调整期，油气生产国之间的市场竞争加剧，能源生产国与消费国之间的传统界限日渐模糊，能源消费国之间、能源生产国与消费国之间的合作空间不断拓展。首先，能源生产国之间在"页岩气革命"的浪潮中纷纷由合作走向不合作的态度，在新一轮油价大幅下跌的趋势下，世界石油生产国一改以往协定减产的合作态度，为了维持自身的市场份额，欧佩克产油国的合作陷入"囚徒困境"里，各国减产意愿不高，油价持续低位运行。未来，中东、俄罗斯、美国争夺全球油气市场份额的竞争将会长期持续。其次，石油供给相对过剩的局面使得石油消费国之间、能源生产国与消费国之间合作的可能性加大。一方面，石油生产国争夺市场份额的竞争为石油消费国提供了相对宽松的能源安全环境，石油生产国与消费国寻求合作，维持客户关系的积极性提高。另一方面，相对宽松的能源安全环境为石油消费国之间的合作或联合提供了契机，特别是对于长期遭受"亚洲溢价"之苦的中、日、韩等亚洲国家而言，若能在中东产油国、俄罗斯和美国的石油生产商竞相扩大市场之际实现合作，可以为彼此争取更有利的价格优势。最后，在能源结构向清洁化转型的过程中，能源生产国与消费国之间的传统界限日益模糊，比如，化石能源消费大国——中国也已成为全球可再生能源、水电、核电的生产大国，并且也在不断向传统的油气生产国，比如中东、俄罗斯等地区传播其先进技术，寻求合作机遇。

二 "一带一路"倡议下能源安全的新内涵

2013年，中国"一带一路"倡议一经提出，就在国际社会引起了巨大反响。由于倡议初期"一带一路"合作规划尚未详尽，且对外传播的经验不足，国内外对"一带一路"倡议存在多种讨论与解释,严重影响了"一带一路"的拓展步伐与接受度,支持与猜疑之声此起彼伏。然而,中国政府历经数年的努力,逐渐向世界表明了中国"一带一路"合作的诚意与能力,惠及沿线各国的合作项目正在一一拉开帷幕。为了更好地传播"一带一路"精神,增信释疑,本论文集借此机会,凭借研究团队对"一带一路"倡议的持续研究及经验总结,对"一带一路"倡议及其能源合作与安全的新内涵,给予更为客观的阐释。

(一)对"一带一路"的客观定位

1. 对"一带一路"倡议的官方解读

从国务院授权发革委、商务部、外交部三部委在 2015 年 3 月 28 日发布的《推动共建丝绸之路经济带和 21 世纪海上丝绸之路的愿景与行动》来看,"一带一路"倡议(The Belt and Road Initiative,BRI)是中国政府立足于新的时代背景,提出的一个跨洲际的区域合作构想。根据中国政府的官方权威解释,共建"一带一路""旨在促进经济要素有序流动、资源高效配置和市场深度融合,推动沿线各国实现经济政策协调,开展更大范围、更高水平、更深层次的区域合作,共同打造开放、包容、均衡、普惠的区域经济合作架构"。这就意味着,中国提出"共建丝绸之路"所强调的重心是沿线国家共建合作伙伴关系。

关于中国将主宰其他国家的利益之说,在"一带一路"倡议下,没有利益主导者,没有利益被边缘化的地带,只有参与主体合作发展规划的对接和共赢。与其说中国将主导"一带一路"的合作、"主宰"沿线国家的发展,不如说中国更恰当的身份是倡议的发起者及合作的推动者。"一带一路"主动对接沿线各国的发展战略,归根结底,沿线国家才是自己发展命运的主宰者,也是对外合作中自身利益的主导者。中国有诚意也更有能力来推动古代"丝绸之路"的复兴,从而带来沿线各国人民共同繁荣、互学互鉴、和睦相处的局面。

关于"一带一路"倡议与其他区域合作机制的关系问题,"一带一路"合作与沿线各国现有的合作机制并不冲突,而是依靠中国与有关国家既有的双/多边机制，借助既有的、行之有效的区域合作平台，借助各国人民所熟知的古代"丝绸之路"历史符号，主动发展与沿线国家的经济合作伙伴关系，共同打造政治互信、经济融合、文化包容的利益共同体、命运共同体和责任共同体。因此，自然也就不存在"一带一路"将替代其他国家原有的区域合作机制或倡议的根据。

2."一带一路"倡议的本质

"一带一路"倡议本质上是一个各方共商、共建、共享的国际公共产品，具有非竞争性、非排他性、非零和性的特征。不管是否属于"一带一路"沿线国家，只要愿意参与的各方，均可参与，因此，"一带一路"合作是一个开放的利益共同体、命运共同体和责任共同体。从其作为国际公共产品的本质出发，"一带一路"可以与很多排他性的国际组织和国际制度区别开来。首先，"一带一路"不是正式的国际组织和国际制度，而是非正式的和不具有约束力的合作倡议。在一定程度上，是对现有国际合作机制的补充与完善。其次，"一带一路"也不是中国的国际战略和亚洲战略，而是具有战略性影响的合作倡议，强调主动与沿线各国的发展战略实现对接，体现各经济体的发展诉求。此外，"一带一路"倡议的终极目标是增进沿线各国人民的福祉，实现共同繁荣与发展，这一目标的实现离不开沿线各国政府与人民的共同参与，因此，"一带一路"倡议不是中国的一家"独奏"，而是沿线国家共同合奏的"交响乐"。

（二）"一带一路"倡议下能源安全观的转变

1. 能源安全的基本内涵及传统的能源安全观

随着国际能源安全形势的变化，能源安全的内涵一直处于不断拓展之中，发展至今，主要包含三方面内涵：一是能源供应安全，能源消费国或进口国能够以合理价格获得充足、可靠、稳定的能源供应，包含能源来源多样且可靠、价格稳定合理、运输安全，即通常所说的买得到、买得起、运得回。二是能源需求安全，能源生产国或输出国能够寻找到充足的销售市场，且能够避免能源价格的大幅波动，确保未来投资的盈利能力并保护国家收入。三是能源使用安全，主要是指在能源使用或消耗过程中，要争取控制和降低对环境的负面影响，这对能源生产国和消费国的能源安全至关重要。随着全球气候变化和环境问题日益严峻，人们对能源使用安全的关注度日益提高。新的环境约束已经影响到能源供应的可选范围，煤炭使用比例的降低也成为诸多国家或地区的重要议题。总体来说，无论是对于能源供应国、出口国还是能源进口国、消费国，保障能源安全应该是全方位的，必须考虑到能源领域各个主要环节的安全。

鉴于能源对社会经济发展的重要性，能源安全成为事关国家核心利益的重要政治议题。由于相对稀缺的化石能源的获取具有竞争性和排他性，在长期的能源安全博弈中，以自我为中心的能源安全观成为国际能源安全的主流观念。因此，各个国家都将本国的能源安全置于重要的战略位置，且往往采取经济、政治、外交各种手段，甚至通过武力来保障本国的能源安全。各国在能源安全问题上互信不足，这在能源消费国之间表现得尤为明显，以自我为中心的自助式能源安全观基本上成为当前各能源消费国一致且无奈的选择。

2."一带一路"倡议下的新能源安全观

"一带一路"倡议承袭了古代"丝绸之路"共生的经贸文化，沿线国家都是区域合作的参与者和贡献者，正如贯通欧亚的国际班列一样，沿途每个国家都可搭乘，但同时，国际班列的畅通和有序运行也离不开每个主权国家的维护。在"一带一路"建设中，沿线国家国内发展规划与他国发展规划的对接是开展合作的前提，最终通过互通有无、优势互补，实现你中有我、我中有你，共同繁荣与和谐相处的局面。

对于能源安全，徐小杰教授指出，"一带一路"内外结合的特征，要求从国内外整体规划的高度，将国内能源安全需求与他国能源安全需求相协调，将国内能源安全利益与地区安全利益相对接。这与孙溯源教授所提出的他助与自助相结合的中国能源安全观的变化不谋而合，并且，他助与自助相结合的能源观也将随着"一带一路"文化的传播而对沿线国家的能源安全观产生影响。他助与自助相结合的能源安全观将促使传统的以自我为中心的能源安全观向集体能源安全观转变。尽管现在看来还很遥远，但是目前国际社会围绕着气候变化议题而展开的联合减排行动已经成为集体能源安全观的雏形。因此，在未来人类面临共同的生存发展问题面前，集体能源安全观依然可期。在"一带一路"建设下，这种能源安全观转变的持续动力将来自查道炯教授所提出的以市场化利益为导向的能源合作。鉴于此，在"一带一路"下的能源合作不但充满机遇，也有望实现别开生面的能源安全新格局。

三 东北亚能源安全环境新变化

自第二次世界大战结束以来，领土/领海争端、历史积怨与民族隔阂、地缘政治经济等因素长期困扰着东北亚地区的和平与发展。中日、中蒙、中俄、俄日、日韩、日朝、朝韩等双边互信不足，不但导致区域内的多边合作难以取得实质性进展，甚至中日、日韩、朝韩等国还常常处于对峙状态，东北亚区域一体化的步伐远远落后于世界其他地区。在互信缺失的国际关系背景下，东北亚各国围绕自身能源安全所展开的政治、经济博弈，促成了以竞争为主的东北亚能源安全格局。然而，近年来全球能源形势以及地区安全形势的变动，为东北亚能源安全博弈增添了新变量，东北亚能源安全环境也历经着新变化。

（一）以竞争性为主的东北亚能源安全格局

东北亚地区的能源分布极不均衡，除了俄罗斯、蒙古国、中国拥有一定的能源赋存外，朝鲜、韩国、日本的能源资源极为匮乏。特别是韩国和日本，基本上能源全部依赖进口，周永瑞博士引用世界银行的数据指出，2014年，日本一次能源的对外依存度达94%，韩国一次能源的对外依存度为81.8%。俄罗斯能源储量位居世界前列，BP统计数据显示，2015年，俄罗斯的石油、天然气、煤炭储量分别居世界第六位、第二位和第二位，并且具有雄厚的生产能力和出口能力。随着近年来勘探力度的加大，蒙古国除了煤炭资源以外，也探明了较为可观的石油资源。中国的煤炭及页岩气储量较为丰富，但因环境和技术约束,其开发利用受到限制,短期内难以填补巨大的能源供给缺口。根据BP的统计,2015年,中国的石油对外依存度高达60%,天然气的对外依存度也一路攀升至20%。中、日、韩三国是世界上重要的能源消费国,BP统计数据显示,2015年,中、日、韩三国的消费量占全球的28.4%,远高于同期的美国(占17.3%)和欧盟(12.4%)。在强劲的能源进口需求驱动下,中、日、韩三国致力于从全球寻求多样化的能源来源,三国能源公司的足迹已经遍布俄罗斯、中东、非洲等地。

各国能源资源禀赋不均,生产与消费不对等,加之互信缺失和区域一体化程度低,使得东北亚国家奉行以自我为中心的自助式能源安全观。正如孙溯源博士所指出的那样,俄罗斯为了维护本国的能源收益和区域大国地位,对中、日、韩三国采取"分而治之"的策略;而中、日、韩对能源获取的安全主要受相对收益观念和自助逻辑的主导,在与俄罗斯进行能源合作的问题上,不太可能采取联合行动,共同应对俄罗斯的分而治之的策略。同样,在对蒙古国的能源合作中,蒙古国奉行的大国平衡外交也决定其利用中、日、韩的竞争关系,获取最佳的能源投资和开发收益的策略。能源合作的多边渠道始终难以打开,而主要通过双边渠道进行,主要表现为俄罗斯和蒙古国分别与中国、日本、韩国开展的双边能源合作。因此,在各国自助式能源安全观念的主导下,形成了以竞争为主的东北亚能源安全格局,也即中、日、韩三国竞相获取俄、蒙的能源资源。

在长期的竞争性格局中,中、日、韩三国均已支付了高昂的成本。周永瑞博士详述了东北亚能源安全冲突的四大表现,表现之一是中、日、韩等国对中东能源的过度依赖以及对中东能源的排他性争夺,直接导致了激烈的竞购行为;表现之二是对进口价格的竞争,日本曾经为了取得优势而不惜成本,导致了"亚洲溢价"的长期存在;表现之三是运输线路争端,导致难以取得最优线路,而且彼此相互提防,中日"安大线"与"安纳线"之争就是典型;表现之四是领海之争,往往直接致使各国发生冲突。中、日、韩在能源领域发生的竞争性冲突,使得本应形成的市场合力不复存在,并为之付出巨大代价，中、日、韩三国都深谙其道。然而，如何由竞争下的双边合作转为多边合作下的有序竞争，东北亚各国都只能静候时机。

（二）东北亚能源安全环境的新变化

在全球政治经济格局经历新一轮调整的大背景下，全球能源供需格局、能源结构都出现了新的变动因素，并且，东北亚区域及周边的安全形势也日趋复杂。东北亚各国为保障本国的能源安全，不断调整能源战略。在国际形势和国内政策变动的影响下，东北亚能源安全环境也迎来了诸多新变化。

1. 东北亚地区能源供给环境趋于宽松

东北亚竞争性能源格局形成并长期持续的根本原因是中、日、韩三国过高的能源对外依存度，通过进口以保障本国的能源供应成为中、日、韩实现能源安全的不二选择。然而，进入新世纪以来，全球油气供给日益过剩使东北亚地区能源供给环境趋于宽松，中、日、韩在全球获取能源的竞争压力减小。首先，区内能源供给大户——俄罗斯加快实施"东向"战略，增加向亚太地区的能源出口。根据2014年发布的《2035年前俄罗斯能源战略草案》，亚太地区市场在俄罗斯原油和成品油出口总量中的份额将从12%增至23%，天然气在俄罗斯总出口中的比重将从6%增至32.5%。其次，"页岩气革命"取得突破性进展，全球非常规油气资源供应能力大大增加，北美的美国和加拿大、南美洲的阿根廷等国都将成为全球重要的油气出口国。特别是巴拿马运河扩建，将进一步节约美国油气向亚洲出口的成本和时间。到2020年，美国墨西哥湾及马里兰州将建成五个天然气出口终端，IEA预计，巴拿马运河扩建完毕后，每年将有550艘油轮通过运河，将液化天然气从美国墨西哥湾运往亚洲。[①] 最后，油气价格在供应过剩的冲击下持续处于低位，大大降低了中、日、韩等国的油气进口成本。持续宽松的能源供给环境将有效缓解东北亚能源消费国的能

---

① 《美国通过海运出口页岩气 页岩油气产商开足马力》，金投网，http://energy.cngold.org/c/2016-08-02/c4288167.html，（2016-08-02）。

源饥渴，待温饱解决之后，中、日、韩等国或将以更宽容的态度来重新定位能源安全策略。

2. 中国强劲的能源需求增强了在国际能源市场上的影响力

东北亚各国能源消费市场处于一盘散沙的状态，难以形成强大的影响力，导致了"亚洲溢价"这一乱局的长期存在，而这进一步加剧了中、日、韩等国的竞争，使之陷入了无序竞争——"亚洲溢价"的恶性循环里。在近二十年里，中国能源消费需求的迅猛增长使其在国际能源市场上的影响力不断提升。自1993年中国成为石油净进口国以后，2003年进口量超越日本，成为仅次于美国的第二大原油消费国，根据IEA发布的《世界能源展望2013》，中国将在2030年取代美国成为最大的石油消费国。美国能源情报署（Energy Information Administration，EIA）的数据显示，中国已在2013年超越美国成为全球第一大石油净进口国。随着美国油气自给度的提高，美国主宰全球石油需求的局面发生改变。中国在传统油气市场上的地位不断提升，为扭转"亚洲溢价"、改变发达国家主导的全球能源治理格局带来希望。

近年来，中国积极参与全球能源治理，成为国际能源论坛（International Energy Forum，IEF）、世界能源大会（World Energy Congress）等机制的正式成员，以及《能源宪章条约》的观察员，并与IEA等国际能源组织保持着密切的联系，还与美国、英国、俄罗斯、欧佩克等建立了双边或多边能源对话机制。2016年，中国积极利用G20轮值主席国的机会，继续推动能源治理议题，表达了中国及广大发展中国家的能源利益关切。未来，中国将继续借助各种平台，参与全球能源治理。另外不可忽视的是，中国在可再生能源领域已经取得世界领先优势，加之中国能源结构向低碳化转型，为东北亚地区能源合作由化石能源领域转向新能源和节能环保领域提供了新空间。

3. "一带一路"逐步深入人心为东北亚能源合作营造了良好氛围

由于互信缺失，东北亚地区缺乏多边合作机制，东北亚各国彼此开展多边合作的意愿和经验明显不足。然而，2014年中国"一带一路"倡议与蒙古国"草原之路"倡议以及俄罗斯"跨欧亚大铁路"计划实现对接,"中蒙俄经济走廊"建设中的能源合作顺利推进,中、俄之间冷藏多年的油气管线项目、跨国路桥项目加速联通,蒙古国也相机行事,积极营造能源过境国环境,向东北亚各国展示了构建一种相互依赖、共同发展的能源安全观念,并为推进东北亚能源合作树立了典范。"一带一路"建设是开放的,"中蒙俄经济走廊"作为"一带一路"建设的重要部分,与生俱来也具备开放性。尽管中日关系的结构性矛盾以及战略碰撞在短期内难以消解,但是,"中蒙俄经济走廊"建设所释放出的经济红利将促使"一带一路"倡议深入人心。"一带一路"合作惠及沿线国家的宣言不断成为现实,将化解更多疑虑,凝聚更多合作共识。

4. 复杂多变的地区局势令东北亚能源安全喜忧参半

能源具有高度的政治经济敏感性,因此,地区安全局势对于能源安全有直接影响。近年来,东北亚各国所面临的地区安全局势复杂多变,给东北亚地区能源安全环境带来诸多不确定性。乌克兰危机后,欧美国家对俄罗斯的严厉制裁促使俄罗斯将能源合作重点加快向亚太地区拓展,整个东北亚地区的能源安全环境因俄罗斯的"回心转意"而趋暖。然而,好景不长,东北亚区域形势很快因为朝鲜的躁动以及美国的搅局而变得波澜起伏。在朝核威胁下,就连一直在中美之间寻求平衡的韩国也倒向了美国的同盟阵营,美日、美韩同盟的联合使东北亚和平进程出现倒退。目前,整个东北亚地区充斥着朝核问题和萨德问题所引发的持续紧张与升级气氛,将东北亚地区的安全局势推向脆弱的边缘。东北亚能源安全短期内也很难向中、蒙、俄范围之外拓展。

四 中国参与东北亚能源安全合作的路径

"一带一路"倡议是开放的,全球化时代的世界也是开放的,和平与发展始终是人类的主流愿望。"一带一路"倡议又是包容的,随时欢迎任何愿意合作的国家参与,共谋发展。面对朝鲜的执拗、韩国的误入歧途、日本的久不悔改以及美国刻意的遏制，中国能力虽有限，却也有力所能及之事。东北亚地区拥有能源合作的广泛基础，中国有能力利用改革开放几十年来积累的经济实力，以及在国际能源领域的影响力，继续探索推动东北亚能源安全合作的路径。

（一）适时推动"中蒙俄+"形式的多边能源合作

"中蒙俄经济走廊"已经开启了东北亚能源多边合作的先行先试，中、蒙、俄三国政府高层频繁互动、互信程度不断增强；各方企业积极参与，逐渐开启了从上游到下游、从传统化石能源到新能源领域的全方位的合作。通过油气勘探开发的资金和技术相互融通、油气基础设施的互联互通、新能源领域的技术合作等，中、蒙、俄三国能源安全的相互依赖程度增强，能源安全的互助性也日益提升。在中、蒙、俄能源合作不断夯实的基础上，未来可以适时推动"中蒙俄+"形式的多边合作。因为在"中蒙俄经济走廊"中，无论是俄罗斯、蒙古国还是中国，均与其他东北亚国家有着千丝万缕的合作关系，这些合作关系可以成为拓展多边关系的纽带。东北亚地区最难拓展多边合作的两个国家，当属日本和朝鲜。其中，朝鲜是东北亚合作的重要节点，俄罗斯和中国均与朝鲜保持着紧密的邻国关系，中国与朝鲜在民生物资领域保持着长期的合作。自2016年2月朝鲜因试射导弹而招致国际批评和制裁以来，俄罗斯不断深化与朝鲜的关系，坚持对朝鲜的石油供应、接收朝鲜的劳务移民等。此外，俄日、蒙日、中日之间也保持着不同程度的经贸往来。因此，待未来东北亚地区安全局势好转后，可选择适当时机，将中、蒙、俄能源合作拓展为"一带一路"下的多边能源合作。

（二）以技术创新提升中国能源自给能力

中国与日、韩等东北亚国家的竞争主要集中在油气资源的获取上。因此，提升中国能源的自给能力是减少日、韩对中国竞争心理的途径之一。在中国能源结构向低碳清洁化转型的形势下，提升中国能源自给能力的关键在于技术创新,包含煤炭清洁化利用技术、页岩油气开采技术和可再生能源开发及利用技术等。中国煤炭储量居世界第三位,目前神华等大型国企已经在煤制气领域加大研发投入,若实现大规模商业化利用,将对煤炭行业的可持续发展做出巨大贡献。另外,世界能源研究所(World Resources Institute,WRI)的一项最新研究表明,中国拥有世界上第一大可再生页岩气资源和第三大页岩油资源,但是大多分布于缺水的北方和四川盆地,这些地区人口密集,地质条件复杂,开采难度大,环境成本高。中石化涪陵页岩气田开发的经验表明,中国页岩气开采不能照搬美国的技术和经验,必须自主进行理论创新和技术创新,对开采过程施以更高的环保标准。中国能源供给另外一个很重要的来源是可再生能源的开发与利用,这得益于技术进步,光伏发电、风电等的发电成本正在逐步下降,而未来若想降低弃风、弃光现象,扩大电网接入率,也离不开储能和电网等技术的创新升级。从长远来看,通过技术创新,实现中国禀赋较为丰富的非常规能源的开发利用,是降低中国能源对外依存度、缓解激烈的能源竞争的长效之举。

(三)借全球能源治理平台开展与东北亚国家的能源对话

目前,东北亚国家之间多边能源对话的渠道有限,中国在全球能源治理中日益活跃的角色,使其有机会通过国际能源机构寻求与东北亚国家的能源对话与交流,增进理解与互信。中国已在上海合作组织(包含东北亚的中国、俄罗斯和蒙古国,其中,中国、俄罗斯是正式成员,蒙古国为观察员)的框架下,推动多边能源合作,对提升区域能源安全进行了初步尝试。但却因中俄战略利益的差异以及域外势力美日欧等的制衡而受阻。其中很重要的一方面原因在于,西方国家对带有中国发起元素的合作机制的高度警惕与遏制。然而,目前正在主动与中国取得联系的诸多国际能源机构,比如国际能源论坛、国际能源宪章、世界能源大会、国际能源署等,不但具有相对成熟的治理机制和经验,也少了对中国主导的担忧。中国可以利用与国际能源机构合作的机会,学习国际能源治理经验,同时主动寻求与包含东北亚国家在内的多边能源机构对话。

(四) 率先推进低敏感的共同利益环节的能源合作

尽管中、日、韩建立消费联盟性质的合作机制有利于各方降低能源进口成本,但是,由于各国均关注自身的相对收益,而不愿让对方多获得任何利益,使得最优的方案难以实现。然而,仍然可以与这些国家在一些低敏感的共同利益环节上实现合作。比如,油气运输线路安全的合作,中、日、韩三国从中东运输油气的海上航线,频繁受到恐怖主义、海盗打劫等的威胁,维护海上航道的安全,符合三方的利益关切,但并非一国的力量可以实现。因此,可以探索实现中、日、韩共同维护海上航线安全的防卫措施。再如,在节能环保领域,由于全球气候变化与环境问题日益突出,能源生产国和消费国都很重视节能和环保工作,日本的节能技术和经验在全世界领先,韩国和中国的节能环保技术发展也比较快,而这些相对于能源供给,具有较低的安全敏感度,因此,诸学者一致认为,东北亚国家可以率先推进在节能环保领域的合作。

五 本文集编撰的目的、内容安排与致谢

(一) 本文集编撰的目的

基于以上分析可知,东北亚地区不但拥有世界上重要的经济体中、日、韩等国,也盘踞着世界军事强国俄罗斯,这些国家在世界政治经济格局中个个地位显赫,但在地区安全事务上,却是一盘散沙。在涉及国家核心利益的能源安全问题上,由于互信缺失,东北亚各国秉持零和思维、各行其是。长期以来,东北亚各国始终扼守自身在能源领域的既得利益,缺乏坦诚合作的意愿和动力,东北亚地区能源合作的潜力和效益一直未得以释放。然而,时过境迁,随着全球能源形势的变动以及东北亚及周边地区安全形势的变化,促使各国能源合作的意愿有所转变。中国"一带一路"倡议的提出更是为东北亚能源合作带来一股暖流。在新的形势下,东北亚能源安

全研究对于打破东北亚能源合作的冰凉局面更具现实意义。东北亚各国能否走向合作；如何促使各国顺势而为，由不合作向合作转变；中国在东北亚能源合作中的角色扮演等问题，便成为东北亚能源安全研究的重要议题。

本文集是由中国社会科学院亚太与全球战略研究院团队承担的外交部"'一带一路'与东北亚能源安全环境"课题的成果之一。课题组数次邀请东北亚各国的多位专家学者莅临本院，就全球能源形势、"一带一路"的看法与认同、东北亚各国能源合作的利益诉求、东北亚能源安全环境等问题进行广泛讨论，集思广益，凝结成了本论文集的主体思想。本研究的目的在于：为中国政府制定和实施能源安全战略、开展能源外交、发展与东北亚各国的能源合作提供政策建议，为中国能源企业参与东北亚能源资源产区的能源开发与合作提供借鉴，同时还能深化能源经济学学科相关问题研究，推动与能源资源有关的理论创新。基于以上目的，课题组精选了14篇具有代表性的学术论文，结集成册，以期能够为从事东北亚能源相关工作的政、商、学界人士提供参考。

（二）内容安排

本论文集主要分为四部分。第一部分对"一带一路"和能源安全环境进行概述，即全集的序言。随后三部分为论文集主要内容，分为三编。第一编，包含五篇文章，主要对"一带一路"下的能源合作、能源安全、投资风险与防控进行客观、全面的分析与解读。第二编，包含六篇文章，主要对东北亚区域能源合作现状、阻力、原因、对策等进行详尽而深入的解读，便于读者从不同角度了解东北亚能源问题。第三编，包含三篇文章，将目光聚焦于合作进展最快的中、蒙、俄地区，对中、蒙、俄合作推进的背景、现状以及未来策略进行细致的分析。

（三）致谢与声明

为了使研究成果更具参考价值，亚太院课题组邀请了国内外诸多知名专家学者参与课题的讨论与本文集内容的撰写。在此，对不辞辛劳地赶赴现场参与讨论并提出宝贵建议的众多专家学者表示由衷的谢意！特别要深深地感谢远道而来的国外学者！他们不畏严寒，长途奔波，在现场讨论时，热情洋溢、各抒己见。

参与讨论的国外人士包括远藤乾（Ken Endo，日本北海道大学教授）、车昌勳（Changhoon Cha，韩国釜山国立大学教授）、久谷一郎（Ichiro Kutani，日本能源经济研究所研究员）、渋谷祐（Shibutani Yu，早稻田大学资源战略研究所主任研究员）、旭日夫（D. Shurkhuu，蒙古国科学院国际问题研究所研究员）、阿尔乔姆·卢金（Artyom Lukin，俄罗斯远东联邦大学地区与国际研究学院副教授）、筱田邦彦（Shinoda Kunihiko，日中经济协会北京代表处首席代表）、苏米亚（Sumiya Chuluunbaatar，蒙古贸易发展银行风险管理部风险分析师）、新井洋史（Hirofumi Arai，日本环日本海经济研究所主任研究员）、森永正裕（Morinaga Masahiro，日本石油天然气、金属矿物资源机构北京代表处首席代表）、金相淳（Sangsoon Kim，韩国国际安保交流学会研究员）。

参与讨论的国内人士包括高世宪（国家发改委能源研究所研究员）、姜鑫民（国家发改委能源研究所副研究员）、查道炯（北京大学国际关系学院教授）、徐小杰（中国社会科学院世界经济与政治研究所研究员）、冯永晟（中国社会科学院财经战略研究院副研究员）、孙溯源（华东师范大学国际关系与地区发展研究院副研究员）、刘永胜（欧亚科学院（中国）副秘书长）、朴东勋（延边大学朝鲜韩国研究中心教授）、胡菁菁（中国石油海外勘探开发公司战略发展部高级主管）、周永瑞（中国社会科学院研究生院国际能源安全研究中心助理研究员）、范丽君（内蒙古社科院俄罗斯与蒙古研究所研究员）以及中国社会科学院亚太与全球战略研究院的团队成员：朴键一、朴光姬、王玉主、赵江林、钟飞腾、李成日、郭霞、郑伟等。

需要说明的是，由于本论文集稿件完成时间不一，以及各位专家学者对"一带一路"的强调、侧重有所不同，本文集中部分稿件对

"一带一路"的具体称谓略有差异。我院尊重各位专家学者的表述。

最后，感谢读者朋友对本论文集的关注与支持，不足之处或有不同意见，欢迎读者朋友来信评价与交流。

2017 年 4 月
中国社科院亚太与全球战略研究院
"'一带一路'建设与东北亚能源安全环境"课题组

第一编

"一带一路"与能源安全：聚焦地缘
政治和风险管理

查道炯[*]

内容提要：本着促进中外学术交流的初衷，本文试图回答两个问题："一带一路"对中国地缘政治环境和能源安全的影响；中资企业应如何管理海外"一带一路"项目实施过程中的政治风险。

响应"一带一路"愿景的国家和社会，就像 40 年前的中国一样，面对的是在一个全球经济发展的大趋势下，有望利用来自包括中国在内的经济体所提供的投资和贸易机会，有机会主动把握全球经济增长态势。历史上促进一国经济与另一国经济互联互通的努力，都是由别的国家牵头的；往后，中方的努力理应能够继续得到国际上的支持。未来，中方只有把与有意参与"一带一路"的国家"共商、共建、共享"的原则落到实处，与有兴趣参加合作的所有国家和企业共同努力，才有可能取得成功。

在参与"一带一路"框架的多数国家中，促进境外投资地/国的能源自我供应水平，必须是中资企业在境外从事能源投资的基础性逻辑。包括参与"一带一路"构想的国家在内，众多资源国自身依然面临着不同程度的能源贫困。中资企业将与之从事能源合作的基本目标锁定为缓解其能源贫困状况，才能使相关国家感受到中国政府所说

---

[*] 查道炯，北京大学国际关系学院国际政治经济教授。研究领域是中国在国际关系中所面临的非传统安全挑战，尤其关注能源—食品—水源之间的关系。最新著作是《中国对外投资：环境和社会风险案例研究》（合编，北京大学出版社 2014 年版）。

的"共享"原则能给它们带来实实在在的利益。

关键词：地缘经济，能源安全，风险管理

以中国共产党第十八次全国代表大会为标志，中国在2012年12月正式进入第五代领导人时代。适逢中国国内和全球经济充满不确定性：中国为应对2008年开始的全球性金融危机而注入的大规模刺激性投资对经济的拉动作用已逐渐消失，新的增长动力必须基于新的政策设计。到2012年第三季度，中国经济增长率已经开始放缓。正如国内外的严肃观察者所共同承认的，在未来几年甚至几十年内，中国仍将处在亚太地区和全球价值链的中端或低端。对当时的中国而言，采取更多的财政刺激以实现国内经济增长已不再是良策；同时中国也需要努力防范国内经济下行的压力从周期性变成结构性。在国外寻找支持中国经济持续增长的空间，因此而变得更为迫切。

尽管中国外交部在2012年10月才正式设立国际经济司，到2013年，中国政府所宣布的涉外经济政策中，促进"丝绸之路经济带"的复兴以及推动"21世纪海上丝绸之路经济带"的形成（"一带一路"）引起了国内和国外的广泛关注。"一带"旨在让中国和中亚、中东乃至欧洲之间建立更加紧密的经济联系。"一路"则指的是促进中国与从东南亚到中东、非洲地区海上沿线国家的贸易和投资。

"一带一路"是一个开放性的框架，某个国家是否参与中方的倡议，中国所提供的投资和贸易机遇仅仅是众多的影响因素之一。一方面，作为该框架的提出方和东道国，中国也面临着许多不可忽略的风险和构想是否受到欢迎的压力。因此，对"一带一路"构想的实际效果进行评估需要等待几年甚至更长时间之后才有意义。另一方面，中国政府推动这些政策的决心是稳定的，至少在中国的第十三个五年计划（2016—2020）期间，"一带一路"构想将对从中央到地方各级政府的具体经济政策产生重大影响。

本着促进中外学术交流的初衷，本文试图回答两个问题："一带一路"对中国地缘政治环境和能源安全的影响；中资企业应如何管理海外"一带一路"项目实施过程中的政治风险。

地缘政治

历史上的丝绸之路所涵盖的具体地理疆域并不十分清晰。而今，以国家作为行政管理的基本单元，中亚地区肯定属于其中的一部分。而中亚地区数十年来是有关国际经济和政治变迁讨论中的持久性话题。其中一个重要的原因是这些国家中有多数是被陆地所困的小型经济体（landlocked small economies）：它们因缺乏可由本国自由支配的港口而很难从事国际贸易，也因交通不便或成本过高而对国际私人资本缺乏吸引力。因此，每当有中亚地区外的大国努力参与这些国家的经济活动时，就很容易引起地缘政治方面的联想。这是因为从商业层面看，推动与中亚地区的经贸往来收益有限，所以，域外国家的努力应该包括在外交或政治方面获得回报的期待。

在中国和国外，不少评论把中方的"丝绸之路经济带"倡议——让数百年前丝绸之路沿线的城市和乡村重新充满活力，成为欧洲和亚洲地区交往的经济纽带——说成是一个全新的创举。其实，这并不符合事实。

第二次世界大战之后，特别是冷战期间，中亚地区在全球经济活动中的地位无足轻重，却被当作资本主义和共产主义竞争的中心地带。联合国教科文组织（United Nations Educational, Scientific and Cultural Organization, UNESCO）在1988年启动了一个从文化记忆的角度，促进对不同版本"丝绸之路"的对话项目。[1] 该研究项目为期10年，所取得的成果为联合国的旅游组织（World Tourism Organization, UNWTO）、贸易与发展组织（United Nations Conference on Trade and Development, UNTAD）、开发计划署（United Nations Development Programme, UNDP）等专门机构推出各自的"丝绸之路"规划提供了基

---

[1] UNESCO, Integrated Study of the Silk Roads, CLT/CPD/DIA/2008/PI/68, http://unesdoc.unesco.org/images/0015/001591/159189E.pdf.

础。① 这些活动的共同目标之一便是推动通过国际协作而努力改善那些小型经济体的发展状况，提高它们的国际化程度。

就国际多边发展机构牵头的项目而言，在亚洲开发银行（The Asian Development Bank，ADB）的倡议下，中亚区域经济合作（Central Asia Regional Economic Cooperation，CAREC）机制于1997年建立，并且于2002年提升为参与国家中央政府的部长级合作。CAREC试图通过促进交通运输、贸易、能源和其他重要领域的区域合作，促进成员国经济社会的发展，减少贫困，实现"好邻居、好伙伴、好前景"的愿景。中国是CAREC项目的参与方之一，② 于2012年10月，在湖北省武汉市举行了第11次CAREC部长级会议。

此外，冷战结束后，俄罗斯、土耳其以及一些欧洲国家，当然还有中亚国家自身，提出了各种版本的丝绸之路构想。③ 2011年7月，美国国务卿希拉里·克林顿在访问印度期间发表演讲，推出了美国版的"新丝绸之路倡议"（New Silk Road Initiative）：美国及其伙伴通过在阿富汗支持各类基础建设，帮助阿富汗打开连接中亚、巴基斯坦和印度等周边国家的新市场。该项计划的内容涉及四大方面：能源、贸易与交通、海关与边防运作以及商业和人员往来。其目的是促进相关国家在经济上尽可能的有效整合。④

可见，当中国国家主席习近平在2013年9月7日在哈萨克斯坦的纳扎尔巴耶夫大学发表演讲，介绍中国政府的"丝绸之路经济带"构想时，中国的努力，实事求是地说，是国际层面众多类似举措的继续。在此前数十年间，中国的政府和研究部门参与了由联合国专门机构、亚洲开发银行等牵头组织的中亚地区经济发展以及联通亚洲和欧

---

① http：//silkroad.unwto.org/en/content/un-agencies.
② CAREC的其他参与国为：哈萨克斯坦、吉尔吉斯斯坦、乌兹别克斯坦、塔吉克斯坦、阿塞拜疆、阿富汗、蒙古、土库曼斯坦和巴基斯坦。
③ Vladimir Fecorenko, The New Silk Road Initiatives in Central Asia, Washington DC：The Rethink Institute, August, 2013. http：//www.rethinkinstitute.org/wp-content/uploads/2013/11/Fedorenko-The-New-Silk-Road.pdf.
④ Robert Hormats,"The United States 'New Silk Road' Strategy：What is it? Where is it Headed?" September 2011, available at http：//www.state.gov/e/rls/rmk/2011/174800.htm.

洲经济的项目。因此，中国的"丝绸之路"项目设计从中得到了启发，这是不难想象的。

更为重要的是，由国际机构或其他国家推出的中亚经济发展规划和项目，其成功的部分为中国推动自身的构想提供了先例；其失败的部分为中国的相关机构提供了教训。中亚地区的经济发展是一个需要长期不懈努力的进程，中方并不具有快速改变状况的魔力。也许正是出于类似的认知，习近平主席在其演讲中说，中方期望与哈萨克斯坦和其他的中亚国家一起，"以点带面，从线到片，逐步形成区域大合作"。就"丝绸之路经济带"的框架性内涵而言，中方的倡议与既有的倡议并没有太大的区别：政策沟通、道路联通、贸易畅通、货币流通、民心相通国。① 其实，中文里用来表述一个国家与另外一个国家（特别是邻国）之间的"互联互通"一词，便是从英文 connectivity 翻译而来的。

有一种观点认为，中国的"一带一路"是一个"西进"或者说"告别太平洋"的战略。这种观点的观察基础是：传统上依靠太平洋经济圈的发展战略遇到了麻烦；美国牵头的跨太平洋贸易协定（TPP）谈判不包括中国，更为严重的是，围绕东海和南海的争议使得中国与美国及其东亚盟国的关系进入了一个长期、全面对抗的时代。这是在国内外新闻评论中特别流行的解读。

其实，中国没有降低依赖太平洋经济圈的选择，这是中国自身的经济和人文地理所决定的。中国也只有继续经营好与太平洋地区其他经济体之间的经贸往来，才有基础去牵头推动"一带"或"一路"的建设。因此，自 2012 年以来，中国采取了包括在上海、天津、福建等地设立自由贸易区，与韩国、澳大利亚签订自由贸易协定，推动中国与日本、韩国自由贸易区谈判，加快与美国谈判双边投资保护协定等经济外交措施。② 与此同时，正因为中亚国家有着长期与美国、

---

① 《习近平在纳扎尔巴耶夫大学的演讲（全文）》，新华网，http：//news.xinhuanet.com/politics/2013-09/08/c_117273079_2.htm。

② Zha Daojiong, "China's Economic Diplomacy: Focusing on the Asia Pacific Region," *China Quarterly of International Strategic Studies*, April 2015, pp. 85-104.

俄罗斯等大国交往的历史，中国要想看到它推动的项目在这些国家取得成功，就必须像中国商务部部长高虎成所说的那样，与其他大国之间"找到利益交汇点"①。所幸，中国与美国围绕阿富汗的稳定和发展已经展开了多年的合作，而且双方都需要对方的持续合作。同样，中国与俄罗斯经过二十多年的磨合，已经在上海合作组织等框架下形成了一套与中亚国家合作的习惯性做法。

与联通亚洲和欧洲的陆上"丝绸之路"相比，未来"海上丝绸之路经济带"的前景如何，中国更不可能起到决定性的作用。海洋所提供的是一个向全球开放的贸易和投资竞争条件。这些国家的政府和企业，可以选择的合作伙伴非常多。哪怕是在港口、公路、桥梁等基础设施建设领域，只有在当地的各种力量都感到便利的时候，来自境外的资本才有可能发挥作用。

总之，"一带一路"构想背后的基本逻辑，并不是中国的首创；评判这个构想的成功与失败，为时尚早。不过，促进一国经济与另一国经济之间互联互通的努力，历史上是由别的国家牵头；往后，中方的努力理应继续得到国际上的支持。未来，中方只有把与有意参与的国家"共商、共建、共享"的原则落到实处，同时，与有兴趣参加合作的所有国家和企业共同努力，才有可能取得成功。中国政府所倡议的经济带构想，能产生何种地缘政治效果，尚不明朗。

能源安全

国外关于"一带一路"的构想经常与中国追求本国能源安全的努力联系在一起。这种看法有部分事实基础。

例如，为了应对日益严重的城市空气污染，中国需要进口越来越多的天然气以取代煤炭。2015年，中亚地区供应了中国天然气进口总量的46%。从土库曼斯坦出发，经乌兹别克斯坦、哈萨克斯坦进入

---

① 高虎城：《温故知新，继往开来：不断充实中美新型大国关系经贸内涵》，《人民日报》2015年9月21日第10版。

中国的三条天然气管线。这三条天然气管线途经192个城市，影响着5亿人口的能源消费和日常生活。很显然，对中国而言，把中亚地区建成中国稳定的能源供应来源至关重要。这些能源除了天然气之外，还包括石油和供核电厂使用的铀。

但是，如果把"一带一路"与能源的关联单纯地局限在从那些国家获取满足中国国内消费所需求的能源，则是一种狭隘的思维。进入21世纪，中国在石油和天然气领域与国际市场的互动，进入了第四个阶段。简单回顾一下，1979年实施改革开放之后，中国缺少开发国内油气资源的资金和技术，所以从国外引进，这是第一阶段。大约从1993年开始的第二阶段，着眼点是油田、天然气田、矿石；有一种饥不择食的急迫。没过几年，中国的油气公司发现在海外购买的资源不见得都能运输回国内；海外资源项目投资解决不了国内资源短缺的问题。在第三个阶段，中国在海外投资油气项目开始注重与其他国家的公司联合投资，发挥中国的资本和劳动力优势。在第四个阶段，对外能源投资就必须着眼于盈利，必须有利于企业在全球能源商品和服务价值链中提高自己的竞争力。①

事实上，中国自身的能源发展战略也发生着变化。2014年6月13日召开的中央财经领导小组第六次会议勾勒了一个"能源革命"路线图：在生产、消费、技术、体制四大领域，中国如何实现能源安全，从理念到措施，都发生着变革。其中一个重要的政策宣示是让市场在资源配置中起决定性作用。尽管朝着这个方向的改革速度还不够快，但是，倒退不是选择。

外交是内政的延伸。这个规律在能源领域也不例外。

伴随着整体经济增长进入"新常态"（在重视经济总量增长的同时，更加注重包括环境成本控制在内的质量追求）、应对环境污染、履行向联合国提交的二氧化碳减排的承诺等与能源消费紧密相关的发展需求，中国国际能源合作的基本逻辑有必要作出调整。从事国际合

---

① 对这四个阶段的观察，得益于作者向曾经担任中国石油天然气集团公司总工程师的曾兴球的讨教。

作不应继续是为了补充国内能源生产总量上的不足；以降低环境损害为标杆，优化中国的能源消费结构，在国家能源安全保障的必要性上显得越来越明显。

中国企业在境外从事能源投资只有二十多年的时间。不过，就在这二十多年中，我们发现，在境外能源生产环节，不同国家竞争的不是如何扩大资源供应量，而是如何把握某种能源产品在国际大宗商品贸易中的获利程度。这二十多年的历史还告诉我们，中资企业在境外投资，与保障本国国内的消费需求挂钩，既不符合能源产业链条自身的逻辑，也是不切实际的目标。毕竟，国际关系体系的基本原则依然是维护某个主权国家对所有外资所涉及资产流向的控制力。包括能源在内的国际大宗商品贸易的流向，依然是受市场供求动态驱动的。一个经济体的能源进口与它的对外投资之间，不存在一对一的关系。

正因为"一带一路"构想听上去很宏观，每一个被归类为这个构想的项目都贴上了代表国家意志的标签，中资企业在海外不得不更加谨慎。能源投资，不论其产品是属于运回国内选项的石油、天然气、煤炭，还是不可运回国内的火电、水电、风能、太阳能，都比加工业投资更加敏感。投资接受国既需要能源为自己的经济增长和社会发展服务，也容易受到经济"大国掠夺小国"的境外媒体恶意炒作的影响，使能源投资的风险（成本升高，甚至失败）加大。

在参与"一路一带"框架的多数国家中，促进境外投资地/国的能源自我供应水平，必须是中资企业在境外从事能源投资的基础性逻辑。包括参与"一带一路"构想的国家在内，众多资源国自身依然面临着不同程度的能源贫困问题。中资企业将与之从事能源合作的基本目标锁定为缓解其能源贫困状况，才能让相关国家的社会相信中国政府所说的"共享"原则不是空话。

也只有将参与缓解投资对象国的能源贫困、缓解其经济增长和社会发展所需的能源瓶颈困境放在投资条件谈判的突出地位，中资企业才可以更好地管控境外投资项目的非技术、非财务风险。与之相关，中资企业是否投资某个境外项目，核心指标应是其盈利程度，而不是对中国国内能源需求的贡献。

中东、海湾地区也在"一带一路"的范畴之内。受欧美发达国家石油供应来源多样化战略和国际石油市场板块化的影响，在过去10年里，海湾国家逐渐失去了美国和欧洲第一大石油供应来源的地位。而中国经济的快速增长、石油需求的迅速增加，恰恰为中东北非国家寻求长期稳定的石油出口市场提供了重大的战略机遇。

2014年，国际原油价格开始以超过30%的比例下滑，其中一个公认的原因便是中国的GDP增速放缓了。其实，影响中国对进口原油需求的一个产业内因素是中国的原油加工产能。2009年，中国的原油一次加工能力由2000年的2.76亿吨猛增至4.77亿吨，激增了72.8%，稳居世界第二。2011年，中国原油一次加工能力达到5.4亿吨，2012年达到5.75亿吨，2013年突破6亿吨，到2015年底，中国炼油能力可达到7亿吨。① 原油加工产能的增长，解释了2014年为什么中国的进口总量增幅较小，而同年10月成为石油产品的净出口国。

在炼油产能快速增长的同时，中国炼油工业规模化、一体化和集约化发展，是一个渐进的过程。在这个产业背景下，未来驱使中国进口的因素之一便是满足国内炼油和化工产能的需求；总体经济状况变化仅是进口需求刚性的来源之一。

就与中东、海湾原油出口国之间的产品贸易而言，尽快完成中国—海湾合作委员会（Gulf Cooperation Council，GCC）自由贸易协定谈判并批准实施，将有利于应对原油出口方和进口方在贸易稳定性方面的共同关切。不过，该项自由贸易协定谈判从2004年就开始了，过程并不顺利。前景如何，尚待观察。

更为重要的是，中国对中东国家的经济外交思维，必须走出如何稳定和扩大中国从该地区石油和天然气进口这个狭窄的议题。其实，即便是在化石能源领域，上下游合作、装备和技术服务出口等油气产业链条中的各个环节，也应是中国与中东能源关系的必要内容。在与包括中东投资来源互动的过程中，中国应着眼于如何有利于提高自身

---

① 陆鱼：《我国炼油进入"6亿吨时代"》，《中国石化报》2013年8月13日第5版。

石化产品的附加值。

基于中国国内的产业状况与发展趋势（过剩）的需求，对中东地区的经济外交应拓展到促进中资参与该地区各国的新能源、可再生能源工程建设、海外承包工程市场（铁路、港口、电站、房建、路桥、市政、电信等）诸多领域。这样做有利于推动当地经济的多元化，为当地创造就业机会将是明智的"一带一路"建设举措。

风险管理

传统上，一些中资企业认为：某个国家跟中国友好，其市场有投资需求，就开始大规模进入当地市场。一旦经营过程中出了意外事件，企业就往后撤，等着下一个友好国家的出现。如此循环往复。但这种习惯性做法显然不利于推进"一带一路"构想。中资企业必须提高政治风险管理水平。

对主流中资企业而言，一提到海外风险，可能更多地注意的是战争、恐怖袭击、投资被无偿没收或者对方单方面毁约等。那些仅仅是非商业风险的极端体现。其实，风险在各国都有，无时不在，是营商环境的一个有机组成部分。关键不是强调风险，而是企业自己如何管理它。

说到营商环境，在海外投资的中资企业较少注意到，要经营一个项目不只是与当地企业往来的事，而是要和对方的政府、议会等多方面力量打交道，而且要主动。中国的企业包括一些海外的华侨企业，不愿意和非政府组织或当地媒体交流，也不乐意接待来自第三国的媒体或学者。这种做法很不利于为自己培育一个良好的营商环境。

中资企业在国外运营项目时爱打围墙。不管政府间的关系怎么好，在文化不同、语言不通的情况下，企业打起了围墙，就使企业跟当地的民心疏离了。中国学者在境外调研中资项目时，经常被问到的一个问题便是：那围墙内有什么不可以让本地人看见的？

这并不是说国家与国家的关系不重要，而是要看到，对所有投资国而言，基础设施领域的非商业风险是结构性的。在中文关于对外投资风险的表述里，一般用的是"规避"，也可以理解为"回避"。这是不可能做到的，跟财务风险、工程技术风险一样，政治风险是伴随着所有投资项目的整个过程的。需要对之进行日常性管理。对此，必须有一个根本性的认识转变。

基础设施投资，不论是新建还是改建，不论是在某一国之内还是跨国互联互通，都有独特的敏感性。原因之一是它往往涉及项目所在地百姓的拆迁、安置、补偿，改变当地既有的生态环境。从电力、电信、公路、铁路、水利、水电到生活/工业垃圾处理，等等，都属于基建，无一不涉及社会/文化层面的舒适度。发展这个道理的"软""硬"程度，是多方磨合的过程；而且磨合是个持久、反复的过程。这也是一种正常的现象，与一个国家对中国是否友好，没有什么关系。

双边投资保护条约（Bilateral Investment Treaty，BIT），是为了保护跨国企业而出现的。中国与140多个国家都签订了相关条约，其中绝大多数都在联合国贸发组织的条约库中全文公开。中资企业应该将这些BIT的内容融入合同谈判。国际上管理投资风险的法律性安排，还包括避免双重征税条约、《纽约公约》和《华盛顿公约》。

中国的企业必须看到，政府间的外交关系固然重要，中国政府也不遗余力地增进对外友好关系，但保护企业利益的责任不在政府，而在企业的主管部门。对外投资，即使获得了项目所在国领导人的支持，对方可选择的合作伙伴也很多，对方不会因为政府间的关系好，就有义务保证来自某个国家的企业把事情做成功。事实上，一个政府优先服务的是其国内企业和个人的利益。所以，对企业而言，友好合作是意愿，更为重要的是自己要拿出一个办法，让对方从一开始就明了违约的成本。

同时，投资来源国政府或者领导人对某一个项目的重视程度越高，来自这个国家的企业输不起的概率就越高，国际媒体和非政府组织对该项目的关注度也就越高。因政权更替而出现经营政策环境发生改变的现象，特别是在通过选举产生领导人的国家里，比较普遍；严重的时候，新上任的政府会因兑现竞选承诺而单方面撕毁合同。这种情况在斯里兰卡和缅甸都已经出现了。

出现这种广为国内外媒体评说的事件后，中资项目所在国政府也会因此而名声受损，来自其他国家的外商也会因中资所受到的待遇而放慢进入这些市场的脚步。但从中方投资者利益角度来看，对方这种名声损失是暂时性的，因为只要它有资源就会有人求它；中国投资方业已动工的项目，很有可能被其他竞争者取代。更为重要的是，能否有效应对一个"新兴市场"或"前沿市场"的种种不确定性，也是所有跨国投资商竞争的领域。从这个意义上看，中方企业的损失则是长久性的。

作为对策，其一，中资企业要强调，投资就是为了获利，这是企业自保非常重要的一点。中资企业要为投资地提供能源产品和服务，提高当地的能源供应水平。多年来，国内关于为什么要到国外投资，有很多宏大（实质上超出企业能力）的论述，国外也有种种评说（中资出海是为了大国竞争等）。中资能源企业因此而被外国视为例外。

其二，在管理风险的众多途径中，尽职调查（due diligence）特别重要。这个概念是从英文翻译过来的。在英文里，due 就是你做职业判断所应该做的所有的事；diligence 是勤勉的意思。但是，在中文里，"尽职"两个字很容易被理解为：我把老板交给我的事情做好了，就是尽职了。实际上，要做的事情除了评估资金、技术、市场的需求外，还要了解投资所在地法规、历史、人文环境，项目所在地的各个级别的政府历史上处理外商投资纠纷时，有哪些习惯性行为，等等。有许多国内主管没能预见的情况，需要在可行性调研阶段摸清楚。

其三，越来越多的"一带一路"沿线国家参与了一些国际能源治理机制。比如《采掘业透明度行动计划》（Extractive Industries Transparency Initiative，EITI），其目的是要健全透明度与问责制。这是一个得到公司联盟、政府、投资商和公民社会组织支持的自愿行动。其中有一个规定是：成员国政府有义务将其外商能源矿产开采税收及其支出去向做到透明。当一个国家加入了 EITI 之后，一些社会组织或者非政府组织就可以用该国的某项能源矿产外资项目是否符合EITI条文要求而展开公开问责。用媒体的话说，就是包括中资在内的外资也就"躺着中枪"了。其实，不论你怎么看这个现象，它都是现实。

在进入一个市场前的调研工作，应以企业自身团队为主，参考国际咨询服务为辅。游走于不同国家之间的咨询服务公司有其局限性。例如，它可能并不了解中方的盲点。它也不是神仙，其分析更多的是基于历史事件的分析，而不是对未来的预测。总之，必须自己把这个前期调研做全面。

其四，"一带一路"并不意味着中资排斥"带""路"之外的投资机会。中资企业的目光必须是全球化的。顺着"一带一路"仅仅是中方倡议的思路，中资企业在"货比三家"的前提下，要把握好去沿路、沿带市场投资的节奏。把每一个项目做稳，远比把项目投资规模做大重要。从历史经验看，中资应特别慎重考虑"贷款换资源"的投资模式，必须充分评估资源国的债务负担程度、还款能力。

其五，应主动应对国际上有关中资对外能源投资的舆论。从笔者多年的调研经验看，第一，要强调中资企业到国外，不管是国企还是非国企，只要到当地注册就是当地的企业；是企业，而不是政府的外交团队。第二，"一带一路"的进度是中国国内的事；而到了投资国，在项目合同签订后，项目成功的基础是双方的需求和能力上的契合，而不是国家的关系友好还是不友好，企业就是要做企业该做的事。第三，以合同为基础的项目稳定运营是双方的义务和责任。出现纠纷时，有根据地指出对方的责任，甚至提起国际仲裁，收益是维护了企业名誉。第四，"社会责任"远不止是发布年度报告、捐资助学、扶贫。对能源企业来说，要突出对投资地、投资国自身能源供应和服务的改善。

最后，笔者想特别强调的是：企业才是风险分析、风险应对设计、风险管理的主体。如果出现被动撤资、撤人的情况，对中资企业的损失远远不止于财务、资产的损失。不同的跨国企业在国际上竞争，研判、驾驭非商业风险的能力也是核心竞争力。国际仲裁是维护企业声誉的途径，无损于国家间的关系。风险是不可避免的，中资应走与投资国/地风险与损失共担、分担之路。

参考文献：

[1] 高虎城：《温故知新 继往开来：不断充实中美新型大国关系经贸内涵》，《人民日报》2015年9月21日第10版。

[2] 陆鱼：《我国炼油进入"6亿吨时代"》，《中国石化报》2013年8月13日第5版。

[3] Robert Hormats, "The United States 'New Silk Road' Strategy: What is it? Where is it Headed?" September 2011, available at http://www.state.gov/e/rls/rmk/2011/174800.htm.

[4] UNESCO, Integrated Study of the Silk Roads, CLT/CPD/DIA/2008/PI/68, http://unesdoc.unesco.org/images/0015/001591/159189E.pdf.

[5] Vladimir Fecorenko, The New Silk Road Initiatives in Central Asia, Washington DC: the Rethink Institute, August, 2013.

[6] Zha Daojiong, "China's Economic Diplomacy: Focusing on the Asia Pacific Region," *China Quarterly of International Strategic Studies*, April 2015, pp. 85–104.

"一带一路"倡议下区域能源安全合作

徐小杰 朱子阳 程覃思*

内容提要：全球能源地缘政治格局，包括供需中心板块性转移、技术变迁、互联网推广深化在内的变化，深刻地改变了全球能源安全形势，带来了诸多非传统能源安全挑战。"一带一路"战略倡议是中国解题新时代能源安全的重要战略，但是，"一带一路"不同地缘空间之间存在内在关联和互动性，这就造成这一倡议的外部性复杂，潜在风险大。因此，本文重点探讨了"一带一路"战略倡议下能源安全合作新方式，能源安全合作的新走向，以及能源安全的新秩序。本文认为，中国可以采取的能源安全合作新方式包括：国际产能合作、自贸区与经济走廊建设、能源金融合作以及非传统的能源脱贫与能源互联网合作。而要构建完整的区域合作新秩序，中国有必要构建共生的合作文化，利用好从区域到全球的能源安全治理体系，尤其需要借助多个区域合作平台。

关键词："一带一路"，能源安全，合作，新现实，新方向，新秩序

---

* 徐小杰，中国社会科学院世界经济与政治研究所世界能源研究室主任，世界能源研究基地主持人，原中国石油集团经济技术研究院院级专家、海外投资环境研究所所长；朱子阳，中国社会科学院世界经济与政治研究所硕士研究生，主要从事能源展望、国际投资研究；程覃思，中国社会科学院世界经济与政治研究所博士研究生，主要从事能源展望与能源金融研究。

一 全球与亚欧能源安全的"新现实"

进入21世纪第二个十年后，全球能源地缘政治格局发生了深刻的变化，一系列重要事件令人眼花缭乱，这些重要变化不仅对传统能源部门产生了深远影响，而且导致了诸多非传统的能源安全挑战，因此，需要抓住主线进行梳理、研判，我们认为，这些"新现实"主要表现在如下几个方面：

1. 全球主导性油气供应与消费中心发生板块性转移。自2010年以后，中东产油国的常规油气供应和垄断地位受到了美国页岩油气革命的挑战。在过去的三年里，美国的石油液态产量连续年增产5000万吨，大大增强了美国的油气供应能力，能源战略优势大大增强，使以石油为中心的中东产油国的地位受到冲击。自2014年下半年以来，沙特阿拉伯等产油国与美国就油气供应展开了全球博弈，致使国际油价大幅下滑。

同时，由于全球经济仍处于衰退期，全球经济增长处于低位，尤其是新兴经济体的经济增长减缓，特别是中国的经济增长放缓，拉低了全球能源需求的增速。印度、东南亚、南亚和非洲国家与地区将成为今后全球能源需求的重心。

2. 一系列科技进步及其在能源领域的推广应用，既推动了一批新能源的快速发展，改变着传统的能源结构、方式和体系，加速了诸多国家的能源转型，也改变了各国的能源战略优势和地位。不仅美国和欧盟处于清洁能源的研发前沿和战略推进前沿，中国和其他新兴经济体也在积极推进和发展清洁能源。

3. 互联网的深度推广使能源发展呈现虚拟化、智能化和网络化，区域和跨区域能源互联网逐步成为趋势，"能源互联网"将对能源产业的形态、地位与角色作出全新的解释，大幅改变目前的节能、能效和碳减排方式，改变人们的生活方式、生产方式。因此，变革、融合、互联互通是全球能源发展"新现实"的基本态势。全球能源互联网将从国家相连、洲内相连到洲际相连，层层递进，能源互联网将从深层次改变国家间的关系。

为应对全球能源地缘政治"新现实",北美和欧盟地区的主要国家,积极推动"再工业化"进程,利用新的工业革命的机遇,不断提升对亚太地区和大西洋地区的区域性经贸合作水平;同时,利用全球气候变化议程,推进北美地区和欧盟地区清洁能源的发展,形成清洁能源的竞争优势。相对而言,虽然中国已进入工业化的中后期,但是需要经历较长的中后期工业化、新型城镇化、信息化和农业现代化的发展过程,而东南亚、南亚、西亚和非洲国家仍处于工业化初期或前期。中东欧国家的工业化也面临着大规模更新改造的过程。这些地区和国家面对着工业化和全球气候变化的双重压力和机遇。俄罗斯中亚、中东地区和北非地区的能源资源国的油气供应能力受到"新现实"的严峻挑战,能源转型压力加大。

因此,我们认为,未来亚欧地区的能源安全所面临的普遍挑战是:

1. 全球能源贫困,尤其是集中在南亚、东南亚和非洲地区的贫困人口,能源普遍服务依然是一个巨大的历史任务,而中国与这些国家在能源脱贫方面具有共识和经验分享的较大空间,其中,能源贫困最主要的是用电问题,中国在 2015 年就解决了 30 万无电人口的用电问题,相关经验值得共享。

2. 亚欧地区多数国家能源发展的重点在于相关基础设施建设,特别是加大以交通、运输和通信为中心的能源基础设施建设或更新改造,推动国内和相关国家跨区域的能源互联互通和区域合作。同时,加快现代能源发展的能力建设也是一项艰巨的任务,对未来相关国家的能源现代化和可持续发展具有重大的影响。

3. 新能源研发和开发面临挑战,从"人的全面发展"的角度看,能源安全必须保障人人对现代能源的合理、有效与可持续的利用,提高现代能源普遍服务和能源效率,不断提高基于科学合理利用基础上的生活质量,包括大大提高人们利用现代能源的普遍性、可支付性、可持续性、灵活性和智能化,过上清洁、健康、绿色、可循环与可持续的日子。因此,尽管化石能源仍然是亚欧多数新兴经济体能源发展的基础和重点，但是新能源也越来越受到这些国家的关注和提前规划，为此也不断加大投入和开发力度。但是，由于能源产业能力所限，面对基础、人力、资金、技术等方面的约束，发展进程较慢。能源短缺对其经济社会发展构成巨大的约束。而完全依靠本国的力量，在短时期内难以实现重大转变。在这个相互依赖日益紧密的世界里，各个国家的能源安全相互关联。而经历30多年经济快速发展的中国，在与其周边国家和多数亚欧国家的能源脱困、能源互联互通、能源转型以及供需互保的能源安全上，不仅存在巨大的地缘优势、战略利益互补和经验分享，而且存在着巨大的产业链对接、产能对接和资金—市场紧密对接的空间和潜力。

近几年来，美国、欧盟、俄罗斯均在各自地缘战略区域推进区域能源合作，提升能源安全，提出了不同的合作倡议。比如，美国在亚太和跨大西洋地区极力推进跨太平洋伙伴关系协议（Trans-Pacific Partnership Agreement，TPP）（特朗普上台后终止）和跨大西洋贸易与投资伙伴协议（Transatlantic Trade and Investment Partnership，TTIP）框架下的新区域经贸合作框架和规则的制定。它们在世界贸易组织（World Trade Organization，WTO）基础上提出的更高、更多和更新的诉求和新规则，符合经合国家和部分新兴经济体的发展需要。但是，对于亚欧多数国家来说，这些经贸规则与它们的基本需求之间存在较大的差距，并且在美国国内特朗普的上台可能会改变这一战略，但美国还不太可能放弃区域战略，也可能推出新的战略。俄罗斯则在若干独联体国家里推进"欧亚联盟"倡议。作为最大的发展中国家，中国提出了"一带一路"战略倡议，主要针对缘于中国陆上和海上丝绸之路国家的经济发展现实和诉求，提出了基于"政策沟通、道路联通、货币相通、贸易畅通和民心相通"的区域合作新思路或新构想，侧重于基础设施投资和能力建设；突出共赢互利，包容发展；突出共同的合作安全、地区安全和可持续发展的安全。那么，未来亚欧地区多数国家在"一带一路"倡议下是否存在共同的或可对接的能源安全利益？将形成怎样的能源安全新特征和新格局？这是本文尝试回答的问题。

二 "一带一路"的区域特征和能源安全特征

"一带一路"战略倡议是中国提出的重要战略倡议,在新时代能源安全发生深刻变迁的环境下,"一带一路"倡议背负了解题新时代能源安全的使命,因此,有必要对"一带一路"战略倡议的区域关联性和外部性进行深入剖析,我们认为,"一带一路"倡议下的不同地缘空间存在着区域之间的内在关联和互动性,这就造成这一倡议的外部性复杂,潜在风险大。

(一)"一带一路"的区域关联性

中国提出"一带一路"战略倡议具有深厚的地缘政治、经济和文化渊源及背景。"一带一路"所涉及的不同地缘空间既存在着地域连接,又有千百年来所形成的历史文化和经贸纽带。

第一,中国内陆区和沿海地区之间经贸与文化的关联和互动性,源于东部、中部和西部在历史上形成的相互依存关系。经历 30 多年的改革开放与发展,包括分别于 1999 年和 2003 年提出西部大开发战略和"中部崛起"战略,初步推动了中部和西部内陆地区的经济发展。

第二,陆上"丝绸之路"南部的"茶马古道",通过陆路将中国西南地区与东南亚和南亚国家相连,一直是"丝绸之路"的南部通道。改革开放 30 多年来,西南部地区逐步对外开放,呈现出发展活力。近几年来,随着中国与东盟经贸合作的推进,自由贸易区的发展,特别是中国—东盟大湄公河次区域电力合作机制的推进和中缅油气运输管道系统的建成,后者开始打通中国走向印度洋的新方向。

第三,历史上的陆上"丝绸之路"在东南亚、南亚、波斯湾、东非等区域与海上"丝绸之路"多处交汇,之后又在地中海和东中欧地区再次重合。但是,新中国成立后,陆海"丝绸之路"在交汇处时分时合,改革开放后中国在上述地区的经贸合作陆海分离,诸多投资合作项目沿陆上"丝绸之路"和海上"丝绸之路"分别运作。中国在非洲和西亚（特别是波斯湾）的合作集中在陆地资源开发上，对铁路、港口、海上设施和船队等基础设施的投资建设较为薄弱。

显然，"一带一路"战略倡议可以将不同地缘空间相互连接起来，强化特定的区域关联与互动性。从"一带"角度看，中国的内陆地区具有广泛的辐射面，向西延伸，可直接与中亚、西亚以及更远地带的国家相连接。中亚地区是亚欧地缘政治上的"过渡带"。经这个过渡带，亚洲内陆人可以直接进入高加索地区和西亚半岛以及更远的东中欧地区。西亚地区的波斯湾、阿拉伯海、黑海和地中海则是波斯人和阿拉伯人通向东西方的战略通道。中国内陆是"一带"的原点，中亚和西亚是陆上"丝绸之路"的关键地带，对推进亚欧地区能源安全具有重要的地缘政治意义。从"一路"角度看，海上"丝绸之路"以中国东南沿海为起点，辐射中国东海周边地区（朝鲜半岛和日本南部），以及南海沿岸所有国家和周边岛屿。南海和东南亚地区是海上"丝绸之路"的关键地带，从太平洋经马六甲海峡和其他海域到达印度洋，涉及临海诸多大小国家和民族的利益。总体上看，"一带一路"下的不同地缘空间存在着历史关联和互动性。不同国家之间、不同地区之间以及与沿路国家、民族和文明之间的相互推进和交融具有巨大潜力，但是，在新时期一直未得到挖掘和深入推进。[1]

（二）外部性分析

"一带一路"战略倡议的外部性较为复杂。在中亚地区，哈萨克斯坦、土库曼斯坦、吉尔吉斯斯坦对"丝绸之路经济带"倡议表示出较大的热情。多年来，这些国家一直围绕着"亚欧大陆桥"积极推进"丝绸之路"项目下的互联互通、多层次和多领域的跨区域经贸合作。在西亚地区，伊朗呼应"丝绸之路经济带"的战略倡议，沙特阿拉伯和科威特也予以认同。在东南亚和南亚地区，多数国家希望与中国逐步提升包括基础设施建设在内的双边和多边区域合作层次。目前德国和法国等欧洲国家出于其现实需求也呼应和支持这一

---

[1] 徐小杰：《"丝绸之路"战略构想的特征研究》，《俄罗斯研究》2014年第6期。

倡议。

同时,"一带一路"战略构想与既有的合作战略和倡议存在重叠和交叉。有些重叠和交叉是可以融合的。比如与俄罗斯提出的"欧亚联盟"的融合得到了认可,区域能源合作安全得到支持。但是,有些交叉则存在潜在的冲突。在亚太区域,中国面对着复杂的地缘政治权力的冲突(包括与日本在东海海域的利益冲突,与菲律宾和越南在南海诸多岛屿的争端)。未来在北印度洋也难免发生诸多利益冲突。这些复杂的外部性都是区域能源合作和安全的不确定性因素和潜在的风险。

(三)区域能源安全特点

传统的能源安全都是以己为中心的本国供应安全和多元化战略取向。然而,从区域看,相关国家的资源供应、投资贸易、技术转移和区域合作需要与更大的安全空间相关联和能源安全利益相关联。因而,对狭隘的能源安全战略形成挑战。

"一带一路"战略构想作为中国与有关国家跨区域合作的新思路,超越了现有的国际合作战略,引导着各国国内跨区域合作和跨部门合作、国内经济与外部经济的协作发展。对于能源安全来说,这种内外结合的特征,要求从国内外整体规划的高度,将国内能源安全需求与他国能源安全需求相协调,将国内安全利益与地区能源安全利益相对接。换言之,一方面将国内能源安全规划国际化,另一方面将区域和全球的能源安全需求内部化。前者要求将国内能源发展需求与国际合作(包括与周边国家和地区合作)的规划和发展战略构想相融合,争取将国内能源结构转型与升级发展扩展到国际合作之中;后者则要求将国际能源安全格局与趋势内化为国内能源产业调整、转移和升级的动力和机遇,使国际能源合作的需求和趋势在国内结构改革和发展中得到体现和配合。

通过以上的区域合作方式,将相关国家的能源安全利益紧密关联,形成新的关联特征:

1. 以互利双赢的产业融合,推动相关国家能源安全利益的紧密融合，形成"一荣俱荣，一损俱损"的命运共同体。

2. 通过上述合作，形成政府—产业—企业多重协议合作，在法律上、政治上及产业和企业层面具有多重承诺和保障，夯实双边甚至是多边的利益交叉。

3. 通过上述合作，逐步推进区域和跨区域合作安全需求和合作安全特征。但是考虑到复杂的外部性，特别是面临可能的政局、政权和政策不稳定的风险，面对诸多非传统安全威胁，必须建立与跨区域能源合作相适应的从企业到政府，从一轨到多轨的多重跨国安全保障体系，特别注意对高军事风险、高政局动荡风险、高治安风险和高金融风险的规避。

这些既具有高度融合又可能面临"四高"风险的能源安全特征是对区域能源安全的进一步发展。

三 区域能源安全利益合作方式

从目前看，"一带一路"倡议下的能源安全利益与如下的合作方式紧密相关。

一是国际产能合作可以聚集相关国家在能源等领域的主要利益。在这一合作方式下，将中国庞大的产能与他国的产业发展战略和市场需求紧密结合，使合作领域从一个产业项目和环节发展到整个产业链的合作和产能建设；合作模式一般从过去单一的工程承包和工程总承包（Engineering, Procurement, Construction, EPC）进一步扩大到建设—经营—转让（Build-Operate-Transfer, BOT）各种方式上。在一些基础设施领域形成公私伙伴合作关系（即 Public-Private-Partnership，即 PPP 模式）。对于 PPP 模式而言，目前，很多国家已经推广这一模式，企业和政府之间形成良好的合作关系。另外，建立企业联盟等企业抱团发展的方式，也能达到优势互补、互利共赢的效果。当然，实施这一切的基础，是对当地社会环境的精准分析，以理论推动实践，达到循环往复前进式发展的目的。为此，中国可以提供各种产业适用的技术、整套装备和基础设施建设，直至提供产业（技术与人力和标准等）培训。

二是在自由贸易区、共同开发的工业园区和共同打造的经济走廊上，推进一批大型能源项目的合资合作，打造从资源开发到生产消费和能源服务的巨大的能源利益链。可以通过双多边能源政策沟通，达成区域合作共识；形成区域合作政策、商务、技术和合作规范；形成政府—产业—公众对话机制；推动经济一体化，建立自贸区规则和协作机制、争端处置和应急处置机制；建立国家之间的互信和缺乏互信下的第三方介入机制，推动政治合作伙伴关系的发展；制定专利和知识产权保护和服务贸易规则，注重不同自贸区、贸易体制之间的对接。

三是通过与投资基金和金融机构合作，推动大型基础设施项目、大型能源基地和新能源项目的开发，吸引更多的多国企业参与，带动区域性能源合作层次和合作深度的发展。在投资基金方面，亚投行等金融机构可通过合理搭配股权和债权，以股权投资为主，兼顾债权、贷款及基金等多种投融资形式，为能源互联互通提供资金支持。

四是能源脱贫合作，中国曾解决了大量无电人口的用电问题，相关经验的共享将使各国受益。因此，要大力开发能源，建立供应体系，扩大供应规模。最后，加快能源转型，也需要新的互联互通的硬软件基础设施。

五是能源互联网建设。"一带一路"与全球能源互联网有一定的交叉性和关联性。"一带一路"从战略政策方面，可以推进能源互联网建设进程；而建设能源互联网，也成为"一带一路"战略构想落地的途径之一。必要时，可由国家提供能源互联网所需要的安全合作。

四　区域能源安全合作的新走向

从既有的区域能源合作看，"一带一路"战略倡议下的能源合作安全将具有新的具体的发展和延伸。

(一) 中国—俄罗斯中亚能源合作安全

从整体上看，中、俄、蒙的能源走廊具有巨大的合作潜力。现阶段这一区域能源合作仍处于新的对接和磨合过程中。由于近几年来中国经济增长放缓，俄罗斯面临着西方的制裁，蒙古国实施政策调整等多重原因，三国之间的相互认知面临着新的局面。预计在今后五年内，三国能源合作的进展将处于重新定位中，确定更加务实、更加商业化的能源合作，将俄罗斯及蒙古国的2035年新能源发展战略与中国的低碳化能源战略需求紧密结合，只有这样，才能产生更多的能源合作利益。

相比之下，中国与中亚国家的能源合作则进入成熟期。由于中国能源需求放缓与转型，中亚国家能源开发日益困难，使得过去的油气供需互保性的能源安全面临新的压力。而包括基础设施建设、制造业扩张和新能源建设在内的国际产能合作将中国—中亚的跨区域能源合作带入新的阶段。今后的能源合作安全需要向上述多领域和产业链的合作安全领域延伸，对"一带一路"能源合作形成较好的示范作用。

(二) 中国—东盟能源合作安全

中国与东盟在交通和能源等领域的合作较为深入，合作层次较多。目前在中南半岛，大湄公河次区域电力合作和其他电力基础设施的投资合作将双边合作渗透到地区能源合作的基层（能源脱贫）和深层（向低碳化和清洁化能源的转型），新的能源安全利益的关联程度得到提升。未来的能源合作安全需要树立成功案例，形成最佳实践经验，确立多重安全保障倡议，挖掘合作潜力，避免深度合作所带来的不安全因素。

(三) 中国在北印度洋的能源合作安全

相对于面向太平洋的开放与合作，中国在北印度洋的能源合作开展得较晚。北印度洋是"一路"的必经之地，也是中国改革开放走向印度洋的必然趋势。中国—缅甸的油气运输通道的打通，近年来中巴经济走廊建设以及孟、中、印、缅经济走廊建设将为中国在北印度洋的合作打开空间。其中，中巴经济走廊已经将两国的能源产能合作、互联互通和合作安全提升到一个历史性的新高度。但是，这一走廊的巨大投资态势引发了印度的疑虑。中印能源的合作前景和影响成为新的能源安全合作方向。

（四）中国—西亚北非地区的能源合作安全

中国与西亚北非的传统能源合作主要集中在油气领域和技术服务领域。至今，石油贸易依然是双边合作的基础，但是，远没有发挥出双边能源合作的全部潜力。根据笔者的调研，结合西亚北非国家的能源发展战略需求看，中国与这些国家的能源合作需要基于石油，发展油气合作，并超越油气合作，走向覆盖化石能源和包括核电、风电和太阳能等的非化石能源的合作。因此，合作的领域和方式将走向产能合作。同时加大中国与海合会的自贸区谈判。为此，中方需要加大谈判力度，相互作出让步，加快未来双方在油气领域交叉投资与新能源领域产能合作的步伐，确立包括交叉投资合作和产能合作的新的供需互保安全体系。

（五）中国—经合国家的能源合作安全

"一带一路"倡议决不排除与其他国家的区域合作，特别是与沿带沿路以外发达国家和发展中国家的能源合作，包括中国与北美国家、拉美国家、澳洲国家以及日韩的能源合作。与这些国家的能源合作将进一步扩大能源安全的内涵，形成全球能源合作安全的新方向。

五 "一带一路"下的能源安全新秩序

能源安全是与国家发展紧密关联的核心问题，是国家核心利益的组成部分；能源安全不仅是国家和能源产业的职责，而且与国民生产和生活紧密相关。能源安全体系需要将能源供需安全进一步提升到国家和全球能源生态环境的高度，对现行能源体系加以改善。

(一) 区域合作新秩序

毋庸讳言，"一带一路"战略倡议意味着新的区域合作秩序。新的合作秩序不是一个国家或几个国家合作构想的直接延伸。区域合作必须尊重沿路国家的主权利益，在沿路国家有合作意愿的条件下才能推进和实施。中国不可能唱独角戏，更不可能将本国的战略外推给沿路国家。

中国与周边国家之间，中国与其他沿带沿路国家之间存在着诸多共同的发展诉求和区域合作愿望与共同的利益。但是，这些国家大多处于西方主导的现行国际合作与安全秩序的外围，具有不同于发达国家的合作理念、合作规则和秩序要求。一些政治、经济和文化相对落后国家的对外合作权益往往受制于西方成熟的合作模式和所谓的"惯例"，受到不平等、不公正和不透明的对待。中国区域合作实践中所坚持的合作理念是：在确保和实现资源国主权权益的前提下才能实现中方的商业利益，而不是相反（将主权国家的利益视为从属利益）；并且坚信，为资源国利益贡献越大、越长远，互利共赢和可持续合作才越有保障。[①] 这样的合作智慧源于发展中国家内部共同的发展诉求和对主权权益的维护。这样的合作认识尤其适用于能源资源和基础设施领域。

从国际合作理论看，合作秩序的维护需要共生的合作文化的支撑。"丝绸之路"本身就是一种共生的经贸文化。沿带沿路国家都是区域合作的推动者和贡献者。二十多年来，中亚、东南亚和非洲等地区的广大发展中国家针对共同面临的发展问题，提出了多种符合本地区利益和特色的跨区域合作倡议（如中亚区域经济合作、欧亚联盟、东盟的一体化倡议、非洲发展新伙伴计划等）。这些倡议与"一带一路"倡议接近。缺乏平等合作、协同发展和共建共享的合作文化，不

---

① 徐小杰、裴国平、王宇:《"中国石油"跨国经营的全球视野分析》，《国际石油经济》2013年第7期；参见徐小杰《国际油气合作模式的中国贡献与创造》，《中国石油报》2013年7月9日。

可能建立新的合作秩序。因此，需要各方正确认识和掌握适合本国国情、文化习俗和民情意愿的新的能源发展方式、速度和道路，并互相尊重。

区域能源合作需要从区域到全球的能源安全治理体系的支撑，对于中国来说，需要借助多个区域合作平台的推动，包括利用上海合作组织及其扩大趋势，推动中国与所有成员国以及观察员国在能源领域的合作，建立新的能源安全合作秩序；需要借助东盟"10+1"和"10+3"合作机制，推动东亚地区的能源合作，探讨新的能源安全合作机制。同时也需要利用博鳌和亚信的区域合作平台，推进对能源安全政策的探讨。

这些区域能源合作安全都将为推动全球层面，特别是20国集团框架下的能源合作提供经验和基础。

对于中国来说，在总框架上，从本国的对外合作战略到区域合作秩序，再到全球层面的多边合作机制和秩序，有一个逐步递进的过程。除了双边和区域性的合作外，相关国家应积极参与国际能源机构，包括国际能源署（International Energy Agency，IEA）部长级会议与IEA联盟、国际能源论坛（International Energy Forum，IEF）、国际能源宪章（International Energy Charter，IEC）以及国际可再生能源署（International Renewable Energy Agency，IRENA）等的合作项目和对话机制。通过参与以上各类合作机制，相关国家应在加强地区性能源合作的基础上，加强与发达国家的地区性和全球性的能源合作。未来全球的能源合作安全新秩序应在共建中逐步确立与发展。

具体来说，既要根据国情，也要从全球角度，强调一国的能源安全须与他国能源安全相融合。在跨区域合作和全球能源合作中，强调开放、包容和共赢与发展，共同寻找能源安全的解决方案。在这个意义上说，能源安全观就是合作、共赢和可持续的能源安全。新的能源安全观需要建立以能源产业自身的良性循环为基础，各能源生产、运输和消费部门协同发展，推动能源与环境、社会和公众目标的区域协调、国内协调与国际协调，引领本国或本经济体融入中长期综合协调发展的全球能源转型的新体系。

(二) 多边能源安全体系

"一带一路"的不同地缘空间存在着内在的关联和互动性。这些关联与互动性有赖于互为依托的地缘战略支点。依托和支点越多,关联和互动性越强,合作状态就越稳定。这些特性既是"丝绸之路"的历史传承,又是全球地缘政治发展的"新现实"。

"一带一路"战略倡议还具有内外结合的特征。这一特征要求从国内外整体规划的高度,将国内深化改革、发展诉求与对外合作相协调,将国内市场与国际市场动态对接,也就是将国内发展规划国际化,同时将对外合作规划需求内部化。这些特征是对既有内外跨区域合作安全的重大发展和升级。

这一战略倡议下的合作属性是自主、开放和自愿的跨区域合作,强调政策对话,突出基础设施与发展能力的共同开发,突出政府、产业、金融与文化之间的互动、协同和综合性合作,谋求平等、互利和共赢的合作框架,谋求建立一种非制度性与非一体化的开放、包容和可持续的合作秩序。在这一秩序下,既不存在"中心和边缘"或"核心与外围"的合作关系,也不复制"依附与被依附"的合作关系。新合作秩序的重要前提是尊重主权国家的权益,形成共享的合作文化。

"一带一路"战略倡议为区域能源安全展示了系列关联特征。这些安全特征既不同于一国国内的能源安全战略与政策,也将对传统的区域能源安全作出新的发展或延伸。这一区域能源安全不排斥涉及沿路国家和地区既有的能源安全框架,但对现有的能源合作安全内涵进行了补充和发展。诸多新特征需要在"一带一路"倡议下,通过战略对话、深度的产能合作、合作文化的融合,通过共同的实践和创造,加以认识和确立;同时,这一区域合作的复杂外部性将迫使各利益相关方有效管控主权国家间的利益差异和潜在冲突,确立多重合作安全保障的新机制和新体系。

参考文献:

[1] 徐小杰、裴国平、王宇:《"中国石油"跨国经营的全球视野分析》,

《国际石油经济》2013年第7期。

　　［2］徐小杰：《国际油气合作模式的中国贡献与创造》，《中国石油报》2013年7月9日。

　　［3］徐小杰：《"丝绸之路"战略构想的特征研究》，《俄罗斯研究》2014年第6期。

　　［4］徐小杰：《全球能源互联网：一种电力丝路的视角》，《中国电力报》2015年12月14日。

　　［5］中国社科院世界经济与政治研究所"世界能源中国展望"课题组：《世界能源中国展望（2014—2015）》，中国社会科学出版社2015年版。

　　［6］中国社科院世界经济与政治研究所"世界能源中国展望"课题组：《世界能源中国展望（2015—2016）》，中国社会科学出版社2016年版。

"一带一路"对油气基础设施的影响

姜鑫民[*]

内容提要：2013年，中国提出了"一带一路"国家级顶层战略，其核心战略之一是油气国际合作。本文从油气基础设施合作出发，综述中国与"一带一路"沿线国家油气基础设施的合作现状，对合作前景进行预测。在此基础上，通过分析我国在该领域存在的优势及合作基础，构想了中国与"一带一路"沿线国家油气基建合作的现实路径；发现了与"一带一路"沿线国家油气基础设施合作领域所存在的潜在风险并提出相关的风险评估标准及风险控制手段。

关键词："一带一路"，油气基础设施，油气国际合作，市场风险，对策建议

一 "一带一路"沿线国家油气基础设施合作现状与前景

（一）"一带一路"战略介绍

2013年9月和10月，中国国家主席习近平在出访中亚和东南亚国家期间，先后提出共建"丝绸之路经济带"和"21世纪海上丝绸之路"的战略构想，得到国际社会高度关注和有关国家的积极响应。"丝绸之路经济带"分别起自中国经中亚、俄罗斯至欧洲（波罗的海）；

---

[*] 姜鑫民，国家发展和改革委员会能源研究所能源经济与发展战略研究中心副主任、副研究员，主要从事能源经济、政策和战略发展规划等方面的研究。

中国经中亚、西亚至波斯湾、地中海；中国至东南亚、南亚、印度洋。"21世纪海上丝绸之路"重点方向是从中国沿海港口过南海到印度洋，延伸至欧洲；从中国沿海港口过南海到南太平洋（见图1）。

"一带一路"沿线国家多为中国原油进口国，抑或是蕴含丰富油气资源的国家，是影响中国石油进口安全的重要因素，落实"一带一路"战略，加强与这些国家的油气合作，不仅能够提高中国的油气供应保障能力，也将进一步促进双边和多边合作与相关国家的经济增长。

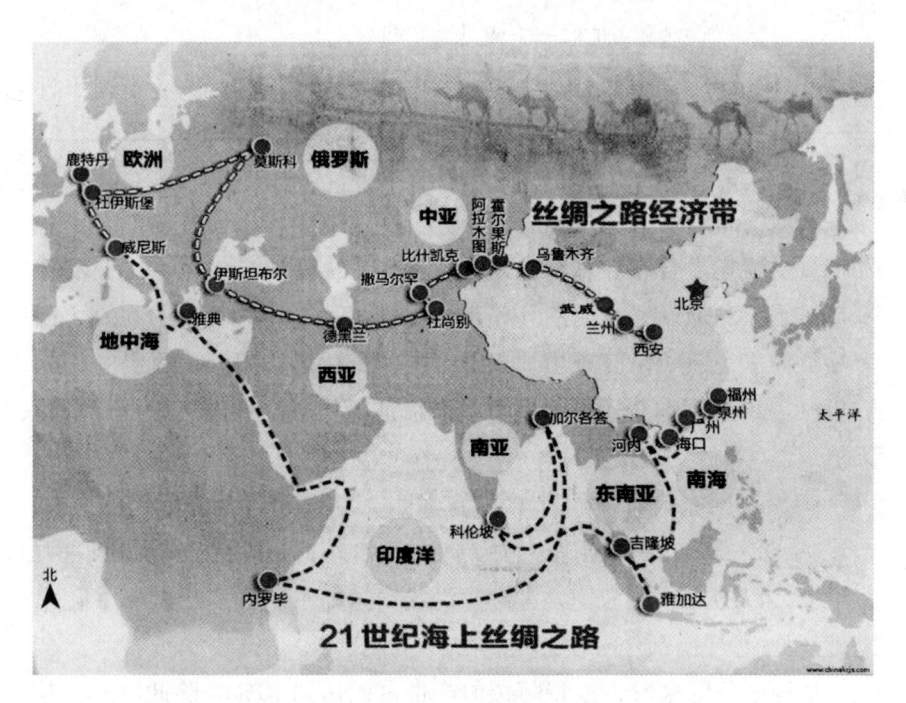

图1 "一带一路"覆盖国家和地区

（二）"一带一路"油气基础设施合作基础

1. 沿线国家油气资源丰富

"丝绸之路经济带"和"海上丝绸之路经济带"涉及65个国家和地区，在上述国家中，多数为发展中国家，它们蕴含了大量的油气资源。

表1　"一带一路"区域内油气资源量、产销量及其占比

	项目	数量	全球总量占比（%）	"一带"国家占比（%）	"一路"国家占比（%）
剩余探明储量	原油（亿吨）	131.51	55	54	1
	天然气（万亿立方米）	142.16	76	71	5
待发现资源潜力	原油（亿吨）	530	47	42	5
	天然气（万亿立方米）	83	68	60	8
产量	原油（亿吨）	21.59	51	47	4
	天然气（万亿立方米）	1.69	49	43	6
消费量	原油（亿吨）	10.48	25	12	13
	天然气（万亿立方米）	1.39	41	28	13

从油气储产量分布可以看出，"一带一路"区域内各国油气资源和产量主要集中分布在"丝绸之路经济带"，特别是中东、中亚和俄罗斯等国家和地区。按照油气储产量规模，油气合作可集中在六个国家项目群里，即哈萨克斯坦油田群、土库曼斯坦气田群、两伊（伊朗和伊拉克）巨型油气田群、俄罗斯与极地群、东南亚油气田群、东非天然气群。

2. 沿线国家具有强烈合作意愿

"一带一路"沿线国家，除沙特阿拉伯外，石油化工基础产业大多较差，以乙烯产能为例，大部分沿线国家并不具备自己的石油化工基础产业。

从国家角度来看，沙特阿拉伯产量占比达到10%。除此以外，其他国家产量相对较小，占比较为分散。在中东和非洲地区，沙特阿拉伯是最大的乙烯生产国，提供了该地区3000万吨、约占52%的乙烯产量。而沙特阿拉伯基础工业公司（Sabic）旗下的Petrokemya是该地区最大的乙烯生产商，年产量达到290万吨，其他生产乙烯的子公司还包括Yanpet、Kayan和Yansab。这四家公司合计贡献了该地区26%的乙烯生产份额。整体而言，沙特地区的行业集中度要远远高于其他沿线地区的乙烯行业集中度。

"一带一路"对油气基础设施的影响

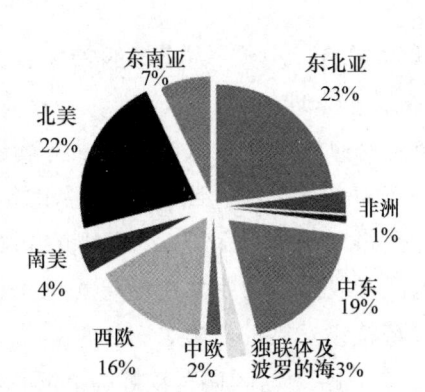

图2 世界范围内乙烯产能分布

因此，在"一带一路"区域内油气资源丰富的国家中，绝大多数以油气资源出口为主。以中亚—俄罗斯为例，环里海八国的油气出口贸易额占其出口总额的70%以上，其中土库曼斯坦75%的外汇来自油气出口，哈萨克斯坦经济发展与油价相关度高达96%，中俄签订的价值2700亿美元为期25年的石油供应协议、中俄天然气东线管道、中俄北极亚马尔（Yamal）（Liquefied Natural Gas，LNG）项目等相关油气合作项目成为近两年来俄罗斯尝试经济复苏的重要外资来源之一。

3. 与"一带一路"区域内国家开展油气合作是中国油气进口最现实的选择

随着中国经济的持续发展和结构调整，作为世界第一大能源消费国、第二大油气消费国的中国，未来最现实的油气进口来源就是"一带一路"区域内的主要资源国。2014年，中国从俄罗斯—中亚—中东进口的原油占年度总进口量的64%，天然气占67.3%，未来还有进一步扩大的趋势。

地处欧亚大陆腹地的油气资源国需要开辟通往太平洋沿岸的出海通道，中国能源运输则需要减少对马六甲海峡的过度依赖，"一带一路"区域内的油气合作对增进双方的能源安全，扩大双方的能源利益均有着重大意义。

国际油气供需格局正发生着剧烈变化，"一带一路"东西两端联系着欧洲和亚太两大油气消费市场。2014年，"一带一路"区域内国家原油消费量合计约 10.48 亿吨，占全球的 25%；天然气消费量合计约 1.39 万亿立方米，占全球的 41%。

当前，世界经济增速放缓，全球油气需求持续走低，乌克兰事件使俄罗斯能源经济面临多重挑战，欧洲积极寻求能源供应多元化等，多重地缘政治事件使得"一带一路"区域内资源国的油气经济面临巨大挑战。亚太地区可以提供的巨大市场与巨额资金，成为"一带一路"区域内国家经济持续发展的保障之一。

4. 中国在"一带一路"地区拥有较好的油气合作基础

中国在"一带一路"上已有的诸多油气上游合作项目产生了良好的社会效益。一是把资源国的资源优势转化为经济优势，带动了当地经济社会的发展，成为中国与资源国友好合作的纽带；二是中国公司在中东—中亚地区开展油气合作以来，已为主要资源国提供了 4 万余个就业岗位、超过 300 亿美元税费和 2 亿美元公益投入；三是多个项目获得当地政府颁发的奖项，阿姆河、阿克纠宾、PK、MMG、中亚天然气管道项目被驻在国元首誉为"油气合作典范"。

（三）"一带一路"沿线国家油气基础设备合作现状

1. 原油进口管道

2014 年，"一带一路"国家占中国原油进口份额的 66%，中国 90% 的原油进口通过海上运输，其中 80% 需经过印度洋—马六甲海峡—南海通道。海上原油运输通道主要有印度洋—马六甲海峡—南海通道（中东、非洲），太平洋通道（北美、南美）等。陆上通道主要有中哈原油管道、中俄原油管道和中缅原油管道。

表2　　　　　　　　中国陆上进口原油管道现状

管道名称	管输能力/（万 t/a）	投产时间	起点和终点
中哈原油管道	2000	2009 年 7 月	里海阿特劳—新疆阿拉山口
中俄原油管道	1500，最大 3000	2011 年 1 月	远东管道斯科沃罗季诺分输站—大庆
中缅原油管道	2200	2015 年 1 月	若开邦马德岛—中国西南地区

2. 天然气进口管道

目前陆上天然气进口线路分为中国—中亚天然气管道和中缅天然气管道。海上 LNG 进口路线与原油类似。中国—中亚天然气管道2014年输气达 283 亿立方米，中缅天然气输气达 30 亿立方米。中国—中亚天然气管道又可分为 A、B、C、D 线。

2004 年 9 月，中哈原油管道动工建设，这是中国第一条战略级跨国原油陆路进口管道。中哈原油管道全长 2798 公里，一期工程和二期工程分别于 2006 年和 2009 年实现全线通油，成为中国最重要的跨国输油管道之一。截至 2016 年初，这条管道输送原油已累计突破 6000 万吨。中亚原油管道建设为中国石油打造西部能源战略通道迈出了重要的第一步，也为以后中亚天然气管道的建设提供了良好的借鉴。

2009 年 12 月，中国—中亚天然气管线 A 线投产供气，2010 年 10 月该管道 B 线投产运行，2014 年 8 月 C 线投产运行，中国从中亚地区的天然气进口呈现连续增长的势态。仅 A、B、C 三条管线的投产运行，就将使向中国供气的能力提高到每年 550 亿立方米的水平，相当于 2013 年中国国内天然气消费总量的 1/3。

中亚天然气管道的建设使管道跨境的中亚国家数量增加，输送介质在单一原油的基础上，又增加了天然气，输送路径从土库曼斯坦的单一气源供应，加入了乌兹别克斯坦和哈萨克斯坦这两个国家的新气源，也使得乌、哈两国由过去的管道过境国转变为天然气供应国，改变了这两个国家对外天然气的供应格局，实现了天然气出口多元化。油气管道联系中国与中亚多国，跨地区、多国家的油气合作，使得国与国之间的关系也更加紧密。

D 线起于土库曼斯坦和乌兹别克斯坦边境，途经乌兹别克斯坦、塔吉克斯坦、吉尔吉斯斯坦三国，从中国南疆的乌恰县入境，与西气东输五线相接。在 D 线建成后，中国—中亚天然气管道将成为中亚地区规模最大的输气系统，总输气规模为 850 亿立方米。目前，中俄东线天然气管道正在建设中，预计 2018 年投产，而中俄西线天然气管道建设仍在谈判中。

表3　　　　　　　　　　中国陆上进口天然气管道现状

管道名称	管输能力（亿 m³/a）	投产时间	建设情况
中国—中亚天然气管道	850		
A 线	300	2009 年 12 月	建成
B 线		2010 年 10 月	建成
C 线	250	2014 年 6 月	建成
D 线	300	2016 年	在建
中缅天然气管道	120	2013 年 10 月	
中俄东线天然气管道	380	2018 年开始供气	在建
中俄西线天然气管道	300	供气量渐增	拟建

3. 油气基建合作前景

（1）石油资源合作方向

从资源量的角度来看，未来石油勘探开发投资的主要方向仍是中东、中亚和俄罗斯等大型含油气区。从待发现可采石油资源丰度方面看，"一带一路"区域内进行石油勘探投资的重点盆地包括阿拉伯、扎格罗斯、西西伯利亚、南里海、滨里海、东西伯利亚、东巴伦支海等盆地。从已发现剩余可采石油储量的角度看，"一带一路"区域内进行石油开发投资的重点盆地包括阿拉伯、扎格罗斯、西西伯利亚、伏尔加—乌拉尔、濒里海等盆地。

（2）天然气资源合作方向

从资源量的角度来看，未来天然气勘探开发投资的主要方向仍是中东、中亚和俄罗斯等大型含油气区，从待发现可采天然气资源丰度角度看，"一带一路"区域内进行天然气勘探投资的重点盆地包括俄罗斯的西西伯利亚、东巴伦支海和东西伯利亚盆地，中东地区的扎格罗斯、阿拉伯、尼罗河三角洲和黎凡特盆地，以及中亚地区的南里海、卡拉库姆和滨里海盆地。从已发现剩余可采天然气储量的角度看，"一带一路"区域内进行天然气开发投资的重点盆地包括中东的阿拉伯、扎格罗斯，俄罗斯的西西伯利亚、东巴伦支海和东西伯利亚盆地，以及中亚的卡拉库姆、南里海和滨里海盆地。

二　重点区域能源合作项目

（一）东北亚天然气交易中心及相关的基础设施

东北亚地区是全球天然气需求增长最快的地区，却没有一个天然气交易中心。一直以来，为消除天然气"亚洲溢价"问题，日本、韩国、新加坡都在竞相建设天然气交易中心，因为谁取得了先机，谁就在争夺亚洲地区定价权上抢得了"先手"，获得了"主导权"。综合各种因素，北京东部的唐山曹妃甸及上海都具备建设这一交易中心的资源条件。

曹妃甸地区是连接中俄东线天然气管道、海上 LNG 进口与消费市场的便捷地点之一。中俄天然气管道东线工程，可以从俄国的布里亚特直接到达唐山。经过唐山这一枢纽站，再向北京、天津供气，并与中国西气东输管线相连接。在布里亚特到唐山的主管道上，还可以逐步修建到达哈尔滨、长春、沈阳、大连的支线，与现有吉林油田、大庆油气田的管道相连接，形成辐射中国东北的网络。

曹妃甸地区已经建成大型 LNG 接收站，未来俄罗斯可以借助中俄天然气管道东线工程，将唐山建设成为俄国天然气出口的重要港口，促进出口通道的多元化。周边地区除了具有巨大的民用消费市场外，工业消费市场潜力也非常巨大，华北地区电厂众多，基本上以燃煤发电为主，给生态环境带来了巨大压力，未来天然气使用将快速增加。

上海地处东南亚、中亚和东北亚的地理中心，航运可辐射到中东、东南亚、东北亚以及未来的北美四大天然气交易市场；上海距离日、韩、中国台湾地区相对较近，在 LNG 转口贸易上具有相对优势；上海还拥有成熟的天然气城市管网，并连接西气东输、川气东送等天然气主干管道。在接收站方面，上海及周边拥有 7 座 LNG 接收站，接收能力总计约 2000 万吨/年，约占全国总接收能力的 25%。综合来看，气源丰富、输运便捷、优越的地理位置以及完备的硬件设施是上海成为东北亚天然气交易中心的基础。

在战略上，中国大陆可以联合中国台湾地区、韩国成立天然气互联互济建设基金，投资建设"设施共享和 LNG 跨区转售"来强化区域间联通与贸易，实现中国大陆、韩国、中国台湾地区天然气市场一体化，最终实现东亚天然气市场交易中心一体化，使得中国大陆从俄罗斯、中亚等地区进口的管道气可以在中国沿海通过 LNG 转售至日本、韩国、中国台湾等地。

在布局上，建立与"一带一路"战略相呼应的多元化、多层次交易市场体系，形成东北亚天然气交易中心（曹妃甸、上海）、欧亚天然气交易中心（里海/新疆）等区域关联市场，以及场外现货（Over The Counter，OTC）、区域现货和城市零售市场相互支撑、相互联通的交易架构，通过价格发现和风险对冲功能充分发挥各地区资源优势，维护本地区各国利益，提升域内天然气供给安全。

（二）中巴经济走廊项目

中巴经济走廊起点在中国喀什，终点在巴基斯坦瓜达尔港（2016年11月13日，瓜达尔港正式启用），全长3000公里，是一条包括公路、铁路、油气管道和光缆通道在内的贸易走廊，计划于2030年完工。建议在未来的开发中建设联通伊朗、阿富汗、中国、印度和巴基斯坦五国的油气管线，形成"中国—巴基斯坦/阿富汗—印度"的十字形油气网络。十字形油气网络的建设，将拓展中亚和西亚油气输出的渠道，增加阿富汗、巴基斯坦、中国和印度的油气供给。

中巴经济走廊的建设，首先要拓宽巴基斯坦通向中国的喀喇昆仑公路，铺设中巴之间的光纤电缆，促进巴基斯坦欠发达地区的发展。同时将油气管线延伸到巴基斯坦第一大城市卡拉奇，增加卡拉奇的就业机会和油气供应。其次，建议中巴经济走廊要与伊朗南部的油气设施连接起来，形成伊朗通往中国的油气输送通道。在东西走向的油气管线之外，还有一条南北方向的油气管线倡议，即中亚—阿富汗—巴基斯坦—印度油气管线。提议中的阿富汗—印度油气管线拟从阿富汗西部的郝拉特→坎大哈（阿富汗）→奎达（巴基斯坦）→木尔坦

（巴基斯坦）→法则卡（印度），将中亚、西亚的油气管线与印度的油气管线连接起来。

在中巴经济走廊建设项目中，建议在巴基斯坦的木尔坦为未来可能建设的中亚至印度的天然气管线预留接口。这样的设计可为各方提供更多的选项，形成一个活跃的天然气市场，而不仅是绑定式的供给关系。

（三）环里海油气管道及中亚天然气 D 线工程

中亚天然气管道 D 线工程 2014 年已经开工，它起于土库曼斯坦和乌兹别克斯坦边境，途经乌兹别克斯坦、塔吉克斯坦、吉尔吉斯斯坦三国，从中国南疆的乌恰县入境，与西气东输五线相接，设计输量 300 亿立方米/年，2016 年建成通气。运营之后，中亚天然气管线与中国西气东输工程连成管道网络，形成了能源供需的巨大市场。

里海向南连接中东，向北连接俄罗斯西伯利亚，处于油气市场枢纽地位。而中国西部、中亚五国和西亚区域覆盖了 2 亿人口，拥有丰富的能源资源和市场潜力。未来里海地区油气管网建设可考虑两个方案：一是建设环里海油气管线，然后与中亚管线相连接；二是建设里海海底管线，与中亚管线连接。里海油气管网的建设将改变"巴库（阿塞拜疆）—第比利斯（格鲁吉亚）—杰伊汉（土耳其）—俄罗斯—欧盟"的单一输油管道的格局，将伊朗北部和阿塞拜疆的油气与中亚管线连接，构建覆盖中亚、西亚和东亚的能源网络，改善亚欧大陆的能源安全。

（四）东南亚油气资源共同市场建设

中国与东南亚油气合作的最突出问题是没有形成统一的价格，未来需要从上、中、下游进行改革，增强市场竞争，建设共同市场。中国应进一步推进跨东盟输气管道项目（TACP）建设，把东南亚国家主要的天然气产区和消费中心连接起来；同时，完善油气储备库，调节市场终端价格和井口价格。

三 "一带一路"沿线国家油气基建合作的现实路径

(一)基建方面:"一带一路"能源合作基建先行

整个"一带一路"文件的基调是基建先行,能源互联互通合作,并在油气管网和电力走廊等能源通道之间展开,"加强能源基础设施互联互通合作,共同维护输油、输气管道等运输通道安全,推进跨境电力与输电通道建设,积极开展区域电网升级改造合作"。

中国对外能源安全和通道传统上将中国分为西北、东北、东南、西南四个方向,也就是"一带一路"沿线地区。中国目前正在筹划和建设多条能源通道,包括中亚四条能源管线、海上丝路能源枢纽、中俄油气管线合作、中巴能源走廊、中缅能源通道和周边地区电网等的建设,"一带一路"能源合作带来了正面的推动力,并且是其支点。尤其是中俄、中亚的天然气管线合作和海上丝绸之路的能源枢纽,都是中国把其能源合作从"一带一路"上辐射出去的重要起点,与周边地区丰富的能源资源地区毗邻更是中国的优势之一。

(二)产业方面:借低油价加强"一带一路"沿线油气投资与整合

"一带一路"文件也表示,需"加大煤炭、油气、金属矿产等传统能源资源勘探开发合作""推进能源资源就地就近加工转化合作,形成能源资源合作上下游一体化产业链。加强能源资源深加工技术、装备与工程服务合作"。

已持续一段时间的低油价正好为中国油气企业带来了在"一带一路"沿线地区进行油气资源投资、并购和整合的契机。油价下跌令"一带一路"沿线地区如中亚、中东等地区的油田市值下跌,这些地区的油气产业因为受到低油价的影响而处于亏损状态,需要向外寻求合作机会,甚至低价出售资产。

中国企业可以借助低油价,在"一带一路"沿线地区并购油气区块,建造上、中、下游领域的能源开发中心、加工炼化中心和市场中心,将其整合在一起,并可以以"一带一路"重要地区——新疆油气改革板块为试点。与此同时,"一带一路"也将促进中国拓展其在沿线地区的可再生能源产业市场份额。

不过,毕竟石油开采属于高技术和高风险行业,其技术、管理、资金等进入门槛都比较高,要求投资者有非常强的专业能力和抗风险能力,因此需做好投资风险、地缘政治风险、安全风险等风险评估。

(三)金融方面:建立"一带一路"能源金融体系

"一带一路"能源合作文件的基调是基建先行,其中包含大量投资项目,需要大量战略资金,有必要建立成熟的能源金融体系来运作。因此,亚投行和"一带一路"倡议从一定程度上而言是相辅相成的。加入亚投行的国家,大部分都在"一带一路"沿线上,亚投行将提供"一带一路"所需要的大量资金,推动沿线的基础设施建设,促进中国与沿线国家的战略互惠。

中国需要关注"一带一路"能源金融衍生品的发展,这包括油气现货、期货、金融产品合约、绿色金融等,如筹备多年正择机上市的上海原油期货交易所,为中国建立有影响力的能源基准价格,提高能源贸易本币结算规模,例如在天然气贸易上用人民币结算,推进人民币国际化进程。中国在"一带一路"沿线地区的管道、电网、枢纽等基建网络已逐步成形,为能源交易枢纽的建立创造了有利条件,能促进亚洲定价中心的发展。

(四)制度方面:"一带一路"能源合作由双边走向多边,完善了国际秩序

"一带一路"能源互联互通的基础是中国周边区域合作,跨国基建把各国连在一起,也意味中国对外能源合作将由单边走向多边,整合了生产国、消费国和过境国的合作机制。这是国际关系里"制度现实主义"的一环,中国需一方面借鉴能源宪章等国际机构,完善并补充现有国际能源制度;另一方面,传达丝路本身合作开放的互利共赢精神。

亚投行自推出以来,包括英国、俄罗斯、土耳其、沙特、韩国等

欧亚中东各国先后表示加入,引起了全球各界的强烈关注。对于美国而言,盟国不顾其压力加入中国主持的亚投行无疑带来了挑战,除了对其组织结构和作用定位上有疑虑外,美国还担心中国经济影响力增强,左右全球贸易规则。这种说法夸大且不符合事实,亚投行作为现有国际金融体系的补充和完善,表明中国将逐步承担与其国力相称的更多国际责任。

对于中国来说,"一带一路"加上亚投行的确具有重大的意义,这一组合将改进及完善世界银行与亚洲开发投资银行把持地区规则的现状,让更多的沿线国家和地区,全面深入地融入国际秩序中。

四 油气领域合作风险及对策建议

(一)油气领域合作面临较高风险

"一带一路"沿线国家情况复杂,油气合作面临着巨大的风险。中国在"一带一路"沿线国家投资失败的大型项目主要分布于西亚和

表4　　中国在"一带一路"沿线国家投资失败的
大型项目的区域分布　　　　　　(亿美元)

	东盟	西亚	南亚	中亚	独联体	中东欧	东亚(蒙古)
2005				13.9			
2006	19.8	160			25		
2007	72.5			1.1			
2008	3						
2009			18.3				
2010	8.6	6.2					
2011	36					4.5	
2012	5.1	67				1.9	12.4
2013	3.1	37.7	28.7				
2014H1	11.9	25					
合计	160	295.9	47	15	25	6.4	12.4

资料来源:The Heritage Foundation.

东盟地区，其他地区投资失败项目的规模较小。2005 年至 2014 年上半年，中国在西亚、东盟投资失败的大型项目的总规模分别为 295.9 亿美元、160 亿美元，占中国在"一带一路"投资失败项目总额的比例为 52.7%、28.5%，而且多集中在能源领域。

表5　　中国在"一带一路"沿线国家投资失败的大型项目的行业结构　　（亿美元）

	能源	金属矿石	农业	交通	高科技
2005	13.9				
2006	186.9	17.9			
2007	22.3		41.3	10	
2008					3
2009	3.3	15			
2010		8.6		6.2	
2011	36			4.5	
2012	81.3			5.1	
2013	37.7	31.8			
2014H1	25	8.9		3	
合计	406.4	82.2	41.3	28.8	3

资料来源：The Heritage Foundation.

（二）重点关注项目的环境与社会影响评价与防控

在应对气候变化的大背景下，各国法律法规环境不尽相同。有些国家建立起严格的碳排放标准；有些国家试图进行能源结构转型；有些国家对特定能源种类持排斥态度。中国进行能源投资时要仔细观察各国法律制度环境，以防止因这方面的疏漏而造成的损失；并与当地政府及有关部门合作，预警环境风险，承担社会责任。报告同时指出，气候变化与环保问题并非只是政府层面考虑的问题。能源投资项目也会由于污染或碳排放问题而遭到来自民众或国际组织的反对或抗议。需要中国进行海外能源投资的企业树立环保意识，建立有效的沟通与应对机制，提高跨界污染处理能力。目前国际上普遍重视能源项目的环境影响和社会影响，因此重视项目的环境影响（EIA）和社会影响（SIA）尤为重要。

1. 能源项目的环境影响评价（Environmental Impact Assessment, EIA）

国际社会近年来不断对能源项目开发规划和具体工程项目开展多因素的综合评价，重视环境与社会因素的结合，考虑更多的政治、社会、文化风俗等因素。在水电领域，已形成以国际水电协会（International Hydropower Association, IHA）《水电可持续评价规范》为主导的评价方法，充分认识和理解这些标准体系和方法工具，是国内能源企业走出去从事投资和项目开发的重要前提。

2. 项目的社会影响评价（Social Impact Assessment, SIA）

SIA 是一套预先对预计项目的社会影响作出评估的知识体系。它是有效的决策及管理发展项目的工具，强调除了应该对技术经济的可行性、环境影响进行评估外，还应该对其可能产生的社会影响进行评估。直白地说，就是行动将会影响到哪些人，对他们会有什么影响，他们会作出什么反应，怎样预先制定对策，把不良反应降低到最小。事实上，任何社会变化（包括能源项目开发）过程必定存在预期的和预期之外的，正面和负面的社会影响。通过社会影响评价，在合法性、合规性、合理性、可控性等方面加以详细论证，其基本目标正是促进项目的可持续性，即在经济、环境、社会之间达到优态平衡。

（三）合理选择项目合作模式及投资架构设计

中缅油气项目的政治风险化解的重要启示便是国际化的多方参与股权结构发挥了积极作用。过去 10 年的统计表明，中国企业多数项目遭受政治风险事件的背后存在着一个不可忽视的现象："一股独大"，这种排斥多方利益参与的思路在国际项目投资中并不可取。这其实是中国项目遭遇风险的最大问题，就是一锅端，排斥了欧美强国企业的利益，给自己招来了很多麻烦和不确定性。事实上，项目由多家利益相关方参与，尤其是大国、强国企业的参与，对防御和化解政治风险是较好的操作途径。因为东道国必须谨慎考虑大国在政治、外交、经济等多领域对其产生的制约。

在合作模式方面，能源企业"走出去"经历了从设备、服务出口、技术合作到以工程总承包（Engineering, Procurement, Construction, EPC）为主的形式，同时也出现了 EPC + F，BT（Build-Transfer）等多种工程建设与融资结合的模式，以及建设—经营—转让（Build-Operate-Transfer, BOT）、公私伙伴合作关系（Public-Private-Partnership, PPP 模式）等集工程建设、投资和运营于一体的项目形式。市场的激烈竞争迫使企业越来越从单项工程向总包方向发展，从工程承包向投资带动承包转型。"一带一路"战略所带来的市场机遇以及融资支持，使企业看到了更多的机会，但是企业必须对选择什么样的合作模式进行充分论证。对于从工程向投资转型的企业，要从项目运作思路上转型，从人才和综合投融资项目运作能力方面做好储备，从复杂的投资架构上整体考量和把控项目运作和风险防控。对一些变相、复杂的交易安排，应请专业机构识别和分析交易在法律上的定性和风险。

（四）切实加强技术标准衔接与知识产权风险管控

据统计，国际非政府组织（Non-Governmental Organizations, NGO）利用当地民众的名义反对项目实施，主要体现在破坏生态环境，质疑中资企业采用的项目评价标准和施工标准不符合国际标准，以及评价机构的独立性上。在能源合作中，从技术方面，如何适应项目所在国的标准，或者在项目所在国标准体系不完善的情况下适用何种标准，是经常面临的难题。同时，与技术相关的知识产权问题，如中资企业自身的知识产权如何保护，如何避免因与合作方的知识产权、技术许可使用的纷争而影响海外市场和海外资产的安全，也是经常面临的问题，中资企业在海外投标、合作中因被指控侵犯其他竞标者、海外技术合作方的知识产权而丧失市场机会的现象屡屡出现。

除了解项目所在国标准和争取在具体项目中适用中国标准外，还要为"走出去"做好知识产权规划，在具体地域做好知识产权调查等工作。《愿景与行动》中提出的"加强基础设施建设规划、技术标准体系的对接"值得关注。中国企业要利用"一带一路"战略下的合作和交流机制,发挥自身的专业优势,参与区域合作规则的制定,以及协助有关国家完善其标准体系,并有利于"中国建造"的推广。

(五) 快速妥善处理境外突发事件,应对及解决纠纷

境外能源合作项目中已多发恐怖袭击、绑架、项目附近居民围攻、反华游行、媒体负面宣传等事件。海外项目机构、分公司要建立相应的应对机制,中国《对外承包工程条例》也要求建立、健全境外突发事件预警、防范和应急处置机制,制定应急预案,这些在所有海外项目中都是必要的。在现代网络社会,还特别需要建立危机公关处理机制、舆情引导机制;另外也需要改变习惯上只与主管领导打交道的方式,同时遵循法律路径,关注更多的利益方,注重造福当地社会,以建立更加稳固的合作基础,从多方面防范和应对突发事件,将负面影响降到最低。越来越多的海外子公司建立了专门的部门和岗位,开展应急演练,加强与当地利益相关方的合作,譬如开展培训和增加当地人的就业机会,是提升应对的基础和能力的重要方式。

在境外能源合作中,海外纠纷往往会产生连锁反应,走出去的能源企业要对项目开发和合同谈判过程中的风险予以充分评估,在合同中要按"风险分配给最有能力承担的一方"的原则,包括对索赔、纠纷处理机制作出妥善的约定,作为最后一道法律救济手段,必要时需要约定通过相关双边或多边机制解决争端,维护海外投资安全和权益。国际投资争端解决中心(The International Center for Settlement of Investment Disputes, ICSID)2014年12月3日受理了北京城建集团向也门共和国提起的一宗投资争议仲裁,该案例进一步表明,中国与有关国家的双边投资协定条款也可为对外承包工程中的权益提供法律保障,可为对外承包工程企业维护海外权益所利用。《能源宪章条约》是专注于能源领域投资保护的国际条约,规定了投资者—东道国投资争议解决机制,但中国目前只是观察国,待正式加入后可利用其实体规则和争端解决机制加强对境外能源合作的保障。

参考文献：

[1] 李富兵、白国平、颜春凤等：《"一带一路"油气资源潜力及合作前景》，《中国矿业》2015 年第 10 期。

[2] 中国社会科学院数量经济与技术经济研究所：《"一带一路"战略：互联互通共同发展——能源基础设施建设与亚太区域能源市场一体化》，《国际石油经济》2015 年第 8 期。

[3] 董秀成：《"一带一路"战略背景下中国油气国际合作的机遇、挑战与对策》，《价格理论与实践》2015 年第 4 期。

[4] 施佳敏：《"一带一路"战略下跨国石油天然气合作问题及对策研究》，《中国经贸》2015 年第 17 期。

[5] 张辛雨：《"一带一路"与环里海国家能源共同体构建的探讨——基于中国与中亚国家油气合作视角》，《长春金融高等专科学校报》2016 年第 1 期。

[6] BP Statistic Review of World Energy，2015.

[7]《推动共建丝绸之路经济带和 21 世纪海上丝绸之路的愿景与行动》，中华人民共和国商务部网站，http://www.mofcom.gov.cn/. 2016 年 3 月 28 日。

[8] 美国传统基金会网站，www.heritage.org/。

"一带一路"油气投资中的风险及其防控

胡菁菁[*]

习近平主席先后提出建设"丝绸之路经济带"和"21世纪海上丝绸之路"的重大战略倡议，得到国际社会的高度关注和积极反响。"一带一路"地区主要涉及中亚、俄罗斯、东南亚、西亚、北非、中东欧、澳大利亚等地区，共包括68个国家、44亿人口，占世界人口总量的63%，经济总量为21万亿美元，占世界的29%。无论经济规模、人口数量，还是发展潜力、市场空间，"一带一路"地区都具有全球性意义。"一带一路"建设将以加强政策沟通、道路连通、贸易畅通、货币流通、民心相通为主要内容，积极发展与沿线国家的经济合作伙伴关系，逐步形成区域大合作格局，共同打造政治互信、经济融合、文化包容的利益共同体、命运共同体和责任共同体。

能源丝绸之路是丝绸之路经济带建设的先导工程，油气合作又是能源丝绸之路建设的战略支点和基石。"一带一路"地区是全球重要的油气资源富集地，在该地区沿线开展油气投资，对于保障中国能源和经济安全具有重大意义。在油气资源方面，"一带一路"地区的石油资源主要集中分布在21个国家中，储量占全球总量的55%；天然气集中分布在28个国家中，储量占全球的75%。在油气产量方面，该地区原油产量占全球的51%，天然气产量占全球的49%。在油气贸易方面，中国从"一带一路"国家进口原油占总进口量的65%，

---

[*] 胡菁菁，中国石油海外勘探开发公司战略发展部高级主管。

管道气进口全部来自"一带一路"地区，LNG 进口占比为 68%。[1]

中国石油企业从 1993 年开始"走出去"，开展海外油气投资，取得了显著的成果，也积累了不少经验和教训。本文主要从中国石油企业的角度，回顾"走出去"开展海外投资的历史和经验启示，分析"一带一路"地区油气投资所面临的主要风险，并从企业和政府两个层面提出防控风险的相关措施和政策建议。

一　中国企业的海外油气投资

中国企业"走出去"开展海外油气投资已经取得了显著成果。1993 年，随着国民经济的快速发展，中国成为石油净进口国。同年，中国石油企业贯彻党中央、国务院"利用两种资源、两个市场"的战略部署，开始走出国门，实施国际化经营。经过 20 多年的艰苦创业和快速发展，以中国石油、中国石化、中国海油为主的中国公司基本上建成中亚和俄罗斯、中东、非洲、亚太、美洲和欧洲六大油气合作区，以及横跨中国西北、东北、西南和东部海上的四大油气战略运输通道。截至 2015 年底，共有 20 多家中国公司在全球 50 多个国家参与投资 200 余个油气项目，形成了油气并举、海陆并进、常规非常规兼顾的资产结构，以及涵盖油气勘探、开发、管道和炼化的上、中、下游完整产业链。2015 年，中国企业海外油气权益产量约 1.5 亿吨油当量，其中，中石油海外权益产量超 7200 万吨油当量，占总量的近 50%。[2]

中国企业海外油气投资的历史，可以粗略地分为四个发展阶段。第一阶段，1993—2001 年，为稳步探索发展阶段。从 1993 年中石油中标秘鲁 6/7 区项目起步，中国石油企业在加拿大、巴布亚新几内亚等尝试运作项目，谋求海外发展。1997 年，中石油成功获取苏丹

---

[1] BP Statistical Review of World Energy, 2015. 田春荣：《2015 年中国石油进出口状况分析》，《国际石油经济》2016 年第 3 期。

[2] 孙贤胜、钱兴坤、姜学峰主编：《2015 年国内外油气行业发展报告》，石油工业出版社 2016 年版，第 235 页。

124、哈萨克阿克纠宾、委内瑞拉陆湖三大项目,奠定了海外发展的基础。

第二阶段,2002—2008年,为全面加速发展阶段。2002年,中石油接连与阿塞拜疆、土库曼斯坦、利比亚、阿曼、印度尼西亚等国签署油气合作项目协议;随后又于2003年获得乍得、尼日尔的风险勘探项目;2005年成功收购哈萨克PK等公司,实现海外并购业务的突破。中石化获得安哥拉深海油田项目,并进入沙特、伊朗、科威特等高端市场。中海油在优尼科公司收购中失利,凸显了海外并购的政治风险。2008年,中国企业海外油气权益产量突破5000万吨油当量,其中,中石油产量占比超60%。

第三阶段,2009—2013年,为快速规模发展阶段。中国三大石油公司海外投资的规模大幅扩大,海外并购金额屡创新高。中石油在伊拉克中标鲁迈拉、哈法亚等巨型油田项目,并在伊朗获得两个世界级大油气项目的开发权利,还在加拿大、澳大利亚、俄罗斯、莫桑比克、巴西等国参与油气合作,实现深海、LNG、油砂、煤层气等重点领域的突破。与此同时,中石化以88亿美元收购Addax公司,中海油以194亿美元收购尼克森公司,中国主权财富基金和民营企业也开始投资海外油气行业,中国石油企业掀起了海外油气并购的高潮,2012年创造了海外并购交易总金额340亿美元的历史最高值。2013年,中国企业海外油气权益产量突破1.1亿吨油当量。

第四阶段,2014年以来,为优化调整发展期。随着油价大幅下跌,中国公司海外收购步伐放缓,从注重规模扩张转向更加重视质量效益,开始实施海外资产的优化调整,如中石油转让哈萨克卡沙甘项目和中亚管道公司部分股权。[①]

20多年来,海外油气投资不仅取得了可观的经济效益,培养了一批国际化专业化的人才队伍,还获得了国际化经营的宝贵经验和启

---

① 参见中国石油海外勘探开发公司编《中国石油海外油气业务大事记》,石油工业出版社2012年版;陈楫宝《中石化海外战略解密》,《21世纪经济报道》2004年4月26日;孙贤胜、钱兴坤、姜学峰主编《2015年国内外油气行业发展报告》,石油工业出版社2016年版,第237页。

示。一是充分发挥中国石油企业的核心竞争力。技术上，发挥国内复杂油田勘探开发和老油田提高采收率等方面的优势。项目运营上，通过甲乙方、上下游、国内外协同，发挥集中力量干大事的整体协同优势，快速推动大中型油气项目的建设与合作。① 如在苏丹、伊拉克、土库曼斯坦等国大型油气合作项目的成功建成和运行都充分体现出中方的这一优势。

二是真诚与资源国和合作伙伴开展互利合作。与资源国及合作伙伴形成利益共同体，设身处地帮助资源国政府解决问题，中国石油企业帮助苏丹、尼日尔等国从零起步，建立了从勘探开发到炼油化工，上下游配套的、完整的现代石油工业体系。中石油与BP、道达尔公司在伊拉克鲁迈拉和哈法亚项目竞标和建设运营上密切配合，在技术和管理等方面开展紧密合作，吸纳先进理念，实现收益共享。

三是高度重视海外投资所带来的巨大连带效益。海外油气投资项目为中国国内石油工程建设、技术服务和作业队伍带来了大部分工作量和利润，并带动了大量的国产装备出口，"中国制造"加快进入非洲、中亚和中东等地区。此外，海外油气投资还带动了国内信贷业务和商业银行"走出去"，促进了中国金融服务业务的国际化。

事实上，"一带一路"地区的重点资源国一直是中国石油企业海外投资的主战场。以中石油为例，2015年，中石油在"一带一路"沿线的俄罗斯、哈萨克斯坦、土库曼斯坦、伊拉克、伊朗等19个国家管理和运营着49个油气合作项目，油气权益产量超过5000万吨，占中石油海外权益总产量的80%以上；已建成中亚天然气管道A、B、C线，中哈原油管道，中俄原油管道，中缅油气管道；近十年来，中石油工程技术服务及装备制造业务在"一带一路"沿线国家的年均服务合同总额已近100亿美元。总体上，中国石油企业在"一带一路"建设中具有先发优势，合作前景看好，具备持续扩大合作规模的良好基础。

---

① 童晓光：《中石油的早期海外石油勘探开发》，《能源》2014年第11期。

二 "一带一路"油气投资的风险

中国企业在"一带一路"地区开展油气投资取得了丰硕的成果，但随着国际化经营的深入，一些问题逐渐积累和突显出来，特别是海外油气投资所存在的风险和挑战更加显著，值得我们高度关注。

(一) 价格风险

从 2014 年 6 月开始国际油价一路下跌，布伦特价格从最高 115 美元/桶到 2016 年初跌破 30 美元/桶，跌幅超过 70%。当前及未来一段时期里，受全球油气市场供需宽松、库存高企、部分资源国产量增加等因素的推动，油价可能面临着长期低位运行的风险，全球油气行业进入低景气周期。从维护能源安全和保障油气企业利益的角度看，当前价格安全的重要性进一步突显。当前，油气市场供应充足，资源短缺或断供的可能性小；油气运输安全与否主要取决于海运和陆地管输的周边环境及路线长短，总体上运输环节较为安全；相比较而言，价格安全已经上升为现阶段更为突出和重要的问题。

事实上，在中国企业走出去开展海外油气投资的前 10 年里，国际油价一直在 30 美元/桶以下运行。2005 年，油价开始上升并突破 50 美元/桶，此后一路上扬，直至 2011 年突破 100 美元/桶，并在此高位上保持了三年。正是在油价超高位运行的数年中，中国企业不断扩大海外油气投资规模，快速增加海外非常规油气资产，大幅提高了海外油气业务的成本，削弱了抵御国际油价下跌的能力。受低油价的影响，中国石油公司海外业务不仅利润大幅缩水，而且还面临着储量下降和资产减值等多种压力，海外油气投资项目的盈利能力受到严峻挑战。

在低油价的新常态下，应该彻底转变观念，回归企业本质，强化质量效益导向，改变高油价时期所形成的快速扩张和高成本高投资的思维惯性。一方面要做好长期低油价的应对准备，实施开源节流、降本增效举措，削减投资支出，推迟项目计划。另一方面，还要提高战略定位，充分发挥自身竞争力，优化资产配置，做好消化调整近年来新购海外项目和公司的工作，充分用好高油价时期所交的高昂学费，提高抵御价格风险的能力。在现有海外项目的建设运营中，坚决关停低效无效产能，坚决缩减无边际效益的产量，坚决推迟无经济效益的工程项目。在"一带一路"沿线地区的新项目开发中，切实以效益为中心，坚持新项目开发的经济效益底线，坚决放弃预计投资回报率达不到标准的项目。

（二）地缘政治风险

海外油气投资所面临的地缘政治风险持续上升。特别是2010年以来，中东北非多国出现政局变化，地区局势持续动荡，主要油气资源国政局不确定性日渐提高。利比亚政权更迭，叙利亚内战爆发，甚至一贯保持稳定的沙特等海合会国家也接连出现骚乱。与此同时，美欧俄等大国博弈加剧，在乌克兰、伊拉克、叙利亚、伊朗等地展开战略较量。全球大国、地区强国之间的博弈，与当地历史矛盾、种族和教派冲突等相互交织，使得地区动荡呈现长期化、常态化，持续至今仍未完全平息。土耳其军事政变再次突显了该地区的政局动荡和形势紧张。

地缘政治风险已经给中国"一带一路"油气投资造成了现实的损失。利比亚的内乱，直接导致当时中国石油企业在当地的作业人员全面撤出，物资财产损失严重。叙利亚的内战，致使原本效益良好的中石油叙利亚项目被迫停产。伊朗前几年遭受美欧的严厉金融能源制裁，导致中国企业在伊朗的油气投资项目难以执行，昆仑银行和其他数家中国企业受到美国制裁，中国和伊朗的原油贸易也受到严重影响，中国从伊朗的原油年进口量下降幅度超过20%。[①]

全球和地区地缘政治形势是否稳定，不仅直接关系到资源国政局和投资环境，还决定着油气合作项目的生存和发展，因此，在"一带一路"油气投资过程中，不仅需要动态研判重点油气资源国投资环境

---

① 田春荣：《2015年中国石油进出口状况分析》，《国际石油经济》2016年第3期。

变化，还需要从宏观的视角，准确把握全球政治和地缘格局走向，防范重大的政治风险和其他战略性风险，保障油气投资项目的可持续发展。

（三）安保风险

由于中国企业"走出去"较晚，全球优质油气资源和局势稳定、投资环境较好的地区大多已被国际大石油公司占据，石油企业海外投资项目多处于自然环境恶劣和高安全风险的资源国，而部分重点资源国政局反复恶化，突发事件频发，恐怖主义活动猖獗，项目安保形势较为严峻，导致海外项目的运营成本大幅增加。

中国在苏丹的石油合作项目原本取得了良好的经济效益和社会效益，但是随着苏丹南北分离，苏丹和南苏丹之间爆发战争，导致在产项目被迫停产。之后南苏丹内部又发生大规模战乱，政府军和反政府武装之间不断发生冲突，双方矛盾久拖不决，恢复和平的进程遥遥无期，导致石油合作项目在停产、复产之间反复，严重影响了项目的正常运行。

此外，近年来国际恐怖主义势力的活动也对海外油气项目的安全运营构成挑战。伊拉克"伊斯兰国"恐怖组织的活动推高了中资企业在伊项目的安全风险，随着该组织势力的扩张和军事攻击的增加，鲁迈拉、哈法亚和艾哈代布等中方参与或主导投资的大型油田项目不得不撤离多数非关键岗位人员，大幅增加安保开支，以降低项目运营所面临的安全风险。

此外，在资源国总体安全风险较高的背景下，项目周边社会治安恶化，致使项目人员安全和财产安全也容易受到威胁。如苏丹和伊拉克等地甚至曾出现绑架中方员工的恶性事件，值得高度重视。对此，部分安全风险高的项目已经加强了物资运输的安保力量，制定了十分严格的人员出行规定，将主要活动区域限定在安全较有保障的地区，尽最大努力降低员工人身伤害发生的可能性。

总体上，针对资源国的安全风险，应建立更加完善的形势跟踪和情报信息系统，构建更加及时的安全预警机制，加大与政府及相关安保公司的合作，增加安保人力和物力投入，配备更加完善的安保设施，制定多种情景下的应急预案，提高对安全风险的防范和控制能力。

（四）经济和政策风险

近年来国际金融市场波动加大，美元由贬值周期转为升值周期，其他主要经济体货币政策偏于宽松，推动美元汇率走强和国际资本回流，引发国际汇市、债市、股市波动，部分资源国本币汇率波动较大，甚至突然大幅贬值，带来较大的海外项目汇兑损失风险。例如，2014年2月，哈萨克斯坦为保证金融市场和经济形势的稳定，对该国货币坚戈实施一次性贬值19.2%；2015年8月，哈萨克斯坦取消汇率浮动区间限制，坚戈对美元大跌30%。俄罗斯卢布2014年贬值50%，2015年进一步贬值11%，土库曼斯坦、乌兹别克斯坦、塔吉克斯坦和吉尔吉斯斯坦货币也都出现10%—20%的贬值。此外，部分资源国通过不断调整财税政策，从国际石油合作中攫取更多收益，导致石油合同的税费或矿区使用费呈上升趋势。

针对经济风险和政策风险，应提前做好应对准备，采取措施对冲损失，积极与政府沟通谈判，多渠道多层次争取优惠政策；同时，滚动优化项目的经营策略，努力降低资源国政策变化对项目效益所造成的损害。

（五）合法合规运营风险

近年来，资源国对环保的关注程度持续增加，特别是在美国墨西哥湾漏油事件之后，资源国进一步加大了对油气行业的监管力度，同时也大幅增加了对污染和相关违法事件的处罚力度，必须引起国际油气合作项目的高度关注。此外，部分资源国行业组织和工会组织力量加大，国际项目的当地雇员法律和维权意识强，加之中国文化与当地文化的差异，跨文化管理难度较高，因劳动权利和义务发生分歧而产生的争议时有发生。

针对各种形式的合法合规运营风险，石油企业应牢固树立依法合规经营理念,注重掌握运用国际规则,遵守资源国法律法规以及中国关于对外投资、境外国有资产管理的法律法规和规章制度,做好信息披露、关联交易、公司治理、产权管理等合规工作。同时,应加强国际化经营法律风险防范制度建设,实现从项目可研到决策,从谈判签约到运营、终止、退出等国际化经营活动法律风险防范的全覆盖。

三　风险防控措施与政策建议

针对"一带一路"油气投资中可能面临的各类风险和挑战,一方面,企业层面应该建立全面的风险管理体系,从项目选择、投资决策、建设开发和运营管理等全业务链条上防控风险。另一方面,建议国家从政府的角度加大统筹和支持力度,为企业"走出去"创造更好的海外投资环境。

(一)企业层面:构建完善投资风险管理体系

一是提高风险意识。在投资决策之前,应该充分认识到海外投资具有比国内投资更多的风险和不确定性,海外投资必须按照资源国法律和国际市场通行规则,在与当地政府的沟通协作和与国际同行的竞合中实现业务发展。在政治环境不稳定、法律法规不健全、安全没有保障的国家和地区,中国企业需要面对政局政策变化、安保防恐、文化语言差异等多种挑战。在项目建设和运营过程中,应该持续开展全员风险培训,使海外油气投资业务人员具备应对地缘政治、安保等风险的意识,掌握保障人身安全的各项基本知识,熟知不同条件下的应急预案。

二是深化风险研判。借助企业内外部力量,结合项目前线和总部后方的信息,持续开展风险评估,切实加强风险研判和应对能力。实时监测投资项目所在社区和资源国的政治、经济、社会环境变化,实现微观动态分析和宏观趋势研究的有效结合,跟踪研判风险信息,形成实时监测和及时应对机制。对重点油气合作区投资环境进行跟踪分析,定期对重点和热点事件进行专题研究,有效监控投资环境变化,及时识别风险，确定重点风险防控目标，提出具有实用性和可操作性的应对策略，为投资决策提供高效支持。值得注意的是，近年来，世界政治经济正发生着深度调整，重大突发事件层出不穷，黑天鹅事件接连出现，应特别注重提高风险预判水平，增强提前防范的能力。

三是强化应对措施。首先，在公司管理和组织构架上明确风险管理的程序和分工，建立规章制度，优化业务流程，构建针对海外投资风险的管理体系，将风险识别、评估和应对等多个环节的执行都纳入绩效评价，形成风险管理的闭环，保障风险应对措施的及时制定和有效落实。其次，积累一整套针对各类风险的应对措施，为及时形成应对方案奠定基础。应对措施可以包括寻求本国政府、资源国政府、国家石油公司、国际石油公司、国际组织、安保公司、非政府组织、社区、本地化员工等的帮助，在不同条件下有针对性地选择合适的利益相关方，借助其力量防控风险并解决问题。

四是加强主动防控。一方面，在构建完善企业风险管理体系的同时，应该特别注意提升海外投资业务的抗风险能力。在当前低油价"新常态"下，要坚定不移地走低成本发展道路，持续深入推进开源节流降本增效工作，打赢提质增效稳增长攻坚战。要加强战略研究，为新项目开发做好顶层设计，确定海外油气投资的战略方向，在低油价下，化风险为机遇，主动寻找合适的并购机会。海外投资决策应更加严格地按照效益标准确定，实现项目可进可退，改变以往一味购买扩张的做法。注重优化调整，优化海外业务的资产结构、业务结构和区域布局，实现资产在常规和非常规、陆地和海洋、石油和天然气、勘探和开发、高风险地区和低风险地区等类别上的合理配置，突出战略重点，发挥竞争优势，为未来可持续发展奠定基础。

另一方面，利用多种渠道和方式，积极培育良好的企业社会环境。例如，加强与资源国政府的沟通交流，保障投资利益；与国际石油公司结成合作伙伴，共担投资风险；充分尊重资源国当地社会风俗，严格遵守法律法规；加强海外公共关系管理力度，增进与非政府组织的关系，认真履行企业社会责任，及时发布企业社会责任报告，树立企业良好形象；培养开放包容的企业文化，主动融入当地社区，提高当地居民的认同感。中国石油企业在"走出去"开展海外投资和国际化经营的初期,将有限的资源集中投入在业务和经营之中,对培育企业社会经营环境方面重视和关注稍显不足。不过,近年来,三大国有石油公司已经逐渐认识到其重要性和紧迫性,纷纷加大了对此项工作的关注和投入。

(二)国家层面:加强统筹协调力度

首先,加强顶层设计和指引。建议国家从战略的高度,整合外交、军事、经济和文化等资源,一揽子、全方位地开展顶层设计,对在"一带一路"沿线国家开展投资进行统筹指导。强化政府的统筹协调机制,避免国内企业在"一带一路"区域内无序竞争,切实指导石油企业实现从"走出去"到"走上去"的转变。充分发挥国家顶级智库的力量,加强"一带一路"油气合作战略的研究,理清发展思路目标和战略举措,明确发展规划和重点方向。

其次,加大政策支持力度。建立国家层面的企业海外投资安全预警机制,搭建投资信息服务和风险防范预警平台,推动构建全球安保防恐信息和情报系统,为企业跨国经营的安全风险防控提供及时的指导和信息支持,制定多层级的应急预案,有效预防和应对突发危机。完善对中国企业"走出去"的配套支持政策,加快沿线国家人民币结算平台建设,推动国内银行为企业提供更加有效的金融、保险服务,充分发挥亚投行、丝路基金的作用,对油气管道等基础设施建设提供更大的支持。对国有石油公司参与具有战略意义的重大"一带一路"油气投资项目,实施差异化的业绩考核标准。尽快研究出台针对油气行业的国有资产在转让、买卖过程中的价值评估标准和操作流程,并颁布相关办法规定,为企业合理优化资产结构、业务布局提供政策指导和支持。

最后,推动建立良好的经营环境。一方面,深化与"一带一路"沿线资源国的军事与安全合作,增加谈判筹码和发言权,建立多边双边军事和反恐合作机制,增强保护石油企业海外员工生命和财产安全的能力,彰显维护国家能源通道安全的决心。另一方面,加快与沿线国家建立双边经贸合作平台，建立投资保护、税收、外汇、海关、劳务许可、标准等的国际合作协调机制，推动投资贸易便利化、自由化。加强能源外交力度，在对外签订经贸合作协议时突出能源合作，推动政府间能源合作多边协议的签署，为石油企业国际油气合作提供便利；通过签订双边投资保护协定，尽量减少或避免重点油气资源国油气合作政策变化对国际油气项目运营所产生的不利影响，保护中资企业在油气资源国的投资利益；将对外援助与中资企业海外利益密切挂钩，在政府层面向油气资源国提供优惠贷款、援外工程、减免债务以及技术援助的同时，协助中资企业获得国际油气合作项目，促成长期油气贸易关系的构建，推动项目欠款的及时偿还，最大限度地维护中资企业境外投资的合法权益。

四　结语

与国际石油公司相比，中国石油企业"走出去"时间较晚、经验不足，海外投资项目往往处于自然条件恶劣、安全风险较高的环境里。经过20多年的海外艰苦创业，中国企业海外油气投资取得了举世瞩目的成绩，同时也积累了一些经验和教训。在当前全球石油市场进入低景气周期，国内经济进入新常态，国家提出"一带一路"战略的新形势下，中国石油企业在高度重视"一带一路"沿线国家油气投资机会，及时把握低油价下资产并购窗口期的同时，需要更加关注海外油气投资的风险防控，完善企业风险管理体系，发挥自身竞争优势，增强抗风险能力，提高国际化经营和管理水平。

参考文献：

[1] 田春荣：《2015年中国石油进出口状况分析》，《国际石油经济》2016年第3期。

[2] 孙贤胜、钱兴坤、姜学峰主编：《2015年国内外油气行业发展报告》，石油工业出版社2016年版。

[3] 中国石油海外勘探开发公司编：《中国石油海外油气业务大事记》，石

油工业出版社 2012 年版。

　　[4] 陈楫宝:《中石化海外战略解密》,《21 世纪经济报道》2004 年 4 月 26 日。

　　[5] 童晓光:《中石油的早期海外石油勘探开发》,《能源》2014 年第 11 期。

试析日本对"一带一路"的认识与应对

李成日[*]

内容提要：从中日关系结构、力量对比以及发展趋势来看，两国的战略博弈态势是长期的，也是结构性的。从空间和领域来看，在中国周边地区围绕政治、经济、军事、文化等领域里的主导权和地区秩序的争夺战是一种必然的现象和趋势，成为影响今后东亚地区局势及走向的最重要的双边关系之一。由于"一带一路"建设与日本的国家正常化战略相互矛盾，加上两国战略信任的基础仍然薄弱，虽然有些部门和领域可以进行合作，但中日战略博弈远大于双方合作的空间和机遇。随着安倍政权的长期化，目前中日战略博弈结构及其矛盾在短期内难以得到根本性改善，使两国竞争格局的长期化趋势日益严重，而且这种趋势由于美国因素的介入而变得日益复杂和深刻，必然会给中国推进"一带一路"建设带来重大压力。

关键词："一带一路"，安倍政权，中日战略博弈，"中国威胁论"，日美同盟

一 安倍执政以后中日的战略博弈

2012年12月，日本首相安倍晋三重新掌权以来，采取了一系列的政策和措施，大大改变了战后日本70多年的"吉田路线"，逐步形

---

[*] 李成日，中国社会科学院亚太与全球战略研究院助理研究员，博士。研究方向：东北亚国际关系、国际政治。

成"安倍路线"。目前，日本正向"正常国家"迈进，即逐步转变为"安倍路线"。安倍在经济政策上力推"安倍经济学"，试图恢复"强大的日本"；在外交战略上鼓吹"积极和平主义"和"安倍主义"（ODA）[①]，推行"俯瞰地球仪"的外交；在安全战略上力推行使集体自卫权，修改《日美防卫合作指针》，加强日美军事同盟；在防卫政策上逐步把"专守防卫"原则转变成"能动防卫"原则，修改"武器出口三原则"，试图改变"无核三原则"；在历史认识问题上，主张"历史修正主义"，摆脱"战后体制"，尤其是战后70周年的"安倍谈话"并没有表示道歉和深刻的反省，从而企图实现日本国家的"全面正常化"。虽然安倍政权的政策和动向正在进行当中，但综合种种情况可以认为，这些动向已经意味着"安倍路线"开始抬头，并从根本上改变了战后日本的"吉田路线"。

2014年7月，安倍政权通过内阁决议决定行使集体自卫权，彻底改变了对日本历届政府"虽拥有，却不能行使集体自卫权"的宪法解释。2015年4月，日美双方对《日美防卫合作指针》进行了修改，明确规定日本集体自卫权的适用范围和方式等，这将进一步完成日美两国在亚太地区的军事合作分工体系。同时，日本自卫队得以"解除集体自卫权的禁区"，实现"向海外派兵"，日本的军事力量及国际上的军事影响力也会随之增加。同年9月，自民党在参议院强行通过包括《自卫队法》《周边事态安全确保法》《应对武力攻击事态法》《联合国维和行动合作法》《船舶检查活动法》《国民保护法》《特定公共设施利用法》《海盗应对法》《防卫省设置法》《国家安全保障会

[①] 2013年1月在东南亚访问期间，日本首相安倍多次强调了"日美同盟"和"普遍价值观"，还特意阐述了日本与东盟之间的所谓"外交五原则"，即"安倍主义"（Abe Doctrine）：第一，日本要与东盟国家共同创造并扩大自由、民主、基本人权等"普遍价值观"；第二，由法律而非力量支配的自由、开放的海洋是公共财产，日本愿与东盟国家全力维护海洋权益和航行自由，欢迎美国重视亚洲的政策；第三，积极推进日本与东盟国家的经贸合作，促进投资，推动日本经济复苏，并与东盟各国共同繁荣；第四，与东盟共同发展并维护亚洲文化和传统的多样性；第五，进一步促进日本与东盟各国年轻人之间的交流。http://www.kantei.go.jp/jp/96_abe/statement/2013/20130118speech.html（2016年9月11日）。

议设置法》等在内的10多部"安保相关法案",为行使集体自卫权奠定了法律和制度上的基础。鉴于此,日本在政治、外交与安全上的系列举措,不仅从根本上改变了战后日本的外交及防卫战略,也对亚太地区格局产生了深刻影响。

日本一方面声称要改善对华关系,另一方面却在南海问题上说三道四,充当指责中国的"急先锋"。日本密切关注中国在南海问题上的政策以及在南海海域的活动,一方面配合美国的"亚太再平衡"战略,进一步谋求美日同盟的全方位化;另一方面借助南海问题企图实现其政治大国目标,解禁集体自卫权,与钓鱼岛问题密切联动,处处给中国制造障碍,从战略上对抗中国,给中国外交造成重大的外部压力。

自2010年中国经济总量首次超过日本,成为世界第二大经济体以来,尤其是2012年9月日本政府非法"购岛"以后,中日两国围绕钓鱼岛争端、东海防空识别区、日本历史教科书、参拜靖国神社诸多问题接连出现摩擦和对立,两国之间的结构性矛盾日渐突出,中日战略竞争态势日益严峻。在中日两国这种战略博弈格局下,中国的"一带一路"倡议,不仅被安倍用作鼓吹所谓"中国威胁论"的借口,而且日本政府也持疑虑态度和进行牵制,给中国推行"一带一路"建设带来了严重的挑战和障碍。

二 日本对"一带一路"的认识

2013年9月7日,习近平主席在哈萨克斯坦纳扎尔巴耶夫大学发表演讲时倡议,共同建设"丝绸之路经济带"。同年10月3日,习近平在印度尼西亚国会发表演讲时表示,共同建设21世纪"海上丝绸之路",并倡议筹建亚洲基础设施投资银行(Asian Infrastructure Investment Bank, AIIB)。在2014年5月亚信峰会、10月亚太经合组织(Asia-Pacific Economic Cooperation, APEC)峰会等重要的国际会议上,中国领导人多次提出了"一带一路"倡议。2015年3月,中国发改委、外交部以及商务部联合发布了《推动共建丝绸之路经济带和21

世纪海上丝绸之路的愿景与行动》,从而正式启动了"一带一路"建设。

日本对中国国内形势以及对外政策的研究历史较长,队伍也庞大,已经形成了自己独特的研究体系。除了日本国际政治学会、亚细亚政经学会、日本现代中国学会、日本日中关系学会、一般财团法人霞山会、日中经济学会等学会及团体以外,还有日本防卫研究所①、日本国际问题研究所②、亚细亚经济研究所、日本财务综合政策研究所③、日本国际论坛、和平安全保障研究所、PHP 研究所、世界和平研究所、双日综合研究所等国策研究机构和智库,也非常关注中国国内外动向,组织各种与中国研究有关的项目,提出相关研究报告和政策建议。日本国际问题研究所以"主要国家对中国的认识、政策的分析"为题的研究报告,值得关注。该报告由日本著名的中国问题专家高木诚一郎牵头撰写。④

对中国的"一带一路"倡议,日本的媒体已经作出了大量的报道,而且日本国际问题研究所、东京财团、经济产业研究所、日本经济研究中心等多所智库高度关注,发表了相关研究成果。高木诚一郎认为,"一带一路"倡议的核心是通过向发展中国家的基础设施建设

---

① 日本防卫研究所从 2011 年开始每年以日、英、中文三种语言发行《中国安全战略报告》。日本防卫研究所网站,http://www.nids.go.jp/publication/chinareport/index.html (2016 年 11 月 11 日)。

② 日本国际问题研究所,除了中国的政治、外交以外,对经济以及地区合作也进行研究。例如,该研究所 2013 年度研究项目"中国风险与构建面向地区经济合作的框架研究",2014 年 3 月已提交报告。日本国际问题研究所网站,http://www2.jiia.or.jp/pdf/resarch/H25_China_Risk/0A-frontpage_intro_member_index.pdf (2016 年 11 月 11 日)。

③ 日本财务省属下的财务综合政策研究所从 1993 年开始每年举行"中国研究会",进行中国政治、经济、外交诸多领域的研究。从 2013 年开始,该研究会由日本防卫大学校长国分良成主持。"中国研究会"、日本财务综合政策研究所网站,http://www.mof.go.jp/pri/research/conference/china_research_conference/index.htm (2016 年 11 月 11 日)。

④ 日本国际问题研究所编:《主要国家对中国认识及政策的分析》,日本国际问题研究所,2015 年 3 月,http://www2.jiia.or.jp/pdf/resarch/H26_Views_and_Policies_vis-a-vis_China/13-analysis_of_key_actors_views_and_policies_vis-a-vis_china_h26.pdf (2016 年 11 月 11 日)。

提供资金,并由中国主导推动,构建中国主导的新的地区秩序。① 同时他还指出,亚洲基础设施开发银行(简称亚投行,AIIB)针对世界银行(World Bank)、亚洲开发银行(Asian Development Bank;简称亚开行,ADB)等现存的国际金融机构,将在国际金融人才的抢夺、现存国际金融秩序的稳定等方面带来重大的挑战。② 另外,日本 Mizuho 综合研究所的研究报告认为,中国"一带一路"倡议的动机,是在政治上为对抗美国的"亚太再平衡"战略和日本对东南亚地区的积极外交而扩大自己的影响,在经济上则是为解决产能过剩等国内经济问题。③

新潟县立大学国际地域研究学科教授山本吉宣对中国的"一带一路"构想认为,不仅构筑地区内基础设施网络,也通过政策协调、贸易畅通、货币稳定等手段,试图构筑自己主导的国际秩序,同时提升中国的国际地位和海外影响力,成为国际规则的制定者。同时强调,日本需要密切关注"一带一路"相关动向,从开放国家利益的观点出发逐步开展政策,引导中国遵守国际规则,而且要促使中国向国际社会提供国际公共产品。④

日本东京大学教授松田康博从大国外交、周边外交、地区构想等角度分析了习近平时期的外交战略,同时关注中国外交中的日本地位,日本能否成为中国新型大国关系的外交对象,也关系到日本的积极应对。他还指出,对中日关系不能只从政治紧张角度分析,如何重新构筑与"大国中国"的正常关系,是日本外交的重大课题,因此

---

① 高木誠一郎、「『二十一世紀海上シルクロード』構想」、『東亜』、2015 年 4 月、3ページ。
② 高木誠一郎、「中国の『アジア(新)安全保障観』の経済的側面」、『東亜』、2014 年 10 月、第 568 卷、3ページ。
③ 伊藤信悟・三浦祐介、「対アジア外交を積極化する習政権 — 中国のアジア太平洋戦略の特徴と展望」、みずほ総合研究所調査本部アジア調査部中国室、2015 年 1 月 26 日、5—6ページ。http://www.mizuho-ri.co.jp/publication/research/pdf/insight/as150126.pdf (2016 年 11 月 11 日)。
④ 山本吉宣、「中国の台頭と国際秩序の観点からみた『一帯一路』」、PHP 研究所編、『PHP Policy Review』、2015 年 8 月、1—20ページ。

有必要深入关注习近平时期的外交战略。①

　　日本专修大学教授大桥英夫也指出，中国对"环太平洋经济伙伴协定"（Trans-Pacific Partnership Agreement，TPP）的态度从初期的警惕与批判的认识逐步转变到谨慎接近，而且把 TPP 与中美双边投资协定（Bilateral Investment Treaty，BIT）逐步联系起来，从长远来看，中国也作出了应对准备。同时从中国的角度将 TPP 认定为限制经济影响力、高水平的自由化、"对华包围圈"等，所以强调"一带一路"构想是不仅应对美国主导的 TPP，也有助于形成中国主导的东亚地区贸易金融体制的规则。② 由此可以看出，日本的舆论和智库虽然普遍关注"一带一路"倡议，但对具体进展和行动仍然持有疑虑心态。

　　目前，日本虽然没有申请加入亚投行，但是在国内引起了各种争论。金融界（财务省）持有"慎重论"，而产业界（经济产业省）表示支持加入。安倍政府虽然选择不加入亚投行，而日本企业界担心它们可能会被排除在亚洲基础设施发展项目之外。日本国际合作银行的前田匡史专务是"反对加入亚投行"的代表之一。他认为，对待亚投行，需要采取对冲（engage）和对接（hedge）手段，美国可以利用世界银行，日本要利用亚洲开发银行。即使中国成立新的国际金融机构，如同"意大利面碗现象"（spaghetti bowl）一样，只能导致复杂和混乱。因此，他主张亚开行与亚投行进行对话和协调。③

　　与此相反，中国问题专家津上俊哉是"赞成论"的代表之一，主张日本必须加入亚投行，需要认真考虑加入问题。④ 目前，发展中

---

① 松田康博、「習近平政権の外交政策―大国外交・周辺外交・地域構想の成果と矛盾」、日本国際問題研究所編、『国際問題』、2015 年 4 月、43 ページ。
② 大橋英夫、「TPP と中国の『一帯一路』構想」、日本国際問題研究所編、『国際問題』、2016 年 6 月、29—39 ページ。
③ 双日総合研究所編、「AIIB への参加問題を考える」、『溜池通信』、vol. 564、2015 年 3 月 27 日、4 ページ。
④ 津上俊哉、「中国の経済、政治、外交―習近平政権の行方」、『東亜』、2015 年 2 月号、17—18 ページ。

国家,尤其是亚洲国家的基础设施建设的需求庞大,只依靠世界银行和亚开行已经很难满足需求。东盟国家支持加入亚投行这一点就充分说明了这一地区的需求,而且亚投行有可能发展成为成熟的国际金融机构。由此可以看出,以美日为首的发达国家已经难以满足亚洲国家基础设施建设的迫切需求,也不愿意改革现存国际金融机构的运营体制,所以成立新的亚洲地区的国际金融机构以促进该地区的基础设施建设是一种必然的趋势,将会有更多的国家参与亚投行。随着亚投行的正式成立及正常运营,日本将不得不重新考虑加入亚投行的问题。

静冈县立大学教授诹访一幸指出,日本不加入亚投行是个外交上的大失败,如果日本加入亚投行,可以给日本外交带来一些利益:第一,可以促进中日关系的改善;第二,在欧亚大陆或者在世界舞台上,可以形成中日合作的典范,同时促进日本的经济利益;第三,可以促进日韩关系的改善,因为韩国已经加入亚投行,可以在亚投行框架内推动中、日、韩合作进程。①

围绕日本加入亚投行的问题,日本中央大学教授服部健治也指出,不加入亚投行是日本外交的战略弱点:② 第一,充分暴露了日本政府的情报收集和分析能力的严重不足;第二,反映出对中国"高高在上"的姿态,欠缺向发展中国家学习的勇气,错失了好机会;第三,严重缺乏对华战略与战术意识,没有形成完整的政策体系。此外,日本明治大学教授伊藤刚指出,"我们不会将钱投入'有风险的生意'"这一信条说明,日本基本上对中国提出的"一带一路"和亚投行倡议持批评和怀疑的态度。③

---

① 諏訪一幸、「AIIBと日本の選択」、東京財団編、『Views on China』、2015 年 4 月 23 日。http://www.tkfd.or.jp/research/china/a00509(2016 年 11 月 11 日)。
② 服部健治、「アジアインフラ投資銀行論議の陰の隠れて」、『東亜』、No. 576、2015 年 6 月、2—3 ページ。
③ [日]伊藤刚:《日本对"一带一路"的批评与质疑》,《社会观察》2015 年第 12 期。

表1　　　　　　　　　日本围绕加入亚投行的议论

	加入慎重论、否定议论	加入容忍论、肯定议论
组织的合理性及与现存机构的关系	如果亚投行以不透明的融资标准进行不恰当的事业，必然对现存的国际开发金融机构产生恶劣影响	由于欧洲主要国家加入，很有可能发展成符合国际标准的机构
	基础设施建设需要高度的经验（技术、资金、综合性制度设施等一体化），所以日美两国发达国家应发挥主导性作用	现存的国际开发金融机构很难满足亚洲地区基础设施投资的迫切需要，应该积极回应新兴国家和发展中国家的需求
	如果附属的国际开发金融机构重复成立，容易导致事业变得复杂而混乱	通过明确融资源，可以形成合理的作用分工
	与以往的地区开发银行相比，中国在亚投行的出资率很高，欠缺均衡	如果日本加入，可以降低中国占有绝对优势的出资比例
	亚投行有必要遵循亚开行的运营规则	通过亚投行的运营，可以修改亚开行的规则，有必要推动亚洲区域内规则的标准化
对日本企业的影响	即使加入亚投行，日本在经费竞争上也被其他国家压制，很难承担项目	从案件形成的初期开始介入，从而促进日本企业进入新的市场领域
	日本不同于欧洲国家，在亚洲地区拥有投资经验，利用亚投行的必要性较低	
外交关系	需要重视美国对亚投行的态度，有必要合作	日本作为亚洲的一员，与美国不同，应积极回应中国主导的亚投行构想
	对中国安全领域重要的港口和机场建设，如果使用亚投行的资金，不符合日美两国的利益	如果不加入亚投行，可能导致中日关系的恶化

资料来源：国立国会図書館编、「アジアインフラ投資銀行（AIIB）の概要」、『調査と情報—ISSUE BRIEF』、No.888、2015年12月24日、5ページ。

总而言之，从日本对"一带一路"和加入亚投行问题的议论中可以看出，虽然企业界和大部分智库与专家主张，日本有必要积极回应中国的"一带一路"倡议和加入亚投行。但根据安倍政府的政权性质和右翼政客以及一些专家的主张，加上日本媒体对中国报道的误导，日本在短期内很难积极回应"一带一路"倡议或者加入亚投行，反而可能成为竞争对手和麻烦制造者。

三 日本对"一带一路"的应对

当前,日本政府加速推进综合性的海洋扩张战略构想,将中国作为日本 21 世纪安保领域里的头号假想敌,在防卫及外交政策上采取各种措施遏制中国的崛起。① 安倍晋三多次强调,中国意图通过武力改变现行国际秩序的"霸权行径",对包括日本在内的周边邻国构成严重威胁,并以此为借口高调祭出"俯瞰地球仪"的战略外交。

日本在《外交青书》《防卫白皮书》《中国在南海的活动》《中国安全保障报告》等官方文件中将中国在南海的正常活动以及军事力量的提升,渲染为可能引发"不测事态"的"周边威胁"。同时,安倍政府极力标榜"自由""民主""法治"等西方政治制度与意识形态,借助所谓"价值观外交",试图构建以日、美、澳、印为基轴的"海洋民主国家联盟",加速对华牵制的外交及军事战略布局,从而对中国的海洋安全构成严重的现实威胁。

最近几年里,日本继续打出政府开发援助(Official Development Assistance,ODA)旗帜,加大对东南亚地区的投资及经济开发援助。2013 年 5 月,安倍首次访问缅甸,宣布免除缅甸的全部日元债务,新增 510 亿日元贷款以及 2013 财年提供价值 400 亿日元的无偿援助。同年 7 月,安倍访问菲律宾,表示要为菲律宾提升沿岸警备能力,将动用 ODA 为菲律宾海岸警卫队提供 10 艘造价 1000 多万美元的巡逻舰。作为回报,菲律宾提出支持日本在国际舞台上的主张。在 12 月举行的第五届湄公河—日本峰会上,日本承诺 3 年内(至 2015 财年)向柬埔寨、老挝、缅甸、泰国以及越南等国家提供总额为 6000 亿日元的政府开发援助。随后,2013 年 12 月在东京举行的日本—东盟特别峰会上,日本承诺向"日本—东盟统合基金"拨款 1 亿美元,促进东盟内部加快关税、投资、交通等方面的一体化进程。此外,安倍还承诺,在 5 年内将向东盟国家提供 192.3 亿美元的开发援助和贷款。

---

① 安倍晋三、『日本の決意』、東京、新潮社、2014 年、49—50ページ。

2014年6月,"ODA大纲修改专家恳谈会"正式发布报告,根据2013年12月内阁会议上通过的《国家安全保障战略》,强调要高效地运用ODA,建议政府继续发挥主体作用,贯彻"积极和平主义"的理念。① 11月19日,第一届日本和东盟防卫大臣会议在缅甸举行,达成加强安全领域的合作协议。时任日本防长江渡聪德在会上表示,以海上安全、灾难救助等培养人才为中心,将对东南亚国家加大支援力度。② 日本是在东南亚地区继美国、中国之后举行防长会议的国家。因此,日本在东南亚地区的援助更加注重对该地区的制度建设和民主化进程等深层领域的战略援助投入,这将进一步为日本谋求政治大国地位铺路搭桥。与此同时,日本借助援助,迫使东南亚各国"远离"中国,企图形成对华牵制的统一战线。

日本政府对南亚地区的援助以及投资正在加大,进一步试图对该地区增强影响力。2013年9月,日本与印度达成协议,把两国之间的货币互换额度从150亿美元扩大到500亿美元。2014年1月,日本首相安倍晋三访问印度,发表了《关于加强日印战略性全球伙伴关系的共同声明》。9月,印度新任总理莫迪访问日本,两国首脑签署了《日印特殊的战略性全球伙伴关系的东京宣言》和《防卫合作交流备忘录》,双方还达成协议,决定加强日印两国之间的"2+2"合作机制,并推动日、美、印三国外长会谈,进一步强化两国之间的防卫装备合作以及双边或多边海上共同训练等。莫迪为了拉拢日本对印度的投资而迎合日本的对华牵制,访日期间几乎不加掩饰地批评中国的所谓"扩张主义"。对此,安倍也表示,今后5年里包括ODA在内将对印度私人与公共项目投资3.5兆日元,并向印度的金融公社提供500亿日元的贷款,为改善印度东北部地区排水设施整备计划提供156亿日元贷款③,

---

① 『ODA大綱見直しに関する有識者懇談会報告書』、2014年6月、4ページ、日本外務省公式サイト:http://www.mofa.go.jp/mofaj/gaiko/oda/about/kaikaku/taikou_minaoshi/files/yusikisya_report.pdf(2016年11月11日)。

② 『産経新聞』、2014年11月20日。

③ 日本外務省公式サイト、2014年9月1日、http://www.mofa.go.jp/mofaj/files/000050478.pdf(2016年11月11日)。

同时，日本通过南亚区域合作联盟（South Asian Association for regional cooperation, SAARC）在民主化、构建和平、能源、防灾、儿童福利等领域开展援助与合作，尤其是从2007年开始强化对该地区青少年的日语教育，并逐年增加人才培养，增强对该地区的软实力运用。

此外，从战略上讲，日本对中亚的外交演变经历了以经济援助为主到以政治对话为重心的过渡。日本对中亚地区的经济援助政策虽然具有很大的影响力，但基本上已经从属于其整体的地区外交战略，其目的已经超出了"能源外交"和"贸易外交"等经济利益的范畴，寻求政治大国的地位和维护自身地缘政治安全等国家战略利益日趋居于主导地位。日本政府在继续推行经济援助政策的同时，加大对中亚地区国家的外交力度，并仿效"上海合作组织"的形式，与其建立类似的"中亚＋日本"论坛模式，以便通过获得一个更为制度化的战略外交平台来遏制中俄两国。

由于自民党内的保守势力仍然对亚投行怀有疑虑和牵制态度，加上安倍政权的保守性，日本已经明确了对抗中国的意志和行动。2015年5月21日，日本首相安倍晋三在第21届国际交流会议"亚洲的未来"晚宴会上表示，在医疗与保健领域里，今后5年内预定支援东盟国家8000人次的年轻人能力开发，同时为支援亚洲各国的基础设施建设，在5年内将提供4兆日元（大约470亿美元）的援助。安倍晋三还表示，为了推动这一新倡议，日本将同亚洲开发银行进行合作，在今后5年内向亚洲地区提供总额为1100亿美元（大约13兆日元）的创新性基础设施资金。[①] 安倍政府的这一政策是想干扰中国扩展经济影响力，并坚持亚洲的基础设施建设需求应当通过加强亚开行的力量来得到满足，该银行基本上处在日美两国的保护伞之下。因为日本认为，亚投行不仅处在中国强大的影响力之下，而且不可能拥有一个合理处理贷款应用的董事会，一旦亚投行开始运作，无人能够阻止中

---

① 「第21回国際交流会議『アジアの未来』晩餐会　安倍内閣総理大臣スピーチ」、首相官邸サイト、http://www.kantei.go.jp/jp/97_abe/statement/2015/0521speech.html（2016年10月11日）。

国作出单边的决定。因此，虽然相当一部分日本专家和媒体主张日本有必要加入亚投行，但安倍政府不仅在短期内采取观望态度，而且通过加强对亚洲国家基础设施的投资，极力拉拢南海的一些声索国，试图形成对华包围圈。

2016年5月27日至6月8日，日经调查株式会社进行了"第三次中日关系民意调查"，对由中国主导的亚投行，日本该如何应对这一问题，回答没有必要加入的占比为59.2%，回答先观察，以后作为观察员身份加入的占比为34.9%，回答应尽早争取加入的占比为5%。[①] 由此，从日本的民意，加上一些政客言论和媒体的诱导性报道来看，日本在短期内很难加入亚投行。因此，围绕"一带一路"建设方面，日本难以成为中国的合作伙伴，反而可能成为中国在周边地区的强有力的竞争对手。

表2　　　亚洲基础设施投资银行与亚洲开发银行的比较

	亚洲基础设施投资银行（AIIB）	亚洲开发银行（ADB）
资本金	1000亿美元（法定资本）	1531亿美元（2014年底）
总部	中国北京	菲律宾马尼拉
总裁	金立群（原中国财政部副部长）	中尾武彦（原日本财务官）
成立	2015年	1966年
主要出资国	中国：30.34%，印度：8.52%，俄罗斯：6.66%	日本：15.7%，美国：15.6%，中国：6.5%
主要借入国	亚洲国家	印度、巴基斯坦、越南、菲律宾、中国等亚洲国家
成员国数	57个国家和地区	67个国家和地区
融资对象	重点支持基础设施建设	基础设施、教育、保健卫生、环保等

资料来源：本表由笔者根据有关情况制作。

---

① 日経・CSISバーチャル・シンクタンク、『2016年日中関係についてのアンケート集計結果』、2016年、27ページ、http://www.csis-nikkei.com/doc/第3回_日中関係アンケート結果・概要.pdf（2016年11月11日）。

四　今后展望

随着中国"一带一路"倡议的逐步展开，日美同盟对中国崛起的压力越来越大。2015年4月，安倍政权通过修改《日美防卫合作指针》，进一步加强日美军事同盟体系，促使日本自卫队能够在海外行使集体自卫权，实现了日美同盟的"全方位化"和"无缝联系"。9月，日本参议院在反对党和多数国民的强烈反对声中，强行通过了一系列"安保相关法"，为行使集体自卫权打下了法律和制度上的基础。日本已经公开支持美国在南海上的所谓"航海自由"行动。日美军事同盟日益得到加强，给亚太地区造成不稳定，也必然会给中国"一带一路"建设带来战略上的压力。

2015年9月，在日本自民党总裁换届选举公告中只出现安倍晋三一位候选人，于是安倍晋三顺利成为自民党1955年成立以来的第七位"无投票当选"的总裁。随着他连任自民党总裁，有望成为战后日本任期最长的首相。① 由此，日本在政治上已经基本上结束了所谓"一年一相"的混乱局面，开始摸索安倍晋三的长期执政模式。

随着安倍晋三执政的长期化，其最大的政治夙愿——修宪已经成为日本最重要的政治议程。2016年7月，日本自民党和公明党在第24届参议院选举中取得胜利，自公联合获得了69个席位，在参议院里已经超过了能够提出修宪议案的席位数。目前自民党和公明党已经掌握参众两院，从法律程序上为修宪奠定了重要的基础。

当前安倍政府行使集体自卫权将加速日美军事一体化，从而使日本在未来可能的台海冲突中将协同美军进行武力干预，给中国实现国家统一增加不确定因素。同时，日本可以凭借日美同盟增加其对台湾海峡地区的影响力，成为"台独分子"的幕后帮凶，维持两岸"不统不独"的局面。尤其是日本通过加强日美同盟体系，在钓鱼岛争端

---

① 战后日本任职时间最长的首相是安倍晋三的外叔祖父佐藤荣作，他在1972年7月下台时，任期达到七年零八个月（2798天）。

问题上促使美国介入，从而大大增加了对中国有效解决钓鱼岛争端的难度。而且，日本可能会紧跟美国介入南海地区争端，拉拢菲律宾、越南等一些东南亚地区的声索国，从而恶化中国的周边安全局势。由此，中国必须明确认识到，日本已经是当前中国维护国家安全、领土完整的最主要的外部挑战之一，也是推动"一带一路"战略的"麻烦制造者"。

目前，日本首相安倍晋三的执政时期被认为大约是从2012年12月到2020年东京奥运会前后，位于21世纪第二个十年的主要区间。这也与中国实现"第一个百年目标"时期基本重叠在一起。对日本来讲，政治家最为关注的当然是中国以经济实力为后盾的军事力量以及拓展利益与扩大海外影响力的行为，所谓"中国威胁论"就由此而生。"中国威胁论"就是刺激日本精英，尤其是安倍政权的执政团队形成强大凝聚力的最大外部因素之一。就中日双边关系而言，这是一个国家发展战略与地缘战略碰撞的问题，而从日本方面来看，这是它在战后发展历程中内在的基本矛盾所导致的后果。

从中日关系结构和两国发展的趋势来看，两国之间的战略博弈态势既是长期的，又是结构性的。从空间和领域来看，在中国周边地区围绕政治、经济、军事、文化等领域里的主导权争夺战是一种必然的现象和趋势，成为影响今后东亚地区局势及走向的最重要的双边关系之一。

由于"一带一路"建设与日本的"国家正常化"战略互相矛盾，加上两国之间的战略信任基础仍然薄弱，虽然在有些部门和领域可以进行合作，但两国的战略竞争大于战略合作的空间和机遇。随着安倍政权的长期化，中日战略博弈结构及其矛盾在短期内难以得到根本性改善，使两国战略博弈格局的长期化趋势日益严重，而这种趋势加上美国因素在内将变得更加复杂和深刻，必然会给中国推进"一带一路"建设带来重大压力。

参考文献：

[1] 日本国际问题研究所编：《主要国家对中国认识及政策的分析》，日本国

际问题研究所、2015 年 3 月、http：//www2.jiia.or.jp/pdf/resarch/H26_Views_and_Policies_vis-a-vis_China/13-analysis_of_key_actors_views_and_policies_vis-a-vis_china_h26.pdf。

［2］高木誠一郎、「『二十一世紀海上シルクロード』構想」、『東亜』、2015 年 4 月、3ページ。

［3］高木誠一郎、「中国の『アジア（新）安全保障観』の経済的側面」、『東亜』、2014 年 10 月、第 568 巻、3ページ。

［4］伊藤信悟・三浦祐介、「対アジア外交を積極化する習政権 — 中国のアジア太平洋戦略の特徴と展望」、みずほ総合研究所調査本部アジア調査部中国室、2015 年 1 月 26 日、5—6ページ。http：//www.mizuho-ri.co.jp/publication/research/pdf/insight/as150126.pdf。

［5］山本吉宣、「中国の台頭と国際秩序の観点からみた『一帯一路』」、PHP 研究所編、『PHP Policy Review』、2015 年 8 月、1—20ページ。

［6］松田康博、「習近平政権の外交政策—大国外交・周辺外交・地域構想の成果と矛盾」、日本国際問題研究所編、『国際問題』、2015 年 4 月、43ページ。

［7］大橋英夫、「TPPと中国の『一帯一路』構想」、日本国際問題研究所編、『国際問題』、2016 年 6 月、29—39ページ。

［8］双日総合研究所編、「AIIBへの参加問題を考える」、『溜池通信』、vol.564、2015 年 3 月 27 日、4ページ。

［9］津上俊哉、「中国の経済、政治、外交—習近平政権の行方」、『東亜』、2015 年 2 月号、17—18ページ。

［10］諏訪一幸、「AIIBと日本の選択」、東京財団編、『Views on China』、2015 年 4 月 23 日。http：//www.tkfd.or.jp/research/china/a00509

［11］服部健治、「アジアインフラ投資銀行論議の陰の隠れて」、『東亜』、No.576、2015 年 6 月、2—3ページ。

［12］［日］伊藤剛：《日本对"一带一路"的批评与质疑》，《社会观察》2015 年第 12 期。

［13］国立国会図書館編、「アジアインフラ投資銀行（AIIB）の概要」、『調査と情報 – ISSUE BRIEF』、No.888、2015 年 12 月 24 日、5ページ。

第 二 编

第二章

东北亚地区的能源合作：现状、阻力与路径

田光强[*]

内容摘要：作为全球经济最具活力的地区之一，东北亚地区的能源需求及对于进口能源的依赖日益提升。能源安全已成为事关东北亚地区稳定与繁荣的关键议题。深化能源合作符合东北亚地区的共同利益。东北亚地区国家已在传统能源、新能源、机制建设等领域展开了深具意义的初步合作。但是，缘于传统地缘政治思维及域外大国的干涉，东北亚地区的能源合作还处于较低层次。针对这一状况，东北亚地区应遵循"先易后难、循序渐进"的原则以积极推动互利共赢的能源合作进程，构建能源利益共同体。

关键词：东北亚地区，能源合作，地缘政治，能源利益共同体

随着人类历史步入工业化时代，能源的重要性日益提升。确保能源安全事关一个国家的国家安全、经济发展、社会民生，是重中之重。能源需求的变化给世界能源格局带来了深刻的变革。作为全球经济最具活力的地区之一，东北亚地区的能源需求不断增加，日益依赖于进口能源。作为世界上重要的能源消费区，维护能源市场稳定，确保能源充足供应，符合东北亚地区各国的共同利益。因此，深化地区能源合作，构建能源利益共同体是维护东北亚稳定与繁荣、推进地区

---

[*] 田光强，中国社会科学院亚太与全球战略研究院助理研究员，博士。研究方向：大国关系、南亚问题。

一体化的重要平台与载体。

一　日益旺盛的能源需求

东北亚地区保持着迅猛的经济增长势头，是全球新兴国家的聚集地，同时也是全球经济复苏以及发展的重要引擎。根据世界银行（The World Bank）的统计数据，2015 年，中国国民生产总值增长率为 6.9%，韩国国民生产总值增长率为 2.6%，日本国民生产总值增长率为 0.5%，蒙古国民生产总值增长率为 2.3%。[①] 2000 年中国的国民生产总值为 1.2 万亿美元，2015 年为 10.9 万亿美元，增加了 8.1 倍；2000 年韩国的国民生产总值为 5616.3 亿美元，2015 年为 1.4 万亿美元，增加了 1.5 倍；2000 年日本的国民生产总值为 4.7 万亿美元，2015 年为 4.1 万亿美元，下降了 12.8%；2000 年俄罗斯的国民生产总值为 2597.1 亿美元，2015 年为 1.3 万亿美元，增加了 4 倍；2000 年蒙古的国民生产总值为 11.4 亿美元，2015 年为 117.6 亿美元，增加了 9 倍。[②]

东北亚地区快速发展的经济及不断提升的社会生活水平使能源消费量不断增加，已成为世界重要的能源消费地区。根据世界银行的统计数据，以 2011 年购买力平价计算，中国 1990 年每美元国民生产总值的能源消费量为 1.99 千克油，2000 年为 4.12 千克油，2010 年为 4.87 千克油，2014 年为 5.70 千克油，相比 1990 年每美元国民生产总值的能源消费量增加了 186.43%；日本 1990 年每美元国民生产总值的能源消费量为 8.57 千克油，2000 年为 8.29 千克油，2010 年为 9.18 千克油，2015 年为 11.03 千克油，相比 1990 年每美元国民生产总值的能源消费量增加了 28.70%；韩国 1990 年每美元国民生产总值的能源消费量为 5.58 千克油，2000 年为 5.20 千克油，2010 年为

[①] The World Bank，http：//data.worldbank.org/indicator/NY.GDP.MKTP.KD.ZG？view=chart（2016 年 10 月 1 日）。

[②] The World Bank，http：//data.worldbank.org/indicator/NY.GDP.MKTP.CD？view=chart（2016 年 10 月 1 日）。

6.02千克油，2015年为6.30千克油，相比1990年每美元国民生产总值的能源消费量增加了12.90%；俄罗斯1990年每美元国民生产总值的能源消费量为3.48千克油，2000年为3.33千克油，2010年为4.80千克油，2014年为5.11千克油，相比1990年每美元国民生产总值的能源消费量增加了46.84%；蒙古1990年每美元国民生产总值的能源消费量为3.28千克油，2000年为4.66千克油，2010年为5.30千克油，2015年为6.17千克油，相比1990年每美元国民生产总值的能源消费量增加了88.11%。[1] 根据英国石油公司（BP）发布的《BP世界能源统计年鉴2016》，2015年中国的能源消费量为31.53亿吨油当量，占全球能源总消费量的23.98%；韩国的能源消费量为2.77亿吨油当量，占全球能源总消费量的2.1%；日本的能源消费量为4.49亿吨油当量，占全球能源总消费量的3.4%；俄罗斯的

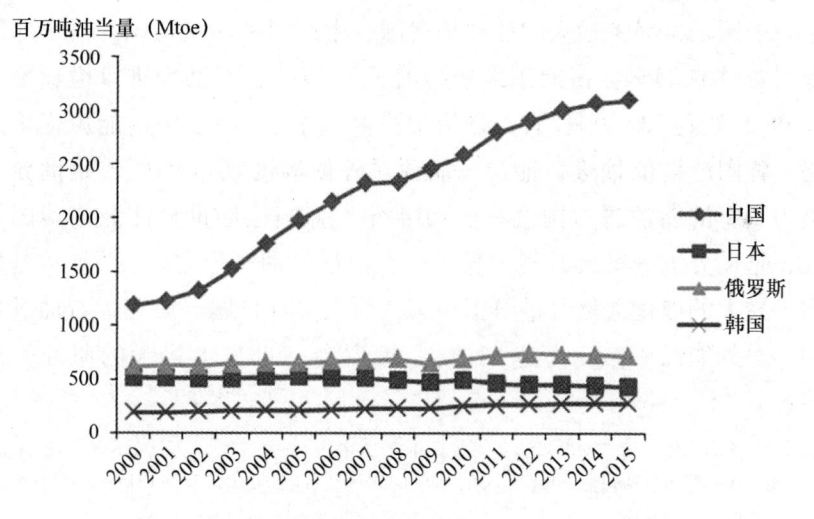

图1 东北亚国家能源消费总量（2000—2015年）

资料来源：The Global Energy Statistical Yearbook 2016, https://yearbook.enerdata.net/（2016年10月7日）。

---

[1] The World Bank, GDP per unit of energy use (constant 2011 PPP \$ per kg of oil equivalent), http://data.worldbank.org/indicator/EG.GDP.PUSE.KO.PP.KD（2016年11月1日）。

能源消费量为 6.67 亿吨油当量，占全球能源总消费量的 5.1%。2015 年，中国、韩国、日本、俄罗斯这四个东北亚国家的能源消费量占全球能源总消费量的 34.58%。[1]

  随着经济的快速发展以及社会生活方式的现代化，东北亚各国的能源消费不断提升。为了满足国内日益增加的能源需求，东北亚地区各国对于能源的依赖度不断提高，能源进口量不断增加。根据世界银行的最新统计数据，2013 年，进口能源占日本能源消费总量的 94%，进口能源占韩国能源消费总量的 83%，进口能源占中国能源消费总量的 14%。而俄罗斯、蒙古是净能源出口国，2013 年，俄罗斯能源出口量是其能源消费总量的 83%，蒙古国能源出口量是其能源消费总量的 213%。[2] 2011 年，中国成为世界上最大的能源消费国，是位居美国之后的世界第二大石油消费国。2009 年，中国已是世界第二大石油进口国。2014 年，中国占全球石油消费增长量的 43%。[3] 2015 年，中国是世界上最大的能源消费国、生产国和净进口国，占全球能源消费量的 23%，占能源消费净增长的 34%，石油净进口增长率为 9.6%，达到 737 万桶/日，创历史最高水平。[4] 由于国内能源资源缺乏，韩国严重依赖进口能源，能源对外依赖度高达 97%，是世界上最为重要的能源进口国之一。2014 年，韩国位居世界能源消费国第九，是世界上进口天然气、煤炭、石油最多的国家之一。[5] 日本是世界上最大的液化天然气进口国、第二大煤炭进口国、第三大石油进口国，对外能源依赖度高达 91%。[6] 俄罗斯是世界上最大的原油生产

---

[1] 英国石油公司：《BP 世界能源统计年鉴 2016》，英国石油公司，2016 年，第 41 页。
[2] The World Bank, http://data.worldbank.org/indicator/EG.IMP.CONS.ZS?year_high_desc=true（2016 年 10 月 1 日）。
[3] The U.S. Energy Information Administration, http://www.eia.gov/beta/international/country.cfm?iso=CHN（2016 年 10 月 5 日）。
[4] 《2015 中国能源市场》，http://www.bp.com/zh_cn/china/reports-and-publications/bp_2016.html（2016 年 10 月 1 日）。
[5] The U.S. Energy Information Administration, http://www.eia.gov/beta/international/country.cfm?iso=KOR（2016 年 10 月 5 日）。
[6] The U.S. Energy Information Administration, http://www.eia.gov/beta/international/country.cfm?iso=JPN（2016 年 10 月 5 日）。

国,是世界上第二大天然气生产国。俄罗斯的经济严重依赖能源出口,其天然气、石油的收入占联邦收入的50%。[①] 根据英国石油公司发布的《BP世界能源展望2016》,全球能源消费在2014年和2035年间将增长34%,全球能源消费在2014年和2035年间将年均增长1.4%,几乎所有的新增能源都被快速发展的新兴经济体所消费。到2035年,中国将超过美国成为世界上最大的石油消费国。

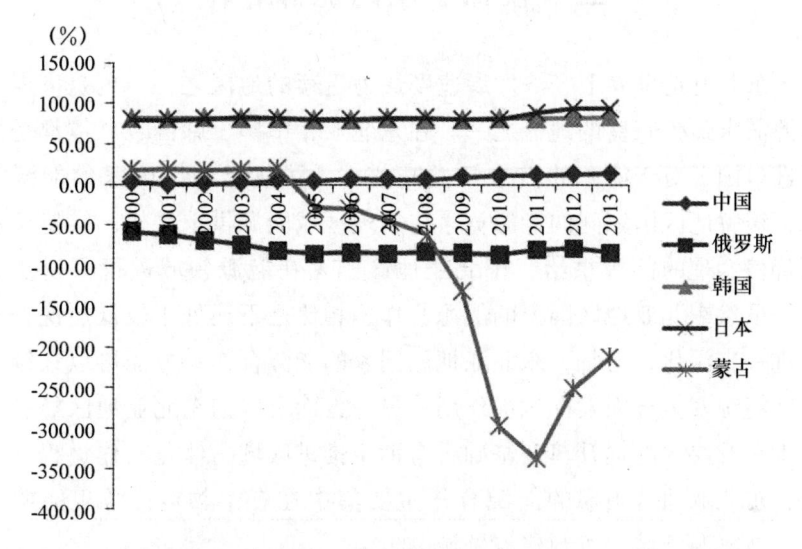

图2 东北亚国家进口能源占能源消费总量的比重(2000—2013年)
资料来源:The World Bank, http://data.worldbank.org/indicator/EG.IMP.CONS.ZS?year_high_desc=true(2016年10月7日)。

从能源消费总量、进口能源依赖度、能源消费预期等方面视之,东北亚已成为世界上重要的能源消费地区与能源进口地区,对于能源的消费和进口将日益增加。能源事关每个国家的经济发展、社会稳定、国计民生,对于能源需求旺盛且日益依赖能源进口的国家来说尤其具有特殊的战略重要性。世界历史上发生的重要战争及争端大多缘

---

① The U.S. Energy Information Administration, http://www.eia.gov/beta/international/country.cfm?iso=RUS(2016年10月5日)。

于对资源的争夺。进入工业革命以来,能源就成为各国重要的战略资源,对于能源的争夺更是日益激烈。可以说,两次世界大战在一定程度上都缘于对能源等战略资源的争夺。能源安全事关东北亚地区的经济发展与地区稳定,是重中之重。因此,确保能源安全符合东北亚地区各国的共同利益,也是东北亚地区国家开展合作的重要领域。

二 较低层次的能源合作

东北亚是世界上经济发展速度最为迅猛的地区之一,也是世界上能源需求最为旺盛的地区之一。在东北亚,中国、韩国、日本都是能源进口国,对于能源的需求日益旺盛。为了满足地区国家的能源需求,缓解地区国家间的能源竞争,实现区域能源供求合作,维持稳定而价格合理的能源供给,东北亚地区国家在能源领域进行了初步合作。虽然东北亚地区国家的能源合作,相比之下还处于较低层次,有待进一步深化,但是,东北亚地区国家的能源合作一方面可以在维护地区能源安全方面发挥积极作用,另一方面可以为东北亚地区经济合作水平及层次的提升奠定基础,有助于推进区域一体化合作进程。目前,东北亚地区国家的能源合作主要集中在三个领域:常规能源领域、新能源领域、机制建设领域。

第一,常规能源合作是东北亚地区国家能源合作的首要合作领域。现阶段,东北亚地区的能源消耗与需求主要集中在常规能源领域。因此,常规能源领域的合作是东北亚地区国家能源合作最为重要且最为基本的。在东北亚地区,俄罗斯与蒙古国是能源出口国,而中国、韩国、日本则是能源需求国。因此,东北亚地区常规能源领域的合作主要集中在俄罗斯、蒙古国两大能源出口国与中国、韩国、日本三大能源需求国上。俄罗斯的西伯利亚地区拥有丰富的油气资源,并且邻近中、日、韩三大能源需求国。为了推动西伯利亚地区的发展、开发并出口油气资源,俄罗斯积极推进与中、日、韩三国的能源合作。

2006年8月,俄罗斯国家石油公司和中国石化联合收购乌德穆尔特石油公司（简称 UDM 公司）96.86% 的股份，双方分别持股 51% 和 49%。乌德穆尔特石油公司是中俄最大的合资在产油田项目，被誉为"中俄能源合作的典范"。① 2010 年 9 月，俄罗斯石油公司和中石油签署在天津建设炼油厂项目的技术经济论证协议。该项目工程由俄中东方石化公司负责，其中俄罗斯石油持股 49%，中石油持股 51%，项目投资总额约达 50 亿美元，将在 2019 年底前投产，俄罗斯将为其额外提供 910 万吨石油。② 长期以来，中俄原油贸易主要是通过铁路运输。2011 年 1 月 1 日，全长为 999 公里的中俄原油管道正式启用，设计年输油量为 1500 万吨，最大年输油量为 3000 万吨，开启了中俄通过管道输送原油的历史。中俄原油管道 2017 年 2 月输送俄罗斯原油 131 万吨。至此，中俄原油管道累计输油总量已达 9723 万吨。③ 2013 年 6 月，中石油与俄罗斯石油公司签订长期供油协议，规定俄罗斯要"逐年向华增供原油"。这份协议期限为 25 年，当时估值为 2700 亿美元，属于超级能源大单。2015 年 9 月 3 日，中国石化集团公司与俄罗斯石油公司签订《共同开发鲁斯科耶油气田和尤鲁勃切诺—托霍姆油气田合作框架协议》。根据协议，中国石化有权收购俄罗斯石油公司所属东西伯利亚油气公司和秋明油气公司 49% 的股份。这两家公司分别拥有鲁斯科耶油气田和尤鲁勃切诺—托霍姆油气田的开发许可证。④ 2016 年，俄罗斯对中国的原油出口增长近 1/4，达 105 万桶/日，首次取代沙特成为中国最大原油供应国。⑤ 2017 年 2 月，中国最大陆路口岸——满洲里口岸首次进口俄罗斯液化石油气，

---

① 陈安琪：《打造"中俄能源合作的典范"——访中国石化驻俄罗斯总代表、国勘俄罗斯国家公司总经理、UDM 合资公司管委会副主席王骏》，《中国石化》2016 年第 11 期。
② 《俄罗斯石油总裁：天津炼油厂计划 2019 年底前投产》，网易网，http://money.163.com/14/0520/15/9SMU1O68002524SO.html（2014-5-20）。
③ 《中俄原油管道累计进口俄罗斯原油 9723 万吨》，中国网，http://finance.china.com.cn/roll/20170305/4123749.shtml（2017-3-5）。
④ 《中国石化将联手俄石油开发俄两油气田》，《中国石化报》2015 年 9 月 7 日第 1 版。
⑤ 《2016 年俄罗斯首次取代沙特成中国最大原油供应国》，新浪网，http://finance.sina.com.cn/stock/usstock/c/2017-01-23/doc-ifxzuswq3303869.shtml（2017-1-23）。

开启能源进口之路。① 此外，日本也积极参与俄罗斯远东地区能源的开发项目，主要的能源合作项目是"萨哈林—1号"油气合作项目和"萨哈林—2"油气合作项目。②

2006年3月21日，中国石油天然气集团公司分别与俄罗斯天然气工业股份公司、俄罗斯石油公司和俄罗斯管道运输公司签署了三个能源合作文件：《中国石油天然气集团公司与俄罗斯天然气工业股份公司关于从俄罗斯向中国供应天然气的谅解备忘录》《中国石油天然气集团公司与俄罗斯石油公司关于在中国、俄罗斯成立合资企业深化石油合作的基本原则协议》和《中国石油天然气集团公司和俄罗斯管道运输公司会谈纪要》。2012年4月，李克强在访问俄罗斯期间提出，俄方参股中国天然气管道建设，中方参与俄上游天然气开发。2013年9月5日，中国石油与俄罗斯诺瓦泰克公司签署液化天然气股权合作协议。③ 2014年5月21日，中俄两国政府《中俄东线天然气合作项目备忘录》、中国石油天然气集团公司和俄罗斯天然气工业股份公司《中俄东线供气购销合同》签署。根据双方商定，从2018年起，俄罗斯开始通过中俄天然气管道东线向中国供气，输气量逐年增加，最终达到每年380亿立方米，累计30年，预计总价值高达4000亿美元。每年380亿立方米的进气量约占中国2013年全年天然气进口量的72%。④ 2014年9月1日，俄罗斯天然气工业股份公司正式开始建设"西伯利亚力量"输气管道。作为对华供气的主干道，"西伯利亚力量"天然气管道西起伊尔库茨克州，东至俄远东港口城市符拉迪沃斯托克（海参崴），全长近4000公里。该管线连接俄罗斯东西伯

---

① 《中国最大陆路口岸首次进口俄罗斯液化石油气，开启能源进口之路》，新浪网，http://finance.sina.com.cn/roll/2017-02-17/doc-ifyarref5757078.shtml（2017-2-17）。
② 李天籽、李霞：《东北亚区域能源安全与能源合作》，社会科学文献出版社2014年版，第152页。
③ 《中俄签署天然气供应和LNG股权合作两项协议》，中国石油天然气集团公司，http://www.cnpc.com.cn/cnpc/jtxw/201309/55d59183c5a444ee9cce2826610b3fb3.shtml（2013-09-06）。
④ 《中俄签署东线天然气合作协议》，网易网，http://news.163.com/14/0522/10/9SRETG4P00014Q4P.html（2014-05-22）。

利亚的科维克达气田和恰扬达气田，设计年输气量为 610 亿立方米，计划在 2019 年向中国供气。① 2016 年 6 月 25 日下午，中国石油天然气集团公司与俄罗斯天然气工业股份公司签署了《在中华人民共和国境内开展地下储气库、天然气发电项目合作谅解备忘录》，积极推动地下储气库项目以及天然气发电项目建设。② 2014 年 8 月 21 日至 22 日，习近平主席对蒙古国进行两天的国事访问，这是中国国家元首时隔 11 年再次访问蒙古国。期间，中蒙签署了 26 项合作文件，涉及煤炭、天然气、石油等重要内容。能源始终是中蒙两国合作的重头戏，而此次天然气、煤炭合作成为亮点。③ 蒙古国矿业部国务秘书吉格基德在 2014 年接受采访时指出，目前已有 100 多家中国企业在蒙古投资矿业，矿业投资占中国在蒙古国总投资的 51%，蒙古国近年来石油开采总量的 95% 以上销往中国。④ 此外，2003 年，俄罗斯高兹普罗姆公司（Gazprom）与韩国天然气公司签署天然气供应协议。2006 年，俄罗斯公司向韩国天然气公司交付第一批液化天然气。高兹普罗姆公司与韩国天然气公司签署协议，双方商定从 2015 年起的 30 年内，韩国每年从俄罗斯进口 100 亿立方米天然气，这一进口量相当于韩国每年天然气需求的 1/4。⑤

2005 年 7 月 1 日，中俄两国元首签订了电力合作协议，进一步推动电力输出项目的实施。俄方将在远东地区建立电网，向中国提供 600 亿千瓦时的电力，包括向中国输送水电、火电和核电。⑥2012 年 1

---

① 《中俄天然气管线在俄开工：2018 年竣工使用》，新浪网，http://finance.sina.com.cn/world/20140902/081720187191.shtml（2014-09-02）。

② 《中国石油与俄气公司签署项目合作谅解备忘录》，国务院国有资产监督管理委员会，http://www.sasac.gov.cn/n86114/n326638/c2366244/content.html（2016-06-27）。

③ 《习近平访蒙古国加码能源合作》，新浪网，http://finance.sina.com.cn/roll/20140823/010120096254.shtml 2014-08-23）。

④ 《蒙古国 95% 石油销往中国，访华超 130 万人次》，凤凰网，http://news.ifeng.com/a/20140827/41747800_0.shtml（2014-08-27）。

⑤ 李天籽、李霞：《东北亚区域能源安全与能源合作》，社会科学文献出版社 2014 年版，第 152 页。

⑥ 《中俄能源合作驶入快车道》，《中国高新技术产业导报》2006 年 4 月 3 日第 A08 版。

月9日，500千伏中俄直流联网输电项目建成投运。这是从境外购电电压等级最高、容量最大的输变电工程。①500千伏阿黑线于2012年4月1日正式投入商业运营。截至2016年9月30日，500千伏阿黑线累计完成对俄购电达99.01亿千瓦时。2016年，国家电网黑龙江电力累计进口俄电突破200亿千瓦时，达到200.97亿千瓦时。②2012年3月1日，俄罗斯国际统一电力系统公司子公司"东方能源公司"与中国国家电网公司签署期限为25年、总输电量为1000亿千瓦时的供电合同。③截止到2015年，黑龙江省自1992年开展中俄电力合作以来，已累计进口俄电电力149.58亿千瓦时，节约境内煤耗508.66万吨，减排二氧化碳1421.03万吨。④

第二，相对于传统能源领域，东北亚地区在新能源领域的合作虽然还处于起步阶段，但是却蕴含着巨大的合作潜力，是未来东北亚地区能源合作的重要发展方向。与传统能源相比，新能源具有污染少、可持续性强等特点，是各国重点发展的能源新领域。东北亚地区具有丰富的热能、风能、水能等，具有巨大的开发潜力。东北亚国家已在新能源领域进行了初步合作。2007年签署的《东亚能源安全宿务宣言》《第一届东亚峰会能源部长会议联合部长宣言》指出，各国要加强在提高能源效率、利用可再生和替代性能源等清洁能源方面的合作，包括降低能源密集度、有效利用能源，鼓励节能、减排等技术的研发与推广，合作开发利用民用核能。⑤2011年9月7日，第七届东北亚博览会新能源开发合作对接会成功签约20个项目，总金额达197

---

① 《中俄电力合作不断升级，23年累计对俄购电149.58亿千瓦时》，网易网，http://news.163.com/15/0422/16/ANQNLOQI00014AEE.html（2015-04-22）。

② 《中俄电力合作迈向新里程》，新华网，2016年10月24日，http://news.xinhuanet.com/local/2016-10/24/c_129334527.htm（2017年3月5日）。

③ 《俄中能源合作呈多元化发展电力合作持续升温》，中俄经贸合作网，http://www.crc.mofcom.gov.cn/article/shangbiandongtai/201205/80813_1.html（2012-05-04）。

④ 《中俄电力合作不断升级，23年累计对俄购电149.58亿千瓦时》，网易网，http://news.163.com/15/0422/16/ANQNLOQI00014AEE.html（2015-04-22）。

⑤ 《东亚峰会全力打造美好生存发展环境》，光明网，http://www.gmw.cn/01gmrb/2007-11/22/content_700584.htm（2007-11-22）。

亿元，涉及生物质能、风能、太阳能等多个领域。① 田湾核电站是按先进的俄式设计在中国建造的，是俄中合作的象征，也是俄中经济合作项目中规模最大的一个。俄方同中方合作建造田湾核电站的1、2号机组，两台机组现已投入使用（每台机组容量为100万千瓦）。② 中方通过该项目的实施获得了最先进、功率最强大、技术含量最高、运行指标优良的核电站，以及一批负责核电站运营和维护的高级专家。③ 2010年11月，中国与俄罗斯签署继续合作建设田湾核电站三号、四号机组的协议。2010年，中国和俄罗斯已就福建三明快中子商业应用反应堆核电站建设项目达成一致。④ 2014年，中国核工业集团公司新能源公司与俄罗斯原子能署海外公司签署协议，将合作建设俄罗斯首座浮动核电站"罗蒙诺索夫院士"号。⑤ 2009年5月12日，俄罗斯与日本签署核能合作协议。根据协议，俄罗斯可从日本获得核能科技，而资源匮乏的日本则可从俄罗斯获得核燃料。双方也可能合作在俄罗斯或第三国开采铀矿。⑥ 2007年4月12日，中日举行了首次部长级能源政策对话。中日围绕节能、核电、煤炭和多边国际合作等问题深入交换了意见。双方一致认为，加强在节能环保、石油替代、新能源等方面的合作，是中日战略互惠关系的重要内容，是促进中日经济关系发展的重要增长点。中日签署了《关于加强两国在能源领域合作的联合声明》，双方机关企业和研究机构还签署了包括电力、

---

① 《东北亚博览会达成20个新能源产业项目，总金额197亿元》，网易网，http：//money.163.com/11/0907/18/7DCA7QMO00253B0H.html#from=relevant（2011-09-07）。

② 杨金凤：《中俄核能合作步入新阶段——专访俄罗斯原子能公司中国地区代理杰明·斯·伊》，《中国核工业》2015年第7期。

③ 《中俄推进核能合作，俄为中国设计独一无二技术》，环球网，http：//mil.huanqiu.com/world/2016-09/9426434.html（2016-09-10）。

④ 《三大项目为中俄核能合作打头阵，新核电站技术先进》，环球网，http：//world.huanqiu.com/exclusive/2014-09/5123858.html（2014-09-01）。

⑤ 《俄媒：中国有意与俄罗斯合作建造漂浮核电站》，人民网，http：//military.people.com.cn/n/2014/0523/c1011-25055580.html（2014-05-23）。

⑥ 《日俄签署核能合作协议》，新浪网，http：//finance.sina.com.cn/roll/20090513/15182838515.shtml（2009-05-13）。

油气和节能在内的六个协议。① 2016年11月26日,第十届中日节能环保综合论坛举行。本届论坛共签署29个合作项目,涉及节能、环保、循环经济、绿色制造、智慧城市等领域,涵盖机构合作、技术装备引进、联合研究、人才培训等事项。中日节能环保综合论坛是国务院批准的中日投资经贸合作领域的综合性论坛,自2006年至2016年已成功举办十届,累计达成合作项目314个,为两国企业、研究机构、地方政府在节能环保领域的合作搭建了良好平台。② 2011年,韩国与蒙古国签署《资源能源合作谅解备忘录》,商定成立资源与能源共同委员会,扩大火力发电及新再生能源领域的企业、技术交流,商定为减少乌兰巴托市区空气污染,在依托巴格诺尔煤矿建立煤炭深加工企业方面加强合作。③

第三,东北亚地区国家日益重视能源合作机制的建设。机制建设是国家间开展合作的重要基础与载体,是推动国家间合作持续与深化的重要条件。鉴于能源问题的日益突显,东北亚地区国家开始初步推进能源合作机制建设。东北亚地区的双边能源合作机制还相对薄弱,更多地侧重于在多边机制中开展能源合作。2004年以来,中、日、韩每年都在"东盟10+3"框架之下召开能源部长会。2007年第一届东亚峰会能源部长会议召开,发表了《第一届东亚峰会能源部长会议联合部长宣言》。截止到2016年,东亚峰会能源部长会议已举办了十届。此外,东北亚国家还在诸如亚洲开发银行、亚太经合组织、博鳌亚洲论坛、亚太清洁发展与气候伙伴计划、20国集团、上海合作组织等多边机制内进行有关能源领域的合作。

能源合作符合东北亚地区国家的共同利益。东北亚地区国家已在

---

① 《第一次中日部长级能源政策对话和中日能源合作研讨会举行》,新华网,http://news.xinhuanet.com/world/2007-04/13/content_5974114.htm(2007-04-13)。

② 《第十届中日节能环保综合论坛在京举行》,中央人民政府网,http://www.gov.cn/xinwen/2016-11/27/content_5138472.htm(2016—11—27日);《蒙韩进入"全面伙伴"关系新阶段》,网易网,http://news.163.com/11/0823/04/7C46PKE500014JB6.html(2011-08-23)。

③ 《蒙韩进入"全面伙伴"关系新阶段》,网易网,http://news.163.com/11/0823/04/7C46PKE500014JB6.html(2011-08-23)。

能源合作领域取得了长足发展，但是，与成熟区域的能源合作相比，东北亚地区的能源合作还处于较低层次。东北亚地区能源合作的规模比较小，合作形式相对单一，双边合作居多、多边较少，合作深度与广度有待深化，仍然没有专门的、涵盖整个地区范围的多边能源合作组织，缺乏成熟完善的区域能源合作机制和有效的能源协调机制。

三 能源合作的阻碍因素

作为能源需求旺盛及依赖进口能源的地区，东北亚具有巨大的能源合作潜力。东北亚地区的能源合作虽然取得了一些进展，但还是处于较低层次，没有达到应有的合作深度与广度。能源合作符合东北亚地区国家的共同利益，但是，传统的地缘政治思维及域外大国的干涉等因素严重阻碍着东北亚能源合作的深化推进。

第一，东北亚地区国家存在着战略互信赤字，缺乏区域能源合作的必要政治基础。国家之间的合作基于双方对于彼此获益的战略判断。在合作双方存在战略互信的情形下，国家更看重合作给予双方所带来的绝对收益，认为合作就有利于双方，对于合作中彼此获益的多寡较不敏感；但是在合作双方缺乏必要的战略互信的情形下，国家就会更加看重合作给予双方所带来的相对收益，认为如果合作使一国获益大于另一国的话，那么自认为获益少的国家就会减少甚至拒绝双方的合作。因此，战略互信的缺失不可避免地会影响国家间合作的广度与深度。与此同时，合作领域的属性也会影响到国家之间的合作。国家之间的合作领域有所谓的"高阶政治"领域和"低阶政治"领域之分。"高阶政治"领域的合作具有较高的政治、安全敏感度，对于国家安全具有较大的影响。在此领域的合作，国家不仅要考虑到双方合作的经济效益，而且要考虑合作对于本国国家安全所带来的风险与挑战，更加重视合作的政治、安全效益。与"高阶政治"领域的合作相比，"低阶政治"领域合作的政治、安全敏感度较低，对于一国政治稳定及国家安全的影响较小。在此领域的合作，双方更加看重经济效益。例如，冷战初期，中国虽然开始和英国等西方国家开展经济领域的合作，但是双方决不可能在军备方面开展合作。作为特殊的战略物资，能源领域的合作不仅关系到经济发展与社会稳定，而且关乎一国的国家安全。因此，战略互信的缺失加之能源的战略物资属性必然会影响甚至阻碍东北亚地区的能源合作。

表1　　　　　　　　互信程度及领域属性对于合作的影响

	互信程度高	互信程度低
高阶政治	深合作	无合作
低阶政治	广合作	少合作

第二，东北亚地区国家存在的领土主权争议和海洋划界问题不仅影响到地区国家间的战略互信，而且阻碍了地区国家之间的能源合作。东北亚地区遗留着诸多领土主权争议和海洋划界问题，例如中日钓鱼岛争端、东海划界争端、日俄南千岛群岛问题、韩日独岛争端、韩朝"北方界线"等问题。这些领土主权争议和海洋划界问题不仅严重影响着地区局势的稳定，而且阻碍了东北亚地区相关国家开展能源合作。领土主权争议和海洋划界问题属于敏感的领土主权问题，关乎当事国的国家安全和民族尊严，容易引起当事国双方的情绪对立，致使双边关系恶化，从而影响双方包括能源在内的合作。中国和日本因钓鱼岛、东海划界等领土主权争议和海洋划界问题而导致双边关系跌入低谷，从而影响了中日间的总体合作，使双边关系由"政冷经热"变为"政冷经凉"。与此同时，东北亚存在领土主权争端的地区大多属于能源资源丰富的地区。这进一步促使当事国在有关领土主权争端上采取更趋强硬、更不愿谈判的僵硬立场。当事国这种强硬的立场不仅影响了领土主权争端的和平谈判以及共同开发，还使双边关系恶化，严重影响包括能源合作在内的整体合作关系。东北亚地区的领土主权争端不仅会阻碍东北亚国家的能源合作，甚至还可能使有关国家在能源领域陷入恶性竞争之中。

第三，美国在东北亚地区的"分化战略"对于地区能源合作产生了消极影响。亚太是全球经济最具活力的地区之一，而东北亚则是亚太地区新兴经济体的汇聚地。因此，亚太地区尤其是东北亚地区在国际格局中的战略地位不断提升，在美国的全球战略规划中的位置日益突显。美国前国务卿希拉里·克林顿（Hillary Clinton）就直言不讳地指出，亚太地区将是美国今后外交战略的重心，21世纪将是美国的太平洋世纪。①奥巴马政府上台初期随即实施所谓的"亚太再平衡战略"以加大美国对于亚太地区政治、经济、军事、外交等方面的投入力度。为了保持在亚太地区的主导地位，美国积极维护所谓的"毂辐体系"（hub-spoke system）。冷战开始之后，美国为了对抗苏联、维护在亚洲地区的主导地位，积极构建以其为主导的"毂辐体系"，即以美国为中心的双边联盟和合作伙伴关系。但是，"毂辐体系"并没有随着冷战的结束而终结，反而得到强化。全球金融危机之后，随着实力的相对下降以及亚太地区战略地位的上升，美国为了继续维护其在该地区的主导地位，日益强化并依赖"毂辐体系"以避免亚太地区国家形成制衡美国的"合力"。美国在亚太地区强化双边关系，而对亚洲地区自身的多边合作加以阻挠。美国的这种"分化战略"不仅阻碍了亚太地区国家之间的合作进程，也加重了亚太国家之间的猜疑与防范，从而导致亚太地区国家难以实现和解、和平、合作。例如，美国为了强化与韩国的同盟关系，不顾国际社会的反对，执意在韩国部署"萨德"系统。美韩的这一行为不仅损害了中国、俄罗斯等东北亚地区国家的安全利益，威胁到东北亚地区的和平与稳定，而且加深了东北亚国家之间的战略互疑，从根本上阻滞了东北亚地区的合作进程。

四 循序渐进的合作路径

从传统能源领域、新兴能源领域、机制建设等维度来说，东北亚

---

① Hillary Clinton, "America's Pacific Century," *Foreign Policy*, November 2011, http://foreignpolicy.com/2011/10/11/americas-pacific-century/.

地区国家的能源合作虽然较之前有所进展，但还处于较低层次，至今还没有形成涵盖东北亚地区的能源合作机制。东北亚地区国家的能源合作主要受制于传统地缘政治思维的影响以及相互之间战略互信的缺失。要推进东北亚地区国家的合作进程，就必须在东北亚地区国家之间建立起基本的战略互信，尤其要在诸如能源这种具有战略性质的领域推进合作。但是，东北亚地区国家之间的战略互信难以在短时间内建立起来，而且受到地区形势及域外大国的深刻影响。因此，推进东北亚地区国家之间的能源合作应遵循"先易后难、循序渐进"原则。

首先，确保价格合理且充足的能源供给是东北亚地区国家尤其是中、日、韩能源进口国在能源领域的最大共同利益。因此，东北亚地区国家可以先建立起有关能源供给的信息共享平台，积极合作以维护能源运输通道的安全，并进一步尝试以"组团"的方式在能源市场上与能源出口国展开合作谈判以获得价格合理的能源。东北亚地区尤其是中、日、韩三国的能源需求不断增加，日益依赖于能源进口，确保能源的充足供应符合东北亚地区国家的共同利益。而为了获得价格合理且供应充足的能源，有关能源领域的信息就显得十分重要了。对此，东北亚地区国家可以尝试建立初步的能源信息共享平台，向各国提供准确、及时的能源市场信息、增加能源市场的透明度、把握供需之间的平衡、避免能源价格过高。能源市场信息共享平台的建立，既可以为本地区国家的能源合作以及参与国际能源市场提供准确、及时的信息，又可以在此基础上深化对于未来能源市场趋势的研究，以提升东北亚地区国家应对国际能源市场变动的能力。现今，国际能源通道日益受到恐怖主义、海盗等非传统安全的威胁，而维护国际能源通道的安全事关东北亚地区国家的能源安全，对此，东北亚地区国家可以在加强与国际能源通道沿岸国家合作的同时，在沿岸国家无法有效保护国际能源通道安全的情况下，组建联合安全力量以维护通道安全，例如在索马里海域开展联合护航。旺盛的能源需求加之相互之间的竞争，导致东北亚地区国家在国际能源市场上的博弈中处于不利地位。对此，东北亚国家可以初步组成能源进口国谈判小组，以团队的形式与能源出口国展开谈判。这样既可以避免东北亚地区国家之间的相互竞争，又可以获得价格较为合理的进口能源。在此基础之上，东北亚地区国家可以联合开发、参股、投资第三方能源市场。在此过程中，东北亚地区国家应拓宽合作领域，提升战略互信，深化区域合作。

其次，在新能源开发、节能减排等方面开展合作，开拓东北亚地区国家能源合作的新领域，从而推进东北亚地区能源合作的深化。东北亚地区国家的能源需求日益增加，面临着较为严峻的能源短缺问题，严重依赖能源进口。但是，石油、天然气等传统能源存在着难以忽视的弊端：不可再生、运输比较困难、开采难度大、污染严重，等等。传统能源的这些弊端不仅会引发东北亚地区能源进口国之间的竞争与争夺，而且对于东北亚地区国家未来的能源安全会产生严重影响。因此，面对能源需求的增加以及传统能源的弊端，东北亚地区国家积极开发新能源以拓宽能源来源渠道，实现能源多元化，减轻区域能源危机的压力。新能源的开发可以成为东北亚地区国家能源合作的新领域。对此，东北亚地区国家可以利用各自的资源和技术优势，实现"强强联合、优势互补"，共同积极推动新能源开发领域的深度合作。新能源领域的合作不仅可以缓解东北亚地区国家的能源压力，也可以逐步增加东北亚地区国家的相互信任，从而促进东北亚地区能源合作水平的提升。节能减排也是东北亚地区国家开展能源合作的重要领域。面对着日益旺盛的能源消费以及不断增加的能源进口，东北亚地区国家尤其是中、日、韩三大能源进口国将节能视为事关能源安全的重要议题。日本和韩国具有丰富的节能经验，在相关领域法律完备、技术先进。而中国等发展中国家则缺乏相应的节能经验与技术。对此，日本和韩国可以与中国等国家在节能领域开展合作，既可以减轻区域能源压力，又可以开拓东北亚地区经济合作的新领域。气候变化是全球面临的严峻问题，需要世界各国积极减少温室气体排放。根据业已达成的应对气候变化协议，东北亚地区国家都肩负着减少温室气体排放的责任。对此，东北亚地区国家可以就碳排放指标进行互补交易，也可以在减排领域开展资金和技术合作以完成减排目标。这也将成为东北亚地区能源合作的新领域。

再次，积极构建东北亚地区能源合作机制，为东北亚地区能源合作提供制度保障和重要载体。机制建设是国家间可持续合作的重要保障。完备的机制建设可以有效减少国家间合作的交易成本，增加国家间合作的收益，获得"共赢"的结果，更可以推动国家间合作的持续性、稳定性、互利性。现今，东北亚地区的能源合作机制建设还处于低水平，仍然没有专门的、涵盖整个地区范围的多边能源合作组织，缺乏成熟、完善的区域能源合作机制和有效的能源协调机制。因此，东北亚地区国家应共同协商、积极推动能源领域的机制建设进程。东北亚地区国家可以利用现有的合作机制构建能源合作机制，例如在"一带一路"倡议之下设立涵盖东北亚地区国家的能源合作小组；也可以构建专门的东北亚能源合作机制，例如东北亚能源合作组织。东北亚地区能源合作机制应遵循"共商共建、互利共赢"的原则，先从比较容易的领域进行合作，然后循序渐进地深化能源合作。能源合作机制的构建将提升东北亚地区能源合作的层次和水平，更将塑造东北亚地区能源合作的未来发展方向和模式。

最后，减小美国对于东北亚地区能源合作的消极影响。鉴于东北亚地区在其全球战略规划中的地位不断提升，美国对于东北亚地区的战略关注度与资源投入力度日益增强。作为守成的霸权国，美国对于国际权力格局的变革异常敏感，尤其关注中国所在的东北亚地区。自冷战结束以来，美国"亚太战略"的核心目标就是维持其在该地区的主导地位，极力避免其他大国威胁到美国的这一主导地位。随着自身实力的相对下降，美国为了维持在愈来愈具有战略重要性的亚太地区的主导地位，更加侧重于依靠其亚太盟友及合作伙伴，对于盟友的控制欲也随之加强。美国并不乐见其亚太盟友与地区国家深化合作，担心盟友会脱离其战略轨道，更害怕形成制衡美国霸权行为的"合力"。因此，美国的这一战略理念对于东北亚地区的能源合作产生了不容忽视的消极影响。对此，东北亚国家在加强相互之间战略互信的同时，应积极推动与美国构建战略互信的进程。东北亚国家应明确表示，东北亚地区的能源合作符合各方的共同利益，致力于维护各自的能源安全，并不是为了离间美国与其盟友的关系，制衡美国的霸权行为，排斥美国参与合作。此外，东北亚地区的能源合作应采取透明政策，并在共商的基础上邀请美国采取资金入股、技术投入、企业合营等多种方式参与其中。这样，既可以减少美国对于东北亚地区能源合作的消极影响，又可以增强相互之间以及与美国的战略互信，成为各方深化各领域合作的重要平台与载体。

五 结语

作为全球最具经济活力的地区之一，东北亚地区的能源需求不断增加，日益依赖于能源进口。能源安全已成为事关东北亚地区稳定与繁荣的关键议题，也是东北亚地区国家深化合作的重要领域。能源合作符合东北亚地区各国的共同利益，是东北亚地区国家构建利益共同体的重要领域。虽然东北亚地区的能源合作还面临着不容忽视的阻力，但是东北亚各国遵循"先易后难、循序渐进"的原则，就可以推动能源合作取得积极进展。能源合作不仅将推动东北亚地区能源利益共同体的构建，也可以促进该地区地缘政治格局的改善。

参考文献：

[1] 陈安琪：《打造"中俄能源合作的典范"——访中国石化驻俄罗斯总代表、国勘俄罗斯国家公司总经理、UDM 合资公司管委会副主席王骏》，《中国石化》2016 年第 11 期。

[2] 李天籽、李霞：《东北亚区域能源安全与能源合作》，社会科学文献出版社 2014 年版。

[3] 杨金凤：《中俄核能合作步入新阶段——专访俄罗斯原子能公司中国地区代理杰明·斯·伊》，《中国核工业》2015 年第 7 期。

[4] Hillary Clinton, "America's Pacific Century," *Foreign Policy*, November 2011, http://foreignpolicy.com/2011/10/11/americas-pacific-century/.

东北亚能源安全的竞争与合作

周永瑞[*]

内容提要：东北亚各国普遍处于能源需求远超资源禀赋的失衡困境中，能源供应极不安全。但在能源民族主义思维的推动下，域内各国之间竞争大于合作，突出表现为远交近攻式的零和竞争，以及在能源合作上"只议不作"。这一是因为域内各国发展阶段不同，使得各国能源需求的前景不一致，合作的"相对收益"必然不均衡，导致各国选择各自为政的能源安全观；二是因为域内由来已久的结构性矛盾影响了各国之间的战略互信，使得机会主义大行其道；三是因为缺乏良好的合作平台与机制，且分担风险的能力不匹配，使得有些国家担心合作于己不利；四是因为域内朝鲜问题的存在及域外美国的制衡作用，动摇了地区能源合作的基础。不过，域内各国在能源安全上存在着共同利益、风险及需求，而且"一带一路"倡议为地区能源合作提供了新的空间和机遇，从而为域内各国能源安全政策的调整与对接以及利益融合提供了有力的支持。

关键词：东北亚，能源安全，竞争，合作，利益

所谓能源安全，就是一个国家能够获得可靠、可承受和可持续的能源。具体而言，就是有稳定的能源供应、合理的能源价格和环保的能源利用，以及安全的能源运输。

依此标准，东北亚各国的能源安全都比较脆弱。有评估显示，日、

---

[*] 周永瑞，中国社会科学院研究生院国际能源安全研究中心助理研究员。

韩两国是世界上能源供应最不安全的国家，而中国在 2015 年后也会成为排名第四的能源供应不安全国家。① 其根源在于本区域的能源需求与资源禀赋的严重失衡，致使能源需求依赖进口。而无论是能源国际秩序还是主要能源供应地，抑或是能源计价标准或者运输通道安全，都受制于域外国家。然而，面对这一共同的难题，东北亚各国并没有齐心协力地加以解决，而是在能源民族主义等思维的推动下各自为战，积极竞争，消极合作。为此，东北亚各国已经付出了"亚洲溢价"等代价，但仍未吸取教训，并有陷入"能源安全困境"的风险。东北亚各国有没有可能以合作共赢的理念构建能源安全共同体呢？

一 全球分工格局下的地区能源供需状况

由于能源分布的不均衡，能源的生产、利用及最终消费存在空间上的差异。根据《BP 世界能源统计年鉴 2016》可知，中东（不含北非）探明石油储量占全球的 47.3%，2015 年的石油产量占全球的 32.4%，出口量占全球贸易量的 33.7%。在天然气方面，中东的储量占到世界的 42.8%，液化天然气（Liquefied Natural Gas，LNG）的出口量占全球贸易量的 37.3%。亚太地区的石油储量只占世界的 2.5%，消费量却占全球的 34.7%。若按一次能源消费量计算，亚太地区 2015 年的消费量占全球的 41.8%，中、日、韩三国的消费量就占全球的 28.4%。相比较而言，美国只占 17.3%，欧盟占 12.4%。② 由此可见，以中、日、韩为主的东北亚地区毫无疑问是全球最大的能源进口区。不过，由于东北亚各国都以出口经济模式为主，其能源消费转换的产品主要是被欧美各国所享受。从全球分工的角度来看，就是油气资源富集的中东等地是主要的能源供应区，以外向型经济为主的东亚是主要的能源利用区，经济发达的欧美国家和地区则是主要的

---

① 刘舸：《东北亚能源安全局势与韩国的战略选择》，《当代韩国》2009 年第 6 期。
② 本文油气资源数据若无特别交代，均来源于 2016 年 6 月 8 日发布的 BP Statistical Review of World Energy 2016，或据此计算所得。

能源最终消费区。

尽管能源的生产和消费与外界存在着空间差异，但东北亚及其所属的亚太地区却有着同质性，即人口多、资源少、需求大。而且，邻近的东南亚和南亚地区也是如此。根据世界银行2015年12月16日的最新数据，东亚及太平洋地区的土地面积只占世界的18.8%，但人口占世界的31.2%。[1] 其中，人口超1亿的国家就有中国、日本、印度尼西亚、菲律宾等国。狭小的空间承载着众多的人口，资源的需求压力非同小可。

在除俄罗斯以外的东北亚五国中，蒙古国相对地广人稀，中、日、韩以及朝鲜在资源匮乏与进口需求的不均衡方面都堪称典型。除了中国有相对丰富的煤炭资源和少量的油气资源外，蒙古国一次能源相对贫瘠，虽有出口，但主要是因其内部需求相对不足；日本、韩国、朝鲜在一次能源方面均十分稀缺。中国探明的石油储量只占全球的1.1%，天然气只占2.1%，而日本和韩国各方面的资源都靠进口。2014年，日本一次能源对外依存度达94%，[2] 韩国一次能源对外依存度为81.8%。[3] 至于朝鲜，其探明的煤炭资源只占世界的0.1%。[4] 另外，美国能源信息署的资料显示，朝鲜还没有已探明的石油储量，[5] 2014年的石油产量每天也仅100桶。[6] 蒙古国则是煤炭相对丰富，其地质储量约有1733亿吨，探明储量达215亿吨[7]，大概能占世界总储

---

[1] 各国土地面积及人口的数据均根据世界银行公布的数据（http：//data.worldbank.org.cn/indicator/SP. POP. TOTL）计算得出。

[2] 世界银行数据库。http：//data.worldbank.org.cn/indicator/EG. IMP. CONS. ZS/countries/1W-JP? display = graph。

[3] 同上。

[4] 美国能源信息署2015年7月数据显示，朝鲜2011年探明煤炭储量为6.61亿短吨（美吨），1吨 = 1.102美吨，因此朝鲜的煤炭储量将近6亿吨。《BP世界能源统计年鉴2015》中的数据也为6亿吨。

[5] 2015年7月报告原文见 North Korea currently has no proven oil reserves or petroleum and other liquids production. http：//www.eia.gov/beta/international/analysis.cfm? iso = PRK。

[6] http：//www.eia.gov/beta/international/rankings/index.cfm#? iso = PRK&cy = 2014。

[7] 《中蒙煤炭合作前景广阔》，新华网，2013年4月21日，http：//news.xinhuanet.com/2013-04/21/c_ 115476095.htm。

量的2.4%。蒙古国的石油资源在2014年初公布的实际储量约为3.3亿吨①,约占全球的0.19%。由此可见,东北亚五国的能源资源都很少。

然而,东北亚各国,尤其是中、日、韩的能源消费和进口规模却很惊人。2015年,中国的石油消费量占全球的12.9%,进口量占全球贸易量的13.4%;中国的石油对外依存度已突破60%,天然气的对外依存度也达32.7%。②而日本在2015年消费了全球4.4%的石油,进口量占全球贸易量的7.1%;韩国也消费了全球2.6%的石油。在石油消费方面,中、日、韩分别占据世界第二、四、八位;在一次能源消费量上,中、日、韩则分别占据世界第一、五、九的位置。

有所不同的是,中国还未完成工业化,因此石油需求增势可能会持续到2040年,③ 需求总量比2015年的实际消费规模④要高出53%—65%。但日本得益于经济发展的较高阶段,自1996年以来石油消费总量不断下降,韩国也已基本达到消费峰值,⑤ 而且,日本的一次能源消费总量在2005年也已达到峰值,韩国的一次能源消费总量虽然还呈小幅增长,但其绝对量仅约为中国的1/10。天然气方面也同样不容乐观。另外,周边其他国家的能源需求量也势必会随着工业化进程的发展而不断扩大。

资源的匮乏和庞大的需求所形成的不均衡状态,在长远预期供不应求的情况下,注定了东北亚地区会出现激烈的竞争。尽管日、韩在

---

① 中国驻蒙古国大使馆经济商务参赞处:《蒙古国石油储量达3.3亿吨》,http://mn.mofcom.gov.cn/article/jmxw/201402/20140200479274.shtml,2014年2月。
② 钱兴坤、姜学峰:《2015年国内外油气行业发展概述及2016年展望》,《国际石油经济》2016年第1期。
③ 中国石油集团经济技术研究院根据需求预测模型计算的结果显示:中国石油需求峰值在8.1亿—8.7亿吨,大概会出现在2040年前后。数据源自该院发布的《2012年国内外油气行业发展报告》,第406页。
④ 2015年生产原油2.14556亿吨,进口3.355亿吨原油和2990万吨成品油,出口287万吨原油和3615万吨成品油,新增战略储备石油1367万吨(2015年12月11日公布,储备粮为2610万吨,2014年11月20日公布战略石油储备为1234万吨)。去除出口及储备,中国2015年实际消费石油5.27176亿吨。
⑤ 根据《BP世界能源统计年鉴》历年数据计算所得。

能源需求方面已趋于稳定，但由于中国及区域其他国家的进口量不断增多，必然会呈现出更加激烈的争抢状况。

二　东北亚国家的能源安全困境

针对高对外依存的能源需求和脆弱的能源安全，中、日、韩都试图通过能源进口多样化等措施来降低风险。然而，多年努力所取得的效果有限，而且能源安全政策上的冲突还呈现出一国所得即另一国所失的零和困境。

东北亚国家间的能源安全冲突一是体现在对中东能源的排他性争夺上。中、日、韩等国的能源消费都有严重的中东依赖症，在 2015 年的石油进口中，中国从中东进口 1.704 亿吨原油和 340 万吨成品油，分别占进口量的 50.74% 和 4.9%，合计约占石油实际消费量的 33%，运往中国的原油占到中东出口量的 19.4%；日本从中东进口 1.397 亿吨原油和 178 万吨成品油，分别占其进口量的 83.3% 和 38%，运往日本的原油占中东出口量的 15.89%，成品油占中东出口量的 12.57%。韩国的进口石油也约有 84% 来自中东。为了维护这一主要来源地的稳定供应，日本与中国在资产竞购、进口油价等方面展开了积极竞争。在资产竞购方面，美欧等西方国家传统势力范围的存在使得机会非常少，因此竞争更为激烈，突出表现在伊朗的阿扎德甘油田上。

伊朗的阿扎德甘油田是世界上最大的油田之一，由于伊朗遭受美国制裁的原因，过去一直没有开采。中国和日本的石油公司都意图得到该油田的开采权。日本政府早在 2000 年就提出向伊朗政府提供 30 亿美元的贷款而获得优先谈判权。在谈判过程中，日本受到来自美国的强大压力，使谈判陷入僵局。但出于跟包括中国石油公司在内的多国石油公司竞争的考虑，日本不顾美国的反对，于 2004 年 2 月战胜了包括中石化在内的其他竞标石油公司，最终与伊朗签订了联合开采该油田的协议。2010 年，因要求日本政府在制裁伊朗的问题上与美国政府"保持一致"，日本被迫撤资。2015 年 7 月，联合国安理会通过解除对伊朗制裁的相关决议，10月，日本外相即访问伊朗，重启能源合作等谈判。2016年初，欧美国家开始解除对伊朗的制裁。2月5日，日本政府就迫不及待地与伊朗签署了投资协定，试图重返伊朗的油田开采，甚至声称要"以举国之力全面参与商业竞争"[1]，倾力竞争的对象就是中国。[2]

东北亚国家间的能源安全冲突还表现在进口价格上。在以往的竞争中，日本为了取得优势可以不惜成本，直接助长了"亚洲溢价"现象的长期存在，使得东北亚地区的原油进口价格高于欧美等国的进口价格。出现"亚洲溢价"现象的最直接原因在于国际原油定价规则的不平等。东亚地区石油期货交易起步较晚，尚不存在能够反映本地区原油供求和价格水平的基准石油品种，基准价格受欧美市场油价变动的影响，并且价格水平要高于两者。而且，日本为维护能源安全和保证石油供应，愿意为能源支付"安全溢价"，因此最先认可了不平等的计价标准。由于日本从中东地区进口的能源数量十分巨大，当时其他亚洲国家的进口量无法与日本匹敌，无力与中东原油生产国单独讨价还价，这个计价公式也就成为中东地区向亚洲出口原油的通行计价标准。[3] 尽管近年来东亚地区的能源市场越来越大，但并未形成合力，以致溢价现象一度愈演愈烈。比如2004年"亚洲溢价"只有每桶1—2美元，2007年提升到每桶3美元，2009年1月达到每桶6—7美元。[4] 造成这一局面的深层原因就是东北亚能源消费国之间的恶性竞争增加了能源进口的成本，并成为消除"亚洲溢价"的障碍。

为了缓解中东石油依赖症和"亚洲溢价"的损失，并增强能源安

---

[1] 《日本欲在伊朗市场扭转劣势 油田开发亦是目标》，中国新闻网，2016年2月6日，http://www.chinanews.com/gj/2016/02-06/7751482.shtml。

[2] 2016年5月14—16日，中国国家能源局副局长张玉清访问伊朗并签署一份为期5年的油气领域合作备忘录。伊朗石油部长赞加内5月16日表示，将把位于伊朗中西部伊斯法罕省的北阿扎德甘油田和位于伊朗南部胡齐斯坦省的亚达瓦兰油田第二阶段的开发工作交由中国的石油公司进行。

[3] 付丽颖：《亚洲溢价——中日能源的共同困境》，《日本学论坛》2006年第1期。

[4] 朱建荣主编：《东亚能源合作：寻求共同繁荣之路》，上海人民出版社2012年版，第71页。

全度，东北亚国家普遍采取了能源进口多样化的政策，结果是迎头相撞，并因过度竞争而两败俱伤。中日 2002 年底至 2005 年对俄罗斯"安大线"与"安纳线"之争就是典型，特别是日本一再加码①反对"泰纳线"中国支线的优先建设表明，日本在寻求石油来源时可以不惜成本地与中国展开恶性竞争。这一争斗使得中、俄数十年的努力功亏一篑，也使得东西伯利亚—太平洋项目延后十多年。而且，这种竞争在中东、非洲等地的投资开发中屡见不鲜，个中缘由值得深究。

此外，除了上游的竞争外，中日在中游的运输等方面也不断展开竞争。比如在运输方面，以前中国自己的超级油轮很少，石油进口的 60%—90% 依靠外籍油轮运输。② 当油价上涨时，有运输能力的日本公司就以油轮紧张为由迫使中国的石油进口企业支付更高的租金，这种行为自然不利于双方的能源合作。在进口通道上，中、日、韩同样相互提防，特别是南海贸易通道，日本担心中国切断它的能源进口"生命线"，中国担心日本介入中国与菲律宾、越南等国的纷争。另外就是与俄罗斯的油气合作，中、日、韩都提出过以各自为中心的区域运输管网，但无一选择距离最近且最经济的俄—蒙—中—韩—日这条管道路线，这一方面说明东北亚各国相互之间的不信任，另一方面说明中、日、韩三国在寻求能源合作方面都很在意主导权或优势地位。

中、日、韩等国能源安全的斗争还反映在领土领海之争上，尤其是日本与中国在东海海域以钓鱼岛主权为焦点、以专属经济区划界为核心的斗争，以及日本与韩国在独岛（日本称竹岛）主权归属上的争端，都有争夺可能存在的油气资源的考虑。在此方面的斗争，直接冲击了东北亚各国之间的正常关系，并影响了相互之间的信任与合作，在能源安全上各自为政，因此倾向于与域外国家特别是能源供应国寻求合作，而不是域内协作。

---

① 日本出价从最初 50 亿美元的贷款许诺，一路提高到 75 亿美元、90 亿美元，还外加综合性投资 120 多亿美元。
② 《中国四大油轮公司将联营 50 艘 VLCC》，中国船都网，2012 年 8 月 21 日，http://www.zhoushan.cn/shipcity/hangyun/201208/t20120821_556343.htm。

综上所述，中国、日本等国为强化自身能源安全的国际合作，在能源民族主义思维的影响下，呈现出零和竞争的态度，突出表现在力图通过在海外直接控制油气田，推进与石油输出国的双边外交，建立油气管道等方法来控制油气供应，而不是寻求地区合作与市场。这种以确保自身对油气供应和运输通道直接控制的做法加剧了东亚地区的紧张与冲突。[1]

三 对地区能源合作的探究

不可否认的是，由于需求与禀赋的差异，中、日、韩等东北亚国家彼此存在竞争，但同为能源进口国，中、日、韩也有共同的利益、风险和需求，可谓在一定程度上有着共同的命运，因此彼此都有合作的意愿，并在过去的20年里都提出过多种合作倡议。特别是在中、日围绕"安大线"与"安纳线"展开恶性竞争的那几年里，中、日、韩等国高层每年都有能源方面的各种合作声明，比如在2002年9月的第八次"国际能源论坛"上，中、日、韩和东盟十国就能源合作问题发表了《日中韩与东盟国家间的能源合作》共同声明。2003年10月，在印度尼西亚巴厘岛举行的东盟与中、日、韩领导人会议期间，中、日、韩三国领导人会晤并发表了《中日韩推进三方合作联合宣言》，宣言特别提到了能源合作，表示"三国将扩大能源领域的互利合作，并共同致力于加强地区和世界的能源安全"。2004年6月，在青岛举行的亚洲合作对话第三次外长会议上发表了亚洲能源合作的框架文件《青岛倡议》，决定在开采能源、建设油管、保障能源运输航道安全、节能与稳定能源价格等方面开展广泛的合作，并提出了11条具体的合作建议。[2] 2004年底在巴黎国际能源机构大会上，日本还提出了建立亚洲共同储备基地和东亚能源安全保障机制的建议。[3]

---

[1] 朱建荣主编：《东亚能源合作：寻求共同繁荣之路》，上海人民出版社2012年版，第9页。

[2] 杨泽伟：《"东北亚能源共同体"法律框架初探》，《法学》2006年第4期。

[3] 张宁：《东亚能源安全困境与出路》，《江南社会学院学报》2005年第4期。

尽管东北亚各国不只是在矛盾突出的时期才提能源合作,但一直缺乏突破性进展。

(一) 东北亚能源合作"只议不作"的缘由

共同的意愿是合作的前提,但是,20年过去了,东北亚地区的能源合作依旧停留在构想阶段,竞争却如火如荼,呈现出积极竞争、消极合作的状态。因此,探讨东北亚能源合作,有必要先理清合作的障碍。换言之,就是应先找到只是提出倡议而无任何进展的原因。

第一,各自为政的能源安全观。东北亚各国的能源安全观都着眼于各自的国家安全,而非区域集体安全,因此更为看重本国的"相对收益"。当每个国家都以自身安全为最高目标时,为了获得和确保自身安全,国家必须考虑合作中可能产生的相对收益,因为相对收益会导致国家之间相对实力的变化。而相对实力决定了国家在体系结构中的位置排列,并且各国之间相对实力差距是其安全和独立的基础。因此,各国对体系结构中国家之间相对实力的变化非常敏感。基于此,在是否与其他国家进行合作的问题上,国家的主要目标不是追求最大获益,而是阻止其他国家实现有利于增强它们相对实力的相对获益。[①]肯尼思·华尔兹就明确指出:"当面对为共同获益而开展合作机会时,感到不安全的国家必须要询问将如何对收益进行分配。它们必须要问的并非'我们双方都会获益吗?'而是'谁将获益更多?'。例如,如果某一收益被按照2比1的比例加以分配,一国就可能利用不均衡的所得,来实行一项意图损害或毁灭他国的政策。只要每一方都担心对方会利用其增加的能力,那么即便在双方都能获得丰厚的绝对收益时,这一前景也不能促使它们进行合作。不安全的状态——至少双方对对方未来意图和行动所怀有的不确定性——阻碍了双方的合作。"[②]在中国崛起的情况下,日本对华政策侧重于战略竞争,而东北亚各国

[①] 伍福佐:《中日能源竞争与合作之结构现实主义诠释》,《国际论坛》2005年第5期。

[②] [美]肯尼思·华尔兹:《国际政治理论》,信强译,上海人民出版社2003年版,第139页。

在地区合作中的收益难以均衡。尽管日本能从合作中获得绝对收益，但若中国获益更大，那么在两国战略竞争的状态下，日本不仅不愿意同中国进行能源合作，反而会与中国展开激烈竞逐。如果换种思路，倘若不合作，日本的损失将大于中国的损失，则两国还有可能达成有限的合作，一旦小于中国的损失则不太可能。现实恰恰在于，日韩的能源需求已处于稳定状态，维持现状即可确保安全，但中国的能源需求还在不断扩大，因此合作自然更加有利于中国，而不合作的损失也是中国最大。因此，消极合作是日本最有利的理性选择。基于这种安全观，中、日、韩三国采取的都是"自助"（self-help）模式，也就是依靠自己的力量去追求自身的安全。

第二，能源作为战略性资源，其合作极易受到国家政治的冲击，特别是一些不断发作的结构性矛盾会影响国家间的战略互信，机会主义于是大行其道。在东北亚地区，中日、韩日、俄日之间的领土或领海争端频发，双边关系时常受损，战略互信不足，因此能源合作的难度很大。即便是在出口国与进口国之间，互信的不足同样影响了能源安全的合作。1994年11月，俄罗斯总统叶利钦率先向中方提出修建"安大线"的倡议。1996年4月，中俄两国元首在北京发表《联合声明》，宣布双方将发展平等互信、面向21世纪的战略协作伙伴关系。2002年12月2日，普京访华并签署了《中俄联合声明》，宣布考虑到能源合作对双方的重大意义，要保证已达成协议的中俄输油管道的铺设。随后日本介入其中，并成功地破坏了中俄之间的合作。从"安大线"的波折来看，中俄的战略协作伙伴关系非常脆弱，近十年的努力经不起第三方的任何冲击。何况日俄已中断能源贸易多年，[①] 且日本仓促提出的"安纳线"方案毫无前期投资与技术论证，并且日俄两国一直存在南千岛群岛之争，而中俄则基本上不存在这类问题。在博弈论中，"囚徒困境"反映出人类在合作上的一种困难：尽管相互信任并合作能够给博弈双方带来利益，但是，如果给定对方愿意合作

---

① 1978年，日本石油公司中止购买俄罗斯（苏联）的石油，直到2002年11月中旬，才再次从俄罗斯进口石油。

的前提下，自己选择不合作将带来更大的利益，则自己会放弃合作。①中俄合作的脆弱性除了有日本金援的冲击外，俄罗斯为了自身利益最大化而采取的机会主义应该是导致合作崩溃的根本因素，而这也是区域能源合作中极有可能发生的现象。

第三，缺乏可资利用的现成平台及机制。虽然东北亚的能源合作有亚太经济合作组织（Asia-Pacific Economic Cooperation，APEC）能源部长会议等外界平台，但这种平台的作用极其有限，比如 APEC 作为一个制度化程度相对不高的地区性国际组织，主要依靠目标的设定作为发展动力，其多边能源合作也是如此。②而域内又缺乏相关的合作机制和项目，因此地区合作缺乏长期性的考虑及约束，短期行为使得各国更加关注其他国家的"相对获益"，担心合作会对自己不利。

第四，应对风险的能力不匹配。合作意味着共担风险与责任，但若一个关键角色承担风险的能力严重不足，则必然不利于合作。日本和韩国是经济合作与发展组织（Organisation for Economic Co-operation and Development；简称经合组织，OECD）国家，是国际能源署（International Energy Agency，IEA）的成员国，有一个足够强大与成熟的平台分担风险。而且，日韩两国超大规模的能源储备也为它们提供了应对风险的保障。以石油为例，根据国际能源署的最新数据，日本的战略石油储备在 2016 年 2 月达到 163 天，韩国更是达到 305 天。③ 放眼中国，尽管资源禀赋优于日韩，并且 85% 左右的一次能源可以自给，而且还与俄罗斯及中亚油气产地接壤，但构成安全基础的自给能力已达顶峰且不断下降，使得中国应对能源安全风险的能力可能远逊于日本和韩国。

第五，无处不在的美国因素。从理论上讲，东北亚区域内的能源安全合作无需考虑美国的利益，因此在中东政策和东北亚安全等重要

---

① 徐斌、黄少卿：《从双边博弈到多边合作——中日俄石油管线争端的案例研究》，《世界经济与政治》2010 年第 3 期。

② 许勤华、王红军：《亚太经合组织多边能源合作与中国》，《现代国际关系》2009 年第 12 期。

③ http://www.iea.org/netimports/.

的国际问题上可以采取独立于美国的政治主张，这将不利于美国的全球霸权。另外，美国也难免会担心一旦东北亚实现能源合作，中国将在合作过程中发挥主导作用，从而弱化美国在东亚秩序中的主导地位。事实上，东亚地区事务若将美国排除在外，不放心的美国必然会利用它与日本等国的同盟关系来干涉和影响日韩政策。东亚区域经济合作的历史可以说明，一定程度上的合作符合美国的利益，但只要中国的竞争力增强，美国就会通过强化与日韩的合作等方式来反对和阻碍东亚地区合作的深化。在能源安全方面，美国掌控着国际能源市场的秩序和运输通道的安全，日韩不仅可以享受与美国结盟带来的好处，而且在美国"页岩气革命"和能源独立的新形势下，还可寻求从美国进口油气来增强能源安全。因此，美国对东北亚地区的能源安全合作有着巨大的影响力，日本与韩国乃至中国在某些方面都依赖美国提供的"便利"，以致不得不承认的是，在能源安全的某些问题上，日韩与美国合作的好处可能会大于与中国合作的好处。

第六，不可忽视的朝鲜问题。虽然朝鲜选择了自我孤立，但它也存在客观的能源需求，比如在苏联解体的1991年，朝鲜日均消费石油7.6万桶；冷战后由于进口受阻，2013年，其石油消费量日均仅为1.3万桶。[①] 如果朝鲜的能源需求得不到满足，对地区稳定与和平终会构成压力，朝鲜核问题的形成就与其冷战后的能源需求有关。而且朝鲜在东北亚能源合作中，有个极为重要的潜在身份，就是基于地理因素的能源过境国身份。中国以及俄罗斯要与日本和韩国达到更深一层的能源合作，就需要能源基础设施的互联互通，处于中、日、韩、俄四国中心地带的朝鲜则是实现东北亚地区能源管网互通的必经之地。朝鲜问题的存在，会动摇东北亚地区能源合作的基础。

尽管东北亚地区的能源合作存在上述种种障碍，但冲突利益与共同利益孰轻孰重并不是一成不变的。当共同利益压倒冲突利益时，这种障碍就能得到抑制或解决，因此东北亚地区的能源合作并非毫无可

[①] 美国能源信息署，2015年7月，http://www.eia.gov/beta/international/analysis.cfm? iso = PRK。

能。国际政治理论家罗伯特·基欧汉对国际合作的看法值得我们重视：合作是在一种纷争或者潜在纷争的模式中出现的，如果没有纷争，那么就没有合作，而只有和谐状态了。合作只会在行为者认为它们的政策处于实际或潜在冲突的情况下而不是和谐的情况下才会发生。①

（二）东北亚能源安全合作的基础

合作并不意味着没有冲突，相反，它显然是与冲突混合在一起的，并部分地说明了努力克服潜在或现实冲突的必要性。② 共同的风险与利益就是克服冲突的基础。东北亚各国能源安全的共同风险与利益大致包括五个方面：可靠的稳定供应、可承受的价格和消除亚洲溢价、可联合的海外开发、可共享的运输以及可持续的环境保护。

具体而言，可靠的稳定供应体现在中东等能源供应区的政治形势不够稳定上，这对东北亚的能源进口国来说是一损俱损的。特别是伊斯兰国（IS）在中东的崛起，严重威胁到沙特等中东产油国的稳定，也威胁到中日各国在中东油气投资等的利益。

可承受的价格则需要各方共同应对国际金融资本对油价的冲击，以及团结一致消除"亚洲溢价"现象。2014年12月5日，沙特在石油输出国组织（Organization of Petroleum Exporting Countries，OPEC）会议上决定不减产后宣布下调对亚洲及美国客户的原油售价。12月11日，科威特石油公司通过一份传真声称，科威特将从2015年1月起以每桶低于地区基准价3.95美元的价格向亚洲炼油厂出售原油，成为继沙特与伊拉克之后第三个调低原油出口价格的OPEC成员国。③ 出现这一转变的原因可能并不在于东北亚国家的努力，而在于美国"页岩气革命"冲击下中东产油国为确保市场份额而采取的权宜之

---

① ［美］罗伯特·基欧汉：《霸权之后：世界政治经济中的合作与纷争》，苏长和、信强、何曜译，上海人民出版社2012年版，第11、54页。
② ［美］罗伯特·基欧汉：《霸权之后：世界政治经济中的合作与纷争》，第54页。
③ 《科威特调低出口亚洲国家原油价格》，商务部网站，2014年12月12日，http：//www.mofcom.gov.cn/article/i/jyjl/k/201412/20141200831857.shtml。

举。如果东北亚国家不能在此问题上进行合作，特别是若不支持本地区石油期货交易的发展，不仅"亚洲溢价"仍会长期存在，而且仍会忍受油价的波动对经济增长的不良影响。

可联合的海外开发则是在产油国的投资中要减少域内国家之间的恶性内斗，避免零和竞争所导致的两败俱伤。当然，这涉及利益分配、主导权等难题。如果说国家间合作的主要力量是自上而下引导的结果，那么东北亚国家也不该无视自下而上的推动作用。在能源国际合作方面，国与国之间或许可以借鉴股份制公司的经验，而且也可以组建专事共同投资与开发的财团和公司。这一方面的可操作性相对较强，俄罗斯就对地区能源合作开发表示过欢迎。1997年12月，俄、中、日、韩、蒙五方就签署过关于实施开发西伯利亚大型天然气项目的备忘录。[1]

可共享的运输在能源进口方面是客观存在的，也就是一船石油可能会分送好几个国家，但在运输安全方面则存在着来自恐怖主义和海盗等袭击的风险，亚丁湾已有多国护航，但在霍尔木兹海峡和马六甲海峡，威胁仍旧存在，2010年日本油轮就曾遭到"基地"组织武装船只的攻击。在此方面，日本与马六甲海峡沿岸各国的合作非常积极，但马六甲海峡沿岸国基于对主权的高度敏感，很难与某个单一国家进行足够深入的合作，处于相互制衡中的中、日、韩若能与海峡沿岸国共同维护安全，则是最容易被接受的理想选择。

可持续的环境保护突出表现在与气候变化相关的能源利用及清洁能源的开发上。对能源的刚性需求使得减少碳排放等与环境保护有关的问题只能寻求提高能源利用效率和开发新能源。2007年8月23日第四届东盟与中日韩能源部长会议就曾强调：提高能源利用效率是加强地区能源安全和解决气候变化问题最为有效的途径之一。[2] 在此方面，日本具有世界领先的优势。按2011年购买力平价计算，日本

---

[1] 朱显平、李天籽：《东北亚区域能源合作研究》，吉林人民出版社2006年版，第206页。

[2] 《东盟与中日韩能源部长会议举行》，《人民日报》2007年8月25日第3版。

2013年的GDP单位能耗①为10,② 韩国为6.2,③ 中国则只有5.3。④ 尽管中、日、韩的产业结构有所不同,但也足以说明日本的能源利用效率远远高于中国和韩国。如果日本能适当转让相关技术,中国与韩国的能源利用率将大大提高,这就意味着能源消费量可大为减少,同时能源消费所产生的碳排放等问题也能得到极大地缓解,从而既能缓解本地区的竞争,又能提高东北亚各国的能源安全度。

上述风险和共同利益,其实也为东北亚地区的能源合作指明了可以探讨的合作议题。具体问题大致包括基础设施的互联互通、对俄共同开发、马六甲海峡安全、提高能效、开发清洁能源,以及不可忽视的朝鲜问题。

(三)"一带一路"为东北亚能源安全合作提供了新的机遇

根据基欧汉的观点,合作就是一个相互调整政策的过程。当一国政府遵从的政策被另外国家的政府视为能够促进它们自身目标的相互认识时,政府间的合作就会发生。⑤ 东北亚能源合作过去推推停停、推而不动,与东北亚国家各自为政的能源政策有关。中国提出的促进欧亚大陆合作的"一带一路"倡议,寻求以经济合作和人文交流为主线,以互联互通和贸易投资便利化为优先方向,在平等协商、循序渐进的基础上与沿线国家共同打造合作共赢的利益共同体、命运共同体⑥,因此是一个包容性巨大的平台,为东北亚地区的能源合作提供了新的空间和机会。

---

① 平均每千克石油当量的能源消耗所产生的GDP。
② 世界银行数据库,http://data.worldbank.org.cn/indicator/EG.GDP.PUSE.KO.PP.KD/countries/1W-JP? display = graph。
③ http://data.worldbank.org.cn/indicator/EG.GDP.PUSE.KO.PP.KD/countries/1W-KR? display = graph.
④ http://data.worldbank.org.cn/indicator/EG.GDP.PUSE.KO.PP.KD/countries/1W-CN? display = graph.
⑤ [美]罗伯特·基欧汉:《霸权之后:世界政治经济中的合作与纷争》,第52页。
⑥ 王金波:《"一带一路"建设与东盟地区的自由贸易区安排》,社会科学文献出版社2015年版,第2页。

首先，能源合作是"一带一路"的重要内容。能源合作的基础是政策与认知上的互联互通，而互联互通也正是"一带一路"倡议的核心。能源基础建设的互联互通包括跨国电网和油气管道建设等，油气管道的互联互通是中、日、韩各国的共同追求，今后可以作为区域的重点项目。另外，互联互通还涉及对俄罗斯远东地区以及中亚国家等地区油气资源的共同开发，俄罗斯和中亚地区是"一带一路"倡议的重要区域，油气资源丰富，可以为东北亚能源合作提供物质基础。而且，美国、欧洲等能源消费区都有自己的域内能源保障，2015年，北美三国产油9.103亿吨，消费10.363亿吨；生产天然气9520亿立方米，消费9323亿立方米，生产与消费能够基本达到平衡。虽然美国的进口量很大，但加拿大99%的出口石油和100%的出口天然气，墨西哥57.3%的出口石油和100%的出口天然气运往美国，因此美国的油气需求缺口基本上能通过两个邻国得到弥补。然而，与俄罗斯接壤的东北亚却还未形成区域保障能力，而这方面的合作也符合俄罗斯以及中亚各国的利益。俄罗斯近些年来就一直强调要大力提高向远东太平洋地区油气出口的比重，甚至还计划将出口到亚太地区的份额大幅提升，到2034年俄罗斯所有能源出口中的23%、本土所产的32%的原油和31%的天然气将出口至亚太地区。[①]以油气资源立国的中亚诸国也愿将其发展战略与"一带一路"进行对接，这为东北亚区域能源合作体系的建立奠定了良好的基础。

另外，"一带一路"成员国与《能源宪章条约》组织成员国较为重合。《能源宪章条约》是一个国际性的多边能源协定，成员国和观察员包括多数发达国家和发展中国家及东欧的原社会主义国家。《能源宪章条约》致力于在成员国之间建立一个真正开放的、非歧视性的能源市场，协调能源领域的政策和实施，以及开展保护地球环境的友好合作。这个具有法律约束力的能源多边条约，关系到保护能源领域的投资，能源原料、产品和相关设备的自由贸易和自由过境运输，政

---

① 《俄罗斯能源部发布2035年前能源战略草案》，国家能源局网站，2014年2月19日，http://www.nea.gov.cn/2014-02/19/c_133126038.htm。

府间或投资者与东道国发生的国际仲裁等。其主要目的是建立一个法律框架来促进长期的能源合作,为能源生产国提供安全的能源市场,稳定能源消费国的能源供应。① 在能源投资方面,《能源宪章条约》具有与双边投资保护条约类似的促进和保护外国投资的作用。在争端解决机制方面,条约已经成为从事国际能源投资活动的投资者保护其合法权益的有效途径。②

最后,"一带一路"的线路与东北亚能源进口的线路有很大的重合性。无论是在安全方面还是合作方面,都可以起到相互促进的作用。

总之,以政策沟通、设施联通、贸易畅通、资金融通、民心相通为主要内容的"一带一路"倡议,为域内各国相关政策的调整与对接以及利益融合提供了有力的支持。在能源合作方面,相关国家既为"一带一路"成员国又为《能源宪章条约》组织成员国的双重身份,使得"一带一路"有了借助《能源宪章条约》组织来解决问题和推动合作的便利。当然,"一带一路"不可能解决所有问题,也不可能存在一个能够解决所有问题的方案,但它仍然是目前覆盖面最广、推动东北亚能源合作最有力的倡议。

参考文献:

[1] 付丽颖:《亚洲溢价——中日能源的共同困境》,《日本学论坛》2006年第1期。

[2] 刘舸:《东北亚能源安全局势与韩国的战略选择》,《当代韩国》2009年第6期。

[3] 钱兴坤、姜学峰:《2015年国内外油气行业发展概述及2016年展望》,《国际石油经济》2016年第1期。

[4] 潜旭明:《"一带一路"战略背景下与中东的能源合作》,时事出版社2016年版。

---

① 朱显平、李天籽:《东北亚区域能源合作研究》,第74页。
② 潜旭明:《"一带一路"战略背景下与中东的能源合作》,时事出版社2016年版,第43页。

［5］王金波：《"一带一路"建设与东盟地区的自由贸易区安排》，社会科学文献出版社 2015 年版。

［6］伍福佐：《中日能源竞争与合作之结构现实主义诠释》，《国际论坛》2005 年第 5 期。

［7］许勤华、王红军：《亚太经合组织多边能源合作与中国》，《现代国际关系》2009 年第 12 期。

［8］徐斌、黄少卿：《从双边博弈到多边合作——中日俄石油管线争端的案例研究》，《世界经济与政治》2010 年第 3 期。

［9］杨泽伟：《"东北亚能源共同体"法律框架初探》，《法学》2006 年第 4 期。

［10］张宁：《东亚能源安全困境与出路》，《江南社会学院学报》2005 年第 4 期。

［11］朱建荣主编：《东亚能源合作：寻求共同繁荣之路》，上海人民出版社 2012 年版。

［12］朱显平、李天籽：《东北亚区域能源合作研究》，吉林人民出版社 2006 年版。

［13］［美］肯尼思·华尔兹：《国际政治理论》，信强译，上海人民出版社 2003 年版。

［14］［美］罗伯特·基欧汉：《霸权之后：世界政治经济中的合作与纷争》，苏长和、信强、何曜译，上海人民出版社 2012 年版。

"一带一路"与东北亚能源安全合作机制建设

郭 霞 朴光姬[*]

内容提要：文章选取了北美和欧盟两个世界上最大的区域经济集团，通过考察其能源安全合作机制建设路径，认为持续且稳定的能源贸易与投资、兼容互补的相关能源产业合作和不断累积的政治互信是构建东北亚能源安全合作机制的三个基础条件。根据不同的区域环境，三个基础条件在机制建设过程中的权重不同。东北亚能源安全合作机制虽被探讨已久，但仍未实现。目前世界能源发展经历着重要转变，技术和创新引领的能源变革以及由此带来的能源地缘政治和经济新变化，成为区域能源安全合作的新背景。中国提出的"一带一路"倡议为东北亚能源安全合作机制建设提供了公共产品，通过政策沟通、设施联通、贸易畅通、资金融通和民心相通，将补齐机制建设的"短板"，而且中国能够起到引领作用。

关键词："一带一路"，东北亚，能源安全合作机制

作为东亚经济增长的核心区域，能源安全成为区域内各国政策的重要议题，区域性能源合作机制是实现能源安全的有效途径。同时，在新技术的引领下，当今世界能源版图正发生着新的变化，东北亚地区的地缘政治、经济和文化环境也处于新的变化阶段里。然而，构建

---

[*] 郭霞，中国社会科学院亚太与全球战略研究院博士后，研究方向：美国经济政策。朴光姬，中国社会科学院亚太与全球战略研究院研究员，主要从事区域经济、能源研究。

东北亚能源安全合作机制似乎是知易行难,多年来,一直处于"空中楼阁"的状态。实际上,缺乏相关的一系列区域性公共产品供给,是东北亚能源安全合作机制建设的"短板"。中国提出并实施的"一带一路"倡议,通过政策沟通、设施联通、贸易畅通、资金融通和民心相通的功能性路径,将有助于实现东北亚能源安全合作机制的制度性路径转向。

一 问题的提出、概念界定及相关文献

这里先界定相关概念并回溯有关研究,作为本文分析的基础。

(一) 问题的提出

作为全球次区域,东北亚地区应该是一个特别的存在。在东北亚地区 2020 万平方公里的范围内,既存在着俄罗斯、中国和日本三个大国,也存在着被三个大国夹在中间的蒙古国、韩国和朝鲜三个中小国家;既存在着社会主义政治制度,也存在着资本主义政治制度;既存在日本、韩国和中国三个能源需求大国,也存在着俄罗斯和蒙古国两个能源供应国。就中国而言,与东北亚地区的其他五国均有共同边界,要实现与周边国家建设命运共同体的外交战略,稳步推进"一带一路"倡议,东北亚邻国应该是首发之地。[①]

近些年来,东北亚经济的持续增长带动了能源需求的持续增加,尤其以中、日、韩为代表。能源持续而稳定的供应,价格波动,运输安全及使用安全等问题,也随之成为困扰能源需求国的重要能源安全问题。作为区域内能源供应国的俄罗斯和蒙古国,也致力于谋求自身的能源安全。然而,无论能源需求国,还是能源供应国,均无法单方面承担保障区域能源安全的重任。在目前的后经济危机时期,世界经济仍处于深度结构调整之中,其中传统能源的清洁利用研发,可替代

---

① 文中关于东北亚区域环境的描述受中国社会科学院亚太与全球战略研究院朴键一老师在战略论坛上的演讲"关于东北亚地区秩序的思考"的启发。

能源开发和能源对环境的影响及应对,日益成为各国能源安全的核心议题。同时,由于技术和创新的引领,世界能源版图正发生着新的变化。在上述背景之下,东北亚的能源安全合作机制建设是亟待解决的重要问题。然而,长期以来,覆盖东北亚区域的能源安全合作机制始终没有建立起来。

实际上,缺乏相关的一系列区域性公共产品供给,是影响东北亚能源安全合作机制建设的主要制约因素。中国提出并实施的"一带一路"倡议,通过政策沟通、设施联通、贸易畅通、资金融通和民心相通,将为东北亚能源安全合作提供可行的公共产品。具体来说,立足于经济合作的角度,"一带一路"倡议将带动中国与东北亚邻国在能源领域的合作,随着能源贸易、投资和融资的全面展开,能源安全合作的基础才能得以建立和巩固,同时,相互之间的政治信任度也会逐步加深。基于上述功能性路径,才有可能实现向制度化路径的转向,即构建东北亚能源安全合作机制。

(二) 概念界定

在国际问题研究中,东北亚并非严格的地理科学区域概念,而是一个大致包括中国东北部(含台湾北半部)、蒙古国的东北部、俄罗斯外贝加尔和远东地区、朝鲜、韩国、日本在内的地缘政治和经济概念。[①] 虽然中国、蒙古国和俄罗斯只是部分地区在东北亚范围内,但是东北亚区域能源安全与合作的参与主体一般为主权国家,因而,本文所指的东北亚地区包括中国、蒙古国、俄罗斯、朝鲜、韩国和日本六个国家。

关于能源安全的概念,国际能源署将其定义为在可负担的价格水平下能源的持续可用性。同时指出,长期的能源安全主要指适时地投资,保证能源供应满足经济发展以及环境的需要;短期的能源安全则

---

① 朴键一:《中国周边安全环境与朝鲜半岛问题》,中央民族大学出版社2013年版,第99页。

聚焦于能源系统对供求平衡突变的快速反应能力上。① 实际上,目前能源安全的概念在不断拓展和深化。本文中的能源安全主要包括传统能源安全和非传统能源安全。传统能源安全包括能源的供应安全、需求安全和运输安全,正如丹尼尔·耶金所说,以合理的价格获得充足且可靠的供应,从而不危及主要的国家价值和目标;非传统能源安全指能源生产、运输和消费中的安全和对环境的安全,前者例如核能开发中的安全,后者指能源对环境的影响。②

(三) 以往研究综述

学术界对东北亚能源安全合作机制的研究,多从地缘政治和经济的角度,定位于实践操作层面,具体分为东北亚能源安全合作机制的可能性、必要性、主要挑战、合作前景和建设的政策建议。相关的理论性研究并不多见。③

在立足于实践操作层面的研究中,对于东北亚能源合作的可能性,多数学者认为,在东北亚地区,能源供应国与需求国之间,能源需求国之间普遍具有比较优势。例如,作为能源需求大国的中、日、韩三国,日本和韩国的比较优势主要在于能源应用(核电、节能、环保、开发新能源等)的先进技术以及比较丰富的石油储备经验。而中国目前在劳动力成本、地理位置,尤其在勘探技术等方面具有自身的优势,而且对能源应用的现金技术有很大的需求。④ 关于合作的必要性,由于能源生产国和消费国共存于世界石油市场,无论能源生产国还是消费国,都无法单独保障本国的能源安全。同时,消费国之间又存在着竞争与合作。因此,能源安全合作既可以防止能源供应中断,

---

① IEA, Energy Security, http://www.iea.org/topics/energysecurity/ (2016 年 5 月 16 日)。

② Paul B. Stares, ed., 2000, Rethinking Energy Security in East Asia, Japan Center for International Exchange.

③ 王浩、王琦、郭晓立:《东北亚能源安全合作研究的理论综述》,《现代情报》2010 年第 6 期。

④ 杨泽伟:《中国能源安全问题:挑战与应对》,《世界经济与政治》2008 年第 8 期。

也可以避免消费国之间为获得能源而展开恶性竞争。① 合作可以实现共赢，而暗争只能带来互损，这已经逐渐成为东北亚各国的共识。在应对中东石油"亚洲溢价"等共同问题上，东北亚国家合作的必要性凸显。② 东北亚能源安全合作在具有可能性和必要性的同时，也面临着重重挑战，主要在于地区内复杂的地缘政治。东北亚国家具有不同的政治体制、经济体制以及意识形态。冷战以来的地区安全结构依然存在着消极影响。国家之间有着悬而未决的历史问题和领土争端。区域意识薄弱、缺乏地区认同，同时，也深受美国因素的影响，还存在领导权问题等。③ 尽管存在着种种障碍因素，但是多数研究对东北亚能源安全合作还是持肯定态度的，认为合作前景广阔，并进一步指出合作的领域，如扩大东北亚区域内的能源贸易，建立石油应急储备体系，建设天然气管道以及在节能、环保等方面进行合作。加强各国的政策协商，开展共同研究，开展各国能源企业之间的合作。④ 还应当立足于世界能源全局，在提升中国国际能源市场竞争力的同时，围绕东北亚各国共同利益，对一时难以解决的问题搁置争端，从一些现实可行的合作做起，建立相应的合作机制，逐步巩固并扩大合作。⑤ 能源合作需要借助区域性的机制，以实现协调和沟通。能源共同体是十多年前最具代表性的机制框架，关于能源共同体的构建，学者们提出了包括组织协调体系、信息咨询体系、投资融资体系、生产储运体系以及共同市场体系在内的详细建议。⑥ 如果将东北亚能源共同体建设的研究比作建造阁楼，建阁楼的可能性、必要性、建设展望及建一

---

① 韩立华：《中国、日本与韩国在东北亚的能源合作》，《国际贸易》2005年第10期。
② 徐海燕、鲍建军：《后金融危机时期油价走势与东北亚能源战略合作》，《复旦学报》（社会科学版）2011年第3期。
③ 杨泽伟：《中国能源安全问题：挑战与应对》，《世界经济与政治》2008年第8期。
④ 朱显平、李天籽：《东北亚地区能源合作研究》，《吉林大学社会科学学报》2006年第3期。
⑤ 张斌：《由分散竞争到合作共赢——建构东北亚能源合作机制论析》，《社会科学战线》2007年第4期。
⑥ 陈志恒、金京淑：《东北亚能源安全与东北亚能源共同体探讨》，《东北亚论坛》2005年第11期。

个什么样的阁楼等,都是上述研究所要探讨的内容,但截至目前,能源共同体或其他区域性的能源安全合作机制尚未建立起来。既然这样,倒不如换一个角度,分析一下如何建设的问题。

借鉴以上实践操作层面的研究,本文拟从分析北美以及欧盟两大区域性经济组织的能源安全合作入手,分析两大区域经济集团能源安全合作机制的演化路径。在此基础上,结合目前后经济危机时期的能源领域新变化,尝试发现东北亚能源安全合作机制建构的路径选择。然后,考察"一带一路"倡议对东北亚能源安全合作机制建构的意义与作用。最后是结论。

二 能源安全合作机制建设的路径

在全球范围内,按照参与国的能源市场角色分类,存在着多种能源安全合作机制,既有能源供应国之间的,也有能源需求国之间的,还有能源供应国与需求国之间的。本文选取北美和欧盟的能源安全合作机制,作为分析的对象,因为这两个地区基本上是能源供应国与需求国之间的合作,与东北亚能源安全合作机制中的国家类型相近。

要考察北美和欧盟的能源安全合作机制演化路径,需要从分析两大集团内国家之间的经济联系入手,正是国家之间的经济联系使能源贸易与投资成为可能。随着能源贸易和投资的发展,国与国之间相关能源产业日益呈现出一体化趋势,同时,国家之间的信任度增强,能源安全合作成为可能。能源安全合作机制的构建正是上述三方面因素所产生的溢出效应,即能源贸易投资发展,能源产业一体化趋势加深和国家之间政治信任加强。因此,可以说,北美和欧盟的能源安全合作机制建设基本上从内嵌于经济集团的经济合作框架协定起步。

(一)《北美自由贸易协定》下的能源安全合作机制演化路径

《北美自由贸易协定》签署之前,《美加自由贸易协定》已于1989年1月1日生效,并成为之后《北美自由贸易协定》的文本参照。《美加自由贸易协定》第九章规定了能源产品贸易规则,其中详细界定了两国能源供应的数量可持续和价格稳定性。在数量可持续性方面,规定除非出现能源枯竭,为了保障国内储备或在受到军事威胁等极其特殊的情况下,双方都不得对双边能源进出口贸易进行任何形式的数量或价格限制。而且,在实施这种限制时,限制方必须保证对方能获得过去36个月内其在本国能源供应中所占有的份额的能源供应。① 尽管两国对能源贸易的政府干预一直存在,但是《美加自由贸易协定》中的能源产品贸易规则基本上实现了两国的基本诉求,即美国寻求稳定的能源供应,而加拿大需要稳定的能源出口市场。基于此,在完善相关文本的基础上,《北美自由贸易协定》的第二部分——货物贸易中的第六章,规定了能源和基本石化产品贸易的相关条款。该条款通过限制成员方在能源贸易中采取任何限制能源自由贸易的条款,如数量限制、禁止最低或最高价格以及允许数量限制的前提条件等,保障了区域内能源与基本石化产品的自由贸易,保障了能源供应的稳定性如采取数量限制,同时,作为石油净输出国的加拿大和墨西哥,也获得了保障,能够以公平的价格长期供应美国市场,获得稳定的贸易收益。②

在《北美自由贸易协定》之下,北美能源安全合作日益紧密化。加拿大和墨西哥一直担当着美国首要的原油供应国角色;墨西哥从美国进口石油炼化产品;美国和加拿大通过统一电网共享电力。近年来,在技术更新的引领下,美国大规模开发页岩气,加拿大的油砂转化为原油。同时,墨西哥进行能源改革,开发油气资源。美、加、墨能源贸易不断发生变化,也出现了美、加因拱心石 XL(Keystone XL)输油管道问题而产生的分歧。③ 然而,在《北美自由贸易协定》的机制下,分歧并未阻挡北美能源安全合作的进程。2014年12月,美国、加拿大和墨西哥签订了能源信息合作的三方谅解备忘录,创设了三国关于能源的一个制度性框架。借助此框架,成员之间可实现磋商

---

① 周茂荣:《美加自由贸易协定研究》,武汉大学出版社1993年版,第87—88页。
② 李艳丽:《NAFTA 中的能源条款与美国石油安全》,《特区经济》2008年第1期。
③ [美]香农·奥尼尔:《美加墨合作与分歧并存》,《中国能源报》2014年3月3日第5版。

和公开信息的共享,并推进现有的信息改进和北美地区能源展望方面的对话、合作以及成果发布。三国相关部门组成的工作组主要集中于四方面的工作:(1)比较、确定及改进各自的能源进出口信息;(2)共享公开的有关能源基础设施的地理空间信息;(3)交流观点及共享预期的跨边界能源流动信息;(4)统一能源产品的术语、概念和定义。[①]

20多年来,美、加、墨三国所组成的北美区域性能源市场得以形成和持续发展,《北美自由贸易协定》是促进其能源市场自由竞争和扩展市场规模的制度性基础。在这一制度性基础之上,借助能源供应国与需求国之间较强的互补性,能源贸易不断增加,三国在相关能源产业合作紧密,政治信任深化,能源安全合作机制成为自然而然的结果。各成员国不仅在能源安全上得到保障,而且区域性能源安全合作机制得以构建并实现了与时俱进的发展。

(二)欧盟的能源安全合作机制演化路径

作为全球最大的能源进口地区,欧盟53%的能源依靠进口,年进口额达到4000亿欧元。欧盟94%的交通运输依靠石油产品。原油进口依赖度超过90%,天然气进口依赖度也达到66%。[②] 欧盟框架下能源安全合作的演化轨迹可追溯至20世纪50年代。

第二次世界大战结束之后的十几年间,随着西欧国家经济的发展,以煤炭和石油为主的能源短缺成为能源政策需要解决的主要问题。1951年4月18日,比利时、联邦德国、法国、意大利、卢森堡和荷兰六国签署了《欧洲煤钢共同体条约》,致力于共同体内煤钢生产、投资以及价格等的调控。在能源供给方面进行合作,这是经济一体化的第一阶段,成员国同意在共同体内促进煤炭和钢铁的自由

[①] EIA, North American Cooperation on Energy Information (NACEI), http://www.eia.gov/special/trilat/? src = - fl (2016年5月13日)。

[②] Energy Union and Climate Change Policy, https://ec.europa.eu/priorities/sites/beta-political/files/energy-union-1-year_ en. pdf (2016年5月14日)。

贸易。① 1957年3月25日，上述几个国家签署了《罗马条约》，决定设立欧洲经济共同体，将欧洲一体化扩展到一般性的经济合作上，实现商品、服务、劳务和资本在共同市场上的自由流动，同时，实行统一的对外关税。《罗马条约》的另一个任务是决定设立欧洲原子能共同体，联合开发核能。20世纪70年代的石油危机导致石油供给安全形势不明朗，欧洲的能源多元化转向核能和天然气，起点位于挪威、阿尔及利亚和苏联的长距离天然气管道不断延伸，直至欧洲市场。②1992年2月7日，欧洲12国签署了《马斯特里赫特条约》，决定成立欧盟。这标志着欧洲煤钢共同体、欧洲原子能共同体和欧洲经济共同体的欧洲一体化进程进入一个新的阶段。该条约旨在为欧洲货币联盟做准备，同时致力于引进政治联盟（公民权利、共同的外交和内部事务政策）。该条约规定了共同决议程序，并在决策方面给予欧盟议会更多的发言权。欧盟各国政府之间的新型合作涉及如国防、法律制度以及国内事务方面。在欧盟框架下的机构中遍布着能源部门。

表1　　　　　　　　　　欧盟机构中的能源部门

欧盟机构	能源部门
欧洲议会	工业、研究和能源委员会
欧盟理事会	交通、电信和能源部分
欧盟委员会	能源部分
欧洲经济和社会委员会	交通、能源、基础设施和信息
地区委员会	环境、气候变化和能源委员会
欧洲投资银行	欧洲投资银行和能源部门
欧洲机构	欧洲原子能共同体供应局 ITER与核聚变能源发展欧洲联合执行中心 欧洲中小型企业执行机构

资料来源：根据欧盟网站资料整理。

---

① ［美］卡罗·A. 达哈尔：《国际能源市场：价格、政策与利润》，丁晖、王震、郭海涛译，石油工业出版社2008年版，第219页。
② 同上书，第242页。

近年来，面对能源需求的增长，能源价格出现波动和供应面临中断，尤其一些欧盟国家单一依靠俄罗斯供应天然气，高度的依赖性导致了能源供应中断的脆弱性。2009 年，俄罗斯和过境国乌克兰出现纷争，很多欧盟国家因此陷入严重的能源短缺境地。另外，还有能源对环境的影响问题。为了应对这些问题，欧盟认识到需要一个清晰的欧盟能源战略，以实现能源供应安全，能源价格具有竞争性以及保持能源的可持续性。2014 年 5 月，欧盟委员会发布了它的能源安全战略，以确保为欧洲公民和经济提供稳定且充裕的能源供应。[①] 2015 年 2 月 25 日，欧盟委员会提出了一个框架性战略，设立具有前瞻性气候变化政策的弹性能源联盟。在 2015 年 3 月 20 日召开的欧盟峰会上，欧盟领导人决定设立能源联盟。

能源联盟战略标志着欧盟能源安全合作机制旨在确保欧盟国家能够获得安全的、可负担的以及气候友好型的能源，由高度相关及相互补充的五个方面组成：能源供应安全，多样化能源来源；完全相互协调的内部能源市场；能源效率提升，减少能源进口；应对气候变化，鼓励私人投资于新基础设施和技术；支持低碳技术的研究与创新。[②] 目前，欧盟委员会已开始实施欧洲能源联盟计划。以实现能源在欧盟区域内国家间的自由流动，新的技术和能源效率措施以及更新的基础设施能够有助于降低家庭能源支出，创造新的工作岗位，促进经济增长和出口。欧洲将成为可持续的、低碳和环境友好型经济体，将在可再生能源生产和应对全球变暖方面起到引领作用，能源联盟将有助于欧洲在全球能源事务中发出一个声音，提升话语权。能源联盟将致力于构建欧盟能源政策，包括 2030 年能源和气候框架以及能源安全战略。

在欧盟能源安全合作机制的演化进程中，欧盟的主要条约在不同的阶段起到了机制性保障作用。这一机制成为能源贸易与投资，能源相关产业兼容互补和政治互信的基础。欧盟的能源安全合作机制已超

---

① Energy Security Strategy, http：//ec. europa. eu/energy/en/topics/energy-strategy/energy-security-strategy.

② Energy Union and Climate, http：//ec. europa. eu/priorities/energy-union-and-climate_en.

越了传统的能源安全合作范畴,在诸如能源对环境的影响等非传统的能源安全领域,欧盟的合作机制超前。而且,基于多数能源消费国的实际,欧盟的能源安全合作机制已充分一体化,用一个声音与区域外能源供应国展开对话。

分析北美和欧盟能源安全合作机制演化的一般性路径,可以发现,在经济贸易协定的基本框架下,持续的能源贸易与投资,兼容互补的相关能源产业合作以及不断累积的政治互信是区域性能源安全合作机制建设的基础性条件。而且,这三个基础性条件由于区域的具体情况不同,在区域能源安全合作机制建立和稳定成长的过程中,发挥着不同权重的作用。

三 "一带一路"与东北亚能源安全合作机制的构建

(一) 东北亚能源安全合作机制建设的相关问题

学术界探讨多年的东北亚能源共同体至今没有建立起来。目前,构建东北亚能源安全合作机制主要存在如下几方面的问题。

首先,大国博弈似乎成为东北亚地区的常态。进入新世纪以来,伴随着中国的崛起,日本担忧其在亚洲的核心地位受到威胁,俄罗斯意图重新掌控东北亚传统的势力范围,区域外的美国通过与日韩的盟友关系,对东北亚实施地区力量平衡干预。可以说,大国博弈加剧了东北亚地区的能源战略紧张。能源竞争与互疑外溢到战略竞争上,加剧了主要国家之间政治和战略关系的紧张;战略紧张又激发了对能源的竞争与争夺,阻碍了国家之间保障能源安全的共同合作。[1]

其次,长期以来,东北亚能源需求国之间竞争大于合作,能源供应国与能源需求国之间缺乏持续且稳定的能源贸易及投资。具体来说,作为能源需求国的中、日、韩三国,各自运用国家的力量,致力于保证国家的能源安全。为维系持续且稳定的能源供应以及能源来源

---

[1] 王双:《东北亚地区能源合作:问题、挑战及前景——地缘政治经济学视角》,博士学位论文,上海社会科学院,2012年。

多元化，在能源市场上不免会展开恶性竞争。而恶性竞争则分化了合作，其结果是任何一方都不是赢家。三国严重依赖中东石油，却不得不接受"亚洲溢价"就是一个典型的例子。为了获得俄罗斯东西伯利亚的原油供应，中日出现了"安大线"与"安纳线"之争。区域内能源需求国与能源供应国之间也缺乏均衡且稳定的能源贸易与投资，能源需求国常常参与油气资源的争夺，而能源供应国则在能源需求国的相互竞争中两面下注。

再次，东北亚地区的能源基础设施不完备，尤其是俄罗斯和蒙古国，作为本区域内的能源供应国，能源开发和运输的基础设施相对薄弱。能源基础设施是能源安全的重要基础，需要投入大量资金，其中用于能源运输的跨国管道等又涉及国家安全等敏感问题。缺乏机制性保障，地区性的能源安全合作困难重重。

最后，东北亚多个国家之间普遍存在着历史及领土主权问题。例如，中日两国既有历史问题又有中日东海划界与钓鱼岛争端，中韩两国存在海洋争端，日韩存在历史问题和独岛争端，日俄也存在岛屿争端。多层次的双边领土主权问题降低了国家之间的政治互信度，离散了区域性能源合作的向心力。

（二）东北亚能源安全合作机制建设与"一带一路"

不妨将北美和欧盟构建区域性能源安全合作机制的三个基础性条件，即持续且稳定的能源贸易与投资，兼容互补的相关能源产业合作以及不断加深的政治互信，用于分析东北亚地区。

第一，东北亚地区不具备区域性的贸易协定，区域内的贸易和投资活动缺乏制度性保障，相应的区域性能源贸易与投资较少。反而是在双边领域，贸易协定的签署近来相对活跃。如2015年底生效的《中韩自由贸易协定》，日本与蒙古国于2015年2月签署的《经济伙伴关系协定》。其中，中韩已在节能和提高能效方面开展合作，2014年7月初，两国领导人又明确要将两国能源合作扩大至全领域，随后，两国能源合作愈加深化。2014年7月底，两国建立了"中韩产业合作部长级对话"机制，其中能源领域合作是交流的重要内容。

2014年8月,总部位于银川的哈纳斯集团与韩国SK集团达成全面合作协议。这种形式逐渐扩展至中、日、韩三个能源消费大国,21世纪初,中、日、韩合作机制启动,合作领域有政治安全、经贸、可持续发展等,其中能源方面的合作未被专门提出,仅散见于个别领域的合作中。另外,《中日韩投资协定》已于2014年5月17日生效。如何拓展中、日、韩合作至全面的能源领域,如何将双边和三边合作向多边扩展,进而发展为区域性的合作机制,成为东北亚能源安全合作机制建设需要面对的问题。

第二,长期以来,区域内缺乏兼容互补的相关能源产业合作。个别国家之间的能源产业合作也处于刚刚起步的状态,既没有形成规模化,也谈不上兼容互补。实际上,在能源产业的上、中、下游,东北亚地区国家都能根据各自的比较优势,找到合作的领域。俄罗斯和蒙古国两个能源供应国,其能源储藏丰富,但勘测和开发面临技术及资金的困难。而能源勘测技术是中国的专长,日本和韩国在石油炼化技术以及矿产品深加工等领域具有技术优势。即使是经济处于相对封闭状态的朝鲜,也有丰富的矿产资源。然而,其电力缺乏是一个大问题,到了要动用国家力量来解决的地步。而电力需求占亚洲78%的中、韩、日、俄四国,正在推动东北亚电力联网合作,2015年3月底,中国国家电网公司、韩国电力公社、日本软银集团、俄罗斯电网公司签署《东北亚电力联网合作备忘录》,将优化电力配置能力,促进地区电力贸易与能源合作。[①] 如果朝鲜能够加入合作框架,其电力短缺问题可望得到根本性的改观。

第三,东北亚地区国家之间的政治信任度较浅。由于特殊的地缘政治因素,东北亚国家之间的政治互信本就脆弱,地区认同感较低。加之区域性的能源贸易与投资相对较少,相关的能源产业合作也不多见,能源安全合作自然少有提及。在这种情形下,区域内国家也就缺少加深政治互信的机会。政治互信本就脆弱,加上缺乏正向累积的机

---

① 《东北亚电力联网签署备忘录推进全球能源互联网建设》,中央政府门户网站,http://www.gov.cn/xinwen/2016-03/30/content_ 5059890.htm(2016-03-30)。

会，能源安全合作机制的建立难上加难。基于东北亚陆地面积占75%的事实，一般来说，其经济贸易应主要借助陆上交通，能源贸易则要依靠能源输送管道。实际上，东北亚的跨境能源运输网管建设滞后，政治互信的成本是能源合作难以承受之重。东北亚主要国家之间的能源合作，带有深厚的地缘政治色彩，往往成为国家进行地缘政治博弈的工具。作为区域内天然气供应大国，俄罗斯与中、日、韩三国之间的天然气管道项目一直在政治互信的漩涡中沉浮。

在没有区域性经济贸易协定这一基本框架下，区域能源安全合作机制建设的三个基础性条件均为东北亚地区的"短板"。中国提出的"一带一路"倡议，致力于维护全球自由贸易体系和开放型世界经济，与沿线各国共同打造开放、包容、均衡、普惠的区域经济合作架构。主要突出共商、共建、共享原则，积极推进沿线国家发展战略的相互对接，旨在打造政治互信、经济融合、文化包容的利益共同体、命运共同体和责任共同体。[①] 因而，"一带一路"倡议将对促进东北亚地区的能源安全合作机制建设产生直接而深远的影响。

（三）"一带一路"对东北亚能源安全合作机制建设的作用

第一，"一带一路"有利于补齐东北亚能源安全合作机制建设的"短板"。

中国提出的"一带一路"倡议通过政策沟通、设施联通、贸易畅通、资金融通和民心相通，为东北亚能源安全合作机制建设提供了公共产品，将补齐能源安全合作机制建设的"短板"。

在经济层面上，设施联通、贸易畅通和资金融通都是促进区域经济合作，实现共同发展的有效途径。在设施联通中，能源基础设施互联互通是重点。包括共同维护输油、输气管道等运输通道安全，推进跨境电力与输电通道建设，积极开展区域电网升级改造合作等。贸易畅通是为

---

① 《经国务院授权 三部委联合发布推动共建"一带一路"的愿景与行动》，中央政府门户网站，http：//www.gov.cn/xinwen/2015－03/28/content_ 2839723.htm（2015－03－28）。

了研究解决投资贸易便利化问题。其中在能源领域,要拓展相互投资领域,要在传统能源勘测,清洁、可再生能源发展,能源就地就近加工转化等方面加强合作,要形成能源合作上、下游一体化产业链。资金融通是"一带一路"建设的重要支撑。丝路基金和亚投行将支持"一带一路"中的能源基础设施建设。在政治层面上,政策沟通的重点在于加强官方沟通与交流,促进政治互信;民心相通则指要扩大民间交流,增强民间信任感。政策沟通与民心相通都有利于增强国家之间的政治互信。①

"一带一路"倡议的机制设计将有助于补齐东北亚能源安全合作机制建设的"短板"。"一带一路"在推进过程中,已经与俄罗斯的"欧亚经济联盟"和蒙古国的"草原之路"相对接。同时,基于中、蒙、俄三方就建设中、蒙、俄经济走廊达成的重要共识,中、蒙、俄已经召开了"建设中蒙俄经济走廊规划纲要"联合编制工作组司局级会议,完成了对接三方发展战略的统一稿。在能源合作的实际操作层面,2015年初,神华集团、蒙古资源能源公司和日本住友商事株式会社组成的联合体在塔温陶勒盖煤矿的最新一轮招标中获得最高评分,获得同蒙古国政府开展下一步协商的资格。②

第二,中国将成为东北亚能源安全合作机制的引领力量。

世界能源的发展正处于重要的转变期。首先,技术创新带来了能源转型,能源的相互替代性增加,由此带来了世界能源供应向多元化转变。在石油和天然气领域,以生产页岩气和页岩油的定向钻井和水力压力技术为代表。短期内,数字技术具有极大潜力来驱动深远的变化,为能源供应和消费变得更安全、更可靠和更具有成本效益提供更多的机会。③ 其次,出于对气候变化和环保的关注,传统能源的清洁

---

① 《经国务院授权 三部委联合发布推动共建"一带一路"的愿景与行动》,中央政府门户网站,http://www.gov.cn/xinwen/2015-03/28/content_2839723.htm(2015-03-28)。

② 商务部:《对外投资合作国别(地区)指南·蒙古国》(2015),http://images.mofcom.gov.cn/mn/201512/20151210155815172.pdf(2016年5月6日)。

③ 《BP技术展望》,2015年11月,http://www.bp.com/content/dam/bp-country/zh_cn/Publications/2015Technologyoutlook/BP%20technology%20outlook%20summary%20report%20final%20version.pdf(2016年5月8日)。

机制以及新能源的利用，在各国的能源政策中得到了充分重视。这些都为东北亚能源安全合作开辟了更多的领域，尤其在非传统能源安全方面，例如，清洁能源、替代能源以及能源效率等领域。

近年来，中国经济的迅速增长带动了能源进口的持续增加。作为世界能源消费大国，中国自身有开展能源安全合作的客观需求，这一诉求与日韩两个传统能源消费大国是一致的。在"一带一路"倡议中，中国发挥着首倡式的引领作用，在能源安全合作领域，中国也将担当引领角色。在成长为世界能源消费大国的过程中，中国自身经历了能源安全战略的转变，同时，也在积极参与国际能源治理。2006年，时任国家主席的胡锦涛提出"能源安全新观念"，强调"多元合作、互利共赢、协同保障"的能源安全观念，标志着能源安全战略由供给侧向多元化的转变。[1] 2015年2月，在主持中央财经领导小组第九次会议上，习近平主席强调，保障能源安全要密切跟踪当前国际能源市场出现的新情况、新变化，加快完善石油战略储备制度，推进能源价格、石油天然气体制等改革，大力发展非常规能源。[2] 2015年9月，国家主席习近平在联合国发展峰会上提到，中国倡议探讨构建全球能源互联网，推动以清洁和绿色方式满足全球电力需求。[3] 在参与国际能源治理的道路上，中国取得了一系列进展，2015年11月，中国正式成为国际能源署联盟国。2015年5月，中国签署了新的《国际能源宪章宣言》，成为签约观察员国。

因此，在"一带一路"的框架之内，中国能够发挥引领作用，促进东北亚国家区域内的能源贸易与产业合作，在合作中不断加深信任，这就具备了构建东北亚能源共同体的基础性条件，东北亚各国可以在此基础上，共同创建一种完整的合作体制。关于东北亚地区贸易

---

[1] 《中国能源外交的若干思考》，求是理论网，http://www.qstheory.cn/jj/xsdt/201308/t20130819_261410.htm（2013-08-09）。

[2] 《习近平总书记2015年重要讲话精神新思想、新观点、新论断》，新华网，http://news.xinhuanet.com/2015-08/11/c_1116213113.htm（2015-08-11）。

[3] 《2015年能源互联网回顾》，凤凰网，http://gz.ifeng.com/pinpaihuodong/wangluo/detail_2016_02/04/4763913_0.shtml，（2016-02-04）。

协定，鉴于中、日、韩是东北亚经济的中心和合作的重心，三国合作的发展和深化，可以为东北亚区域的合作奠定基础，提供经验，尤其是三国合作的制度化建设，将成为推动整个东北亚区域合作的中心和平台。[①] 因而，可以借鉴正在谈判中的《中日韩自由贸易协定》，将其作为东北亚贸易协定的参照框架。

四　结语

本文选取北美和欧盟两个世界上最大的区域经济集团，通过分析其能源安全合作机制的演化路径，认为持续且稳定的能源贸易与投资、兼容互补的相关能源产业合作和不断累积的政治互信是构建东北亚能源安全合作机制的三个基础性条件。

东北亚能源安全合作机制虽被探讨已久，但至今仍未能建立起来。主要面对的问题有大国博弈，区域内能源需求国之间竞争大于合作，能源供应国与能源需求国之间缺乏持续且稳定的能源贸易及投资，能源基础设施不完善以及国家之间存在历史与领土问题。若用北美和欧盟能源安全合作机制的三个基础性条件来分析东北亚的能源安全合作机制建设路径，东北亚地区不具备区域性的贸易协定，区域内的贸易和投资活动缺乏制度性保障，相应的区域性能源贸易与投资较少。区域内缺乏兼容互补的相关能源产业合作。国家之间的政治互信度较低。

目前世界能源发展正经历着重要转变，技术和创新所引领的能源变革以及由此带来的能源地缘政治和经济新变化，将成为区域能源安全合作的新背景。中国提出的"一带一路"倡议为东北亚能源安全合作机制建设提供了公共产品，通过政策沟通、设施联通、贸易畅通、资金融通和民心相通，将补齐机制建设的"短板"。随着"一带一路"倡议的推进，中国能够在东北亚能源安全合作机制的建设中担

---

① 张蕴岭：《中国参与和推动东北亚区域经济合作的战略选择》，《东北亚论坛》2013年第1期。

当引领者角色。

参考文献：

［1］陈志恒、金京淑：《东北亚能源安全与东北亚能源共同体探讨》，《东北亚论坛》2005年第11期。

［2］韩立华：《中国、日本与韩国在东北亚的能源合作》，《国际贸易》2005年第10期。

［3］李艳丽：《NAFTA中的能源条款与美国石油安全》，《特区经济》2008年第1期。

［4］朴键一：《中国周边安全环境与朝鲜半岛问题》，中央民族大学出版社2013年版。

［5］王浩、王琦、郭晓立：《东北亚能源安全合作研究的理论综述》，《现代情报》2010年第6期。

［6］徐海燕、鲍建军：《后金融危机时期油价走势与东北亚能源战略合作》，《复旦学报》（社会科学版）2011年第3期。

［7］杨泽伟：《中国能源安全问题：挑战与应对》，《世界经济与政治》2008年第8期。

［8］张斌：《由分散竞争到合作共赢——建构东北亚能源合作机制论析》，《社会科学战线》2007年第4期。

［9］张蕴岭：《中国参与和推动东北亚区域经济合作的战略选择》，《东北亚论坛》2013年第1期。

［10］朱显平、李天籽：《东北亚地区能源合作研究》，《吉林大学社会科学学报》2006年第3期。

［11］［美］卡罗·A.达哈尔：《国际能源市场：价格、政策与利润》，丁晖、王震、郭海涛译，石油工业出版社2008年版。

能源安全与"一带一路"倡议下中国参与东北亚能源合作

孙溯源[*]

内容提要：当前中国在东北亚地区参与能源合作面临着三大挑战：一是管理与俄罗斯的能源互赖关系；二是协调与其他消费国在资源获取领域的竞争；三是将消费国在节能环保领域的合作扩大到能源获取领域，形成包括生产国和消费国在内的东北亚多边能源安全合作。在"一带一路"倡议的推动下，中国的能源安全观吸纳了安全共同体的理念，能源外交原则兼具自助与他助方式，能源外交行为开始重视多边机制，逐步形成集双边与多边于一体的灵活组合。中国可以从四个方面提升东北亚能源关系。第一，深化与俄罗斯的合作；第二，改善消费国各自为政、相互竞争化石能源的现状，向消费国联盟的方向发展；第三，从塑造环境命运共同体入手，与其他消费国探索新的合作模式；第四，打通节能环保领域的合作向资源获取领域跨越的壁垒，建立东北亚能源命运共同体。

关键词：能源安全，"一带一路"，东北亚，能源合作

本文认为，对能源安全的考量是影响中国参与东北亚区域能源合作的决定性因素。能源安全观直接塑造和影响一国的能源外交原则和行为。而竞争性的能源安全观和自助式的能源外交行为不仅导致东北

---

[*] 孙溯源，华东师范大学国际关系与地区发展研究院，副研究员，博士。主要研究领域为国际政治经济学和国际能源政治。

亚国家在获取化石能源的领域缺乏有效的多边能源合作，而且也制约着相关国家将在能源利用以及非化石能源领域的合作关系推进到能源获取领域。"一带一路"倡议将中国参与区域能源合作视为重要支柱，这一倡议所具有的公共产品属性和包容性合作理念，在一定程度上可以修正中国的能源安全观，界定中国在东北亚能源关系中所扮演的角色，为东北亚能源安全贡献可靠的物质与制度保障。

本文从中国的能源安全观与能源外交原则入手，结合东北亚国家的能源关系状况，分析中国推进东北亚能源合作所面临的问题，在此基础上评估"一带一路"框架下中国在东北亚能源合作中所发挥的作用。

一　中国的能源安全观与能源外交

（一）中国的能源安全观

从能源进口国的角度来看，能源的获取和能源的利用是能源安全的两个维度。能源获取是关于能源进口国如何从海外能源产地获得充足稳定的化石能源供应，而能源利用是关于进口国如何有效地利用化石能源，且尽可能减少对环境的负担。无论是确保化石能源的来源还是化石能源的利用，都直接影响中国的能源安全观及其能源外交。

在1996年成为原油净进口国后，中国开始从战略角度思考其能源安全问题。"能源安全成为一个事关国家安全的高级政治议题，而不再只是关于国内经济政策的低级政治问题。"[1] 中国从战略和地缘政治视角而不是从纯经济角度制定能源外交政策，并逐渐将能源安全的内涵从资源获取延伸到资源利用方面。

从能源获取和利用这两个维度分别演化出当前中国能源安全观的三个分支概念，即能源可及性、来源可靠性以及可持续发展。从能源获取的特性衍生出与能源来源直接相关的两大能源安全观，即能源可

---

[1] Kenneth Lieberthal and Mikkal Herberg, "China's Search for Energy Security: Implications for U. S. Policy," NBR Analysis, Vol. 17, No. 1, 2006, p. 13.

及性和来源可靠性。通俗而言即"买得到、买得起、运得回"。从能源利用则衍生出能源消耗对环境的友好程度，也即发展的可持续性。这三方面构成了一个有机完整、缺一不可的能源安全观。对中国来说，能源安全意味着供应的充足和可靠，运输的安全和低廉，以及能源消费的高效和环保。

能源可及性在能源安全中具有重要意义，表示进口国确保自身以合理的价格获得稳定的海外供应来源的能力。以合适的价格进口化石能源及其产品几乎成为进口国确保和提高能源安全的前提条件和首要任务。来源可靠性意指能源的运输通道是否安全和运输费用是否合理，其中能否保障运输通道的安全反映了进口国保护本国能源进口免受供应中断破坏的能力的高低。发展的可持续性表示利用能源的效率及其对环境的影响程度，能效高且对环境负责友好的能源消费方式意味着发展的可持续。

（二）中国能源外交的目标、原则与方式

目前，中国的油气对外依存度分别达到56.7%与24%，保障能源供应充足是中国能源外交的首要目标。近十年来，国际油价持续震荡波动，未来油价走势仍充满着不确定性，维持能源价格的稳定也是中国能源外交的重要目标之一。由于中国的进口石油中有50%来自中东地区，且全部依靠海上运输，在中国海军的实力还不足以保障运输线路的安全，且中国仍不能摆脱对中东地区的石油进口依赖的情况下，保障能源运输通道的安全也是中国能源外交的一项重要任务。

为了保障能源安全，尤其是确保获取海外油气资源，中国开展了密集的能源外交，其特征是以自助逻辑为指导原则、以双边合作为主要手段、以国家石油公司为重要支柱和最终执行者的能源外交原则和行为。

自助逻辑是国际政治中的基本原则，自助行为也是国际能源政治中的常态。在能源安全领域，自助逻辑意味着一个国家依靠自身来获得海外能源，主要方式是通过与石油生产国签订双边政府合同以确保能源来源，而不是主要依靠国际石油市场和多边能源合作机制来确保

能源供应。显然，集体能源安全行为或多边能源机制，如国际能源署（International Energy Agency，IEA）或者能源宪章条约（Energy Charter Treaty，ECT）等，不属于自助逻辑的范畴。

自助原则在很长时期里一直是中国确保能源安全的核心原则，也是中国参与国际能源资源合作的指导思想。中国主要依靠同生产国的双边合作以确保化石燃料的来源，而非依赖国际石油市场和多边能源合作机制来获取能源供应。中国在获取海外油气资源的行动中遵循自助原则，既受自力更生、自给自足这一传统的影响，也是国际石油市场和国际社会制约的结果，而国家石油公司作为中国开拓海外油气资源的主要执行者强化了自助原则的运用。尽管近年来中国在国际能源合作中的观念有所变化，双赢的自由主义观念有所增加，[1] 但是中国政府并未从根本上改变自助的能源外交原则。

在获取海外油气资源方面，中国很清楚必须依靠自身来确保能源安全。中国从现实主义的视角判断与产油国和其他消费国的关系，将能源生产国视为合作对象，而将其他进口国视为潜在竞争对手。以2005年中国能源政策为例，中国绝大多数的战略合作伙伴是能源生产国、拥有能源潜能的国家以及过境国，而进口国则不是能源安全合作伙伴。[2]

中国将与产油国的双边合作作为确保能源安全的首要手段，特别是通过与产油国建立双边政治关系来建立和加强能源双边关系。在"走出去"战略实施20多年后，中国已与近40个国家建立了双边能源合作关系。[3] 中国已分别与哈萨克斯坦、阿塞拜疆、俄罗斯、沙特、伊朗、委内瑞拉、巴西、印度尼西亚等国建立了双边能源合作关系。

---

[1] 参见《中国能源国际合作20年：已建成5大国际油气合作区》，中国石油天然气集团公司网站，http://www.cnpc.com.cn/News/zzxw/xwzx/sycj/201309/20130929_C1828.shtml?COLLCC=4164688699&COLLCC=3874552287&。

[2] 《2005年国内外能源政策综述》，中国国家发展和改革委员会网站，http://www.sdpc.gov.cn/nyjt/gjdt/t20060331_64922.htm。

[3] 《中国能源国际合作20年：已建成5大国际油气合作区》，中国石油天然气集团公司网站，http://www.cnpc.com.cn/cnpc/sycj/201309/b8442b55776c4d52ac782c415305d9c8.shtml。

虽然中国也从国际石油市场购买原油,但是只有与产油国直接的双边能源关系才对中国的能源安全具有重要的战略意义,毕竟,只有产油国才能提供中国所需要的油气资源。因此,与能源生产国的双边能源合作成为中国对外能源外交的显著特征。

国家石油公司是中国政府开展能源外交的重要支柱。为实现能源安全,中国政府一直鼓励三大国有石油公司——中石油、中石化和中海油,到海外获取资源。[①] 在政府强有力的外交和财政支持下,三大石油公司已在伊朗、伊拉克、哈萨克斯坦、科威特、尼日利亚、秘鲁、俄罗斯、叙利亚、苏丹、委内瑞拉、巴西等国投入了大量资金进行石油开发。反过来,商业利益又驱动着中国的国家石油公司更倾向于同产油国进行双边能源合作,因为这样可以使其很容易获得中国政府的外交和财政支持。[②] 作为中国能源外交的最终执行者,国家石油公司也需要推动中国政府与产油国发展双边合作,从而强化国家石油公司作为能源安全执行者的地位,以及以自助原则为指导的双边能源外交。

二 东北亚地区对中国能源安全的意义

能源获取与能源利用作为中国在东北亚地区建立能源关系的两大推动力,决定了东北亚地区在中国能源安全中的角色和意义。对于中国来说,东北亚不仅是化石能源的生产供应地,也是节能环保技术的发源和创新之地。在东北亚地区的能源合作不仅能够提高中国能源来源的安全,而且有助于改善环境安全。一方面,俄罗斯是中国油气来源的主要供应方,对于中国具有提高能源来源多元化的意义。中国同俄罗斯的双边能源合作成果显著,并取得历史性突破。另一方面,日本和韩国虽然能源对外依赖度较高,但是能源利用技术比较先进,能

---

① 伍福佐:《重商主义还是自由主义——试析西方学界对中国能源外交的争论》,《国际论坛》2009 年第 2 期。
② 参见 Erica Downs, "The Fact and Fiction of Sino-African Energy Relations," *China Security*, Vol. 3, No. 3, 2007, pp. 42 – 68.

源利用效率较高，尤其是日本，因此日韩对于中国能源安全的意义在于能源的可持续发展领域。中国与日本在一定程度上也包括韩国，在能源利用领域的合作，可以帮助中国提高能源利用效率，改善环境质量。

（一）俄罗斯：关键的能源供应方

从能源来源安全的角度看，中国对能源供应和运输中断的担忧使得加强与俄罗斯的能源合作具有重要的安全意义。中东北形势复杂多变，中国在这一地区的油气合作面临着诸多政治风险。中国目前约有60%以上的化石能源进口来自中东和北非地区。中东地区长期以来冲突不断，自2010年底以来中东北非地区多国政局发生动荡，并一直持续至今。对中东北非地区过于集中的能源进口依赖，使得中国经济对石油供应中断风险格外敏感和脆弱。[①] 中国能源进口通道单一，运输安全存在着较大风险。85%以上来自中东的油气运输需要经过印度洋航道，霍尔木兹海峡、亚丁湾以及马六甲海峡成为油气运输安全的潜在威胁。对印度洋航道的过度依赖威胁中国的能源运输安全。因此，任何来自资源产地的风险或运输通道的中断，都会严重影响中国油气来源的安全。

在能源来源多样化成为中国能源安全战略的重要手段之后，中国展开了密集的能源外交以增加油气的进口来源渠道。

第一，与俄罗斯的能源合作有助于中国实现能源来源多样化目标，降低来自油气产区的地缘政治影响，提高油气运输的安全可靠性，并减少对环境的破坏。俄罗斯以其丰富的油气储量和产量，使其成为中国能源多样化战略的合作对象。虽然俄罗斯的原油储量排名世界第八，但是在西西伯利亚的石油产地已近衰竭，而大量未开发的石油储量集中在东西伯利亚和远东地区，其地理位置和地质条件决定了勘探和开采石油需要高昂成本。尽管俄罗斯原油在生产和运输成本上

[①] 孙溯源：《中东北非变局与西方国家石油安全悖论——兼论中国的石油安全》，《外交评论》2011年第2期。

高于中东原油，但是其地缘政治上的安全性远胜于中东产油区，而且中俄陆上过境运输也比印度洋航道更加安全可靠。俄罗斯原油对于中国能源的安全意义在于产地和运输的安全性和可靠性，因此成为中国提高来源多样性的一个重要选项。

相对于石油而言，俄罗斯的天然气对中国具有独特的能源安全意义，不仅直接提高天然气来源的多元化，而且有助于保护环境。出于环境保护的责任，中国正努力减少煤炭在一次能源消费中的比重，增加对天然气的利用。天然气在中国一次能源消费结构中的比重逐渐上升，预计，将从2011年的4%增加到2020年的10%。而且中国对天然气的进口依赖也在不断增加，2013年进口天然气占天然气总消费的比重已经达到1/3。俄罗斯的天然气储量位居世界第一，其远东和东西伯利亚的天然气储量预计超过9万亿立方米，可以进行大规模的天然气开采，预计，年产量将在1800—2000亿立方米左右。[1] 尽管中国正开发本国的页岩气资源，但是由于页岩气开发对投资和技术的要求极高，而且还会造成环境的严重破坏，中国暂时尚不具有大规模商业化开采页岩气的能力和条件，因而进口俄罗斯的天然气依然是中国当前非常现实的选择。

综上所述，俄罗斯石油在一定程度上能够缓解中国对中东北非产油区的高度依赖，提高来源的多样性，同时还能降低运输航道安全的脆弱性。俄罗斯天然气对于中国能源安全的意义则在于提高来源的多元化以及改善环境。

第二，俄罗斯的"东向"战略与中国的能源需求契合。俄罗斯远东和东西伯利亚地区具有极高的油气开发潜力，这是促成俄罗斯地缘政治战略"东向"调整的重要推动因素。1996年，俄罗斯决定将其政治经济战略的重心向亚太地区转移。2002年，俄罗斯宣布了发展远东油气工业的计划。2003年发布的《俄联邦2020年能源战略》指

---

[1] Boris Saneev and Dmitry Sokolov, "Russia's Energy Development in Eastern Siberia and the Far East and Relations with East Asian Countries in the Energy Sector," in *Russia and East Asia: Informal and Gradual Integration*, Tsuneo Akaha and Anna Vassilieva eds., New York: Routledge, 2014, p. 194.

出，亚太能源市场连续增加的需求，推动了俄罗斯能源工业的"东向"调整。2007年，俄罗斯宣布了一项关于发展远东和东西伯利亚地区的天然气开采、运输以及供应的一体化体系，以便向中国以及其他亚太国家出口天然气。在《2030年天然气工业发展规划》中，俄罗斯提议建造一个延伸到中国和韩国的天然气管道系统。

近年来，一些事件也推动了俄罗斯加速推进能源外交的"东向"战略。其一，美国的"页岩气革命"成功，使得俄罗斯世界第一天然气出口国的地位，在2009年被美国所超越。其二，俄罗斯与欧盟以及北约在乌克兰危机上存在矛盾，在克里米亚危机后俄欧矛盾加深，俄罗斯遭到欧盟国家以及美国的制裁，欧盟加速采取降低对俄罗斯能源依赖的措施和政策，俄罗斯也相应地调整能源政策，降低对欧洲市场的依赖，努力开发新的市场。俄罗斯的"东向"能源出口战略，给中国以及其他东北亚国家提供了一个在能源利用领域提升区域能源合作的新机遇。俄罗斯不仅想出口原油，而且希望向中国以及其他亚洲国家出口石油加工产品。

（二）日本：节能环保技术的重要合作方

中国对节能环保的高度重视使得以日本为主的能源进口消费国有可能成为中国的潜在能源合作对象。在过去20多年的经济持续高速增长之下，中国一次能源消费迅速增加，能源消费所导致的碳排放更是成倍扩大。中国的能源强度远远高于工业发达国家，2011年，中国的能源强度达到26130英热，而日本只有4553英热，是日本的约6倍。煤炭在中国一次能源消费中所占的主导地位是导致碳排放居高不下的一个主要原因，中国的碳排放量在2011年达到87亿吨，而日本只有12亿吨。中国正致力于实现低碳环保的可持续发展，发展低碳经济，提高能源效率，保护环境，已经融入中国的能源安全观念之中。节能环保成为中国与其他进口消费国，如日本和韩国，在能源利用领域发展能源关系的重要推动力。

作为东北亚地区的其他消费国，日本和韩国在能源获取领域是中国严峻的竞争者。由于化石能源的储量相对有限，产量从长期来看也是相对稳定的，而能源消费总体上则呈持续增长的趋势，消费国必须为相对有限的资源进行激烈的竞争。在资源获取方面，日本和韩国基本上遵循与中国相似的能源安全理念和采取类似的手段，包括采取自助方式，同产油国建立直接能源供应渠道，以及依靠本国能源企业。东北亚三大进口消费国都将对方视为俄罗斯能源的竞争者。俄罗斯的东西伯利亚—太平洋石油管道（The Eastern Siberia-Pacific Ocean oil pipeline，ESPO pipeline）方案的达成过程，凸显了中日两国为获取俄罗斯石油展开的竞争，而绝非中日俄三方进行多边能源合作的案例。

然而，当节能环保的规范被纳入能源安全理念和能源外交实践中后，中国政府开始寻求同东北亚其他消费国，尤其是日本，进行能源利用技术方面的协调与合作。这一领域的运作逻辑完全不同于能源获取领域，为资源获取而相互竞争的消费国更有可能将竞争者视为潜在合作伙伴，作为双边和多边合作的补充。日本自1973年石油危机之后就一直致力于提高能源效率，并已具备成熟的节能技术。日本减少对石油依赖的努力非常成功，其节能效率高于其他发达国家，能效技术处于世界领先水平。中国与日本的节能合作，将有助于提高中国的能效水平，从而间接缓解两者在化石能源获取方面的激烈竞争。此外，中国厉行节能环保政策和措施已是迫在眉睫和势在必行，酸雨、温室气体等具有跨国性的环境污染问题，无法在一国境内得到有效解决，环境污染问题的特性也从另一个层面推动中国政府将日韩这两大消费国视为潜在的能源与环境的合作者。

显然，按照中国的能源安全观和外交原则，在东北亚地区，俄罗斯对中国的能源安全具有战略意义，并有助于中国实现能源来源的稳定性和多样化。而其他进口国，日本和韩国则不可能与中国采取集体行动或组成进口国联盟来保障能源的来源安全。鉴于资源的利用，即节能环保在能源安全中的意义越来越突出和重要，已经成为能源安全不可或缺的组成部分，日韩两国可以成为中国的合作者。也就是说，在东北亚地区，中国实现能源安全的主要途径是依靠与俄罗斯的双边能源合作，而以与其他进口国在节能环保领域的协调为辅助方式。

(三) 中国在东北亚的能源合作

中国在东北亚的能源合作业已取得了一些成果，包括与俄罗斯的双边合作，以及与其他消费国在能源利用领域的双边和多边协议，其中与俄罗斯的能源合作进展最为显著，最具实质意义。

1. 资源获取领域：中俄双边能源合作

中国致力于在东北亚加强与俄罗斯的能源合作，俄罗斯业已成为中国能源进口的重要来源之一，中俄能源合作经历了一系列具有里程碑意义的事件（Ivanov, 2006；Rosner, 2010）。2004 年 10 月，中石油（CNPC）与俄罗斯天然气工业股份公司（Gazprom）确立了战略伙伴关系。2005 年 7 月，中石化（Sinopec）与俄罗斯国有石油公司（Rosneft）签订了合作备忘录，成立合资公司共同开发萨哈林三号油气田。2006 年 10 月，中石油与俄罗斯石油公司组建合资公司东方能源公司（Vostok Energy），并签订长期合作框架协议。2008 年，中石油与俄罗斯石油管道运输公司签订了建造 ESPO 分支，即泰纳线的协议。该线已于 2010 年 9 月建成完工。2009 年，中俄两国政府签订了石油还贷换协议，石油合作迈出突破性一步。2011—2030 年，中国将向俄罗斯石油公司以及俄罗斯国有石油管道公司（Transneft）提供 250 亿美元贷款，俄罗斯每年向中国提供 1500 万吨原油。2009 年 10 月，中石油与 Gazprom 签订天然气供应和建造天然气管道的合作框架协议。2014 年 5 月，在历时十多年的价格谈判后，中俄签订了两国关系史上最大的天然气合同，俄罗斯的 Gazprom 与中石油商定，在 30 年内俄方向中国出口 380 亿立方米天然气，合同总额约为 4000 亿美元。

目前，中俄双边能源合作在上下游均取得了重大突破性进展。与日本、韩国两国相比，中国已经成为俄罗斯在东北亚首要的能源进口国，在俄罗斯能源出口中占据重要地位。这一成就在很大程度上可以归因于两国之间的全面战略伙伴关系，而能源在两国总体关系中充当了先锋角色，能源合作不啻两国关系的晴雨表（Blank, 2006）。虽然中俄存在着地缘政治和商业利益的矛盾（Danchenko, Downs, and

Hill，2010），与日本、韩国相比，中国与俄罗斯的政治关系更加紧密和牢固。中俄双方视对方为好邻居和战略伙伴。自1992年至今，中俄关系总体上进展顺利平稳。1996年，两国签订了战略合作伙伴协议。2001年，《中俄友好条约》签订，标志着中俄双边关系进入一个新时代。2012年6月，《中俄联合声明》宣布在全面战略协作伙伴关系的基础上加深互信。俄罗斯总统普京在《人民日报》上发表的一篇文章，表达了对中俄能源关系的高度重视。中俄能源合作具有战略意义，对中国而言意味着能源来源的稳定性和多样性，对俄罗斯来说意味着在崛起的亚太地区开辟了一个新的能源出口市场（Putin，2012）。乌克兰危机之后，中俄战略合作继续向纵深发展，达到更新的高度。此外，中国不仅是当前世界上第二大石油消费国，第一大石油进口国，未来的天然气进口消费大国，而且拥有大量外汇储备，有实力和能力对资本—技术密集型的能源产业进行投资。因此，对俄罗斯来说，中国不仅意味着稳定的出口市场，而且还是资金充足的投资方。

2. 能源利用领域：节能环保合作

如果说中国与俄罗斯的双边能源合作的核心是资源获取，那么中国与其他消费国合作的重心是在能源利用方面。中国与其他消费国在这方面的合作最明显地体现在如何提高能源效率，以及如何通过国际合作来管理因能源消耗而对环境产生的负面影响上。中国通过参与对话、实际项目，与日韩两国在双边渠道和多边场合展开了合作。

（1）中日节能环保合作

中国与日本的能源合作几乎集中在节能环保领域。私营部门是中日能源合作的倡导者，并一直保持合作的持续性。[1] 商业企业往往在中日两国能源利用领域的合作中扮演着发起人的角色，再由政府对合作进行授权，承认所倡议的合作的合法性，并组织正式的会议和论坛。具体项目由工业行业协会执行，这些行动激励中日官方开展节能

---

[1] Hidetaka Yoshimatsu, "Regional Cooperation in Northeast Asia: Searching for the Mode of Governance," *International Relations of the Asian-Pacific*, Vol. 10, No. 2, 2010, pp. 247–274.

环保的合作。2005年7月，日本钢铁联合会（Japan Iron and Steel Federation, JISF）与中国的钢铁协会（China Iron and Steel Association, CISA）在北京合作组织了中日节能环保高级技术交流会。来自两国钢铁产业的高级管理者，同意继续就节能环保交换信息和分享经验。在这一背景下，中日两国政府于2006年5月在东京组织了第一届中日节能论坛，使得两国高官可以相互交换观点、增进相互理解和促进共同合作。2006年12月，中国发改委主任与日本经济贸易和产业部长签署了实施节能环保产业示范项目的备忘录，以增进互惠合作。[①] 从此以后，两国常规性地举办节能对话论坛，并发起了数个节能环保合作项目。此外，中日两国还积极利用东亚环境部长会议和环境可持续发展型城市高层论坛，通过沟通与合作，在推进东亚环境合作中推进中日环境合作。[②]

（2）中韩节能环保合作

中国与韩国在节能环保领域的合作也主要集中在环境方面。[③] 1993年，两国在北京签署了两国环境合作相关协议。1994年，两国开始运行"中韩环境合作共同委员会"。1995年，两国开始了海洋环境问题的合作。韩国政府还为防止中国西北部地区的沙漠化，开展了造林支援活动。在企业合作方面，2009年9月，中石油与韩国国家石油公司（Korea National Oil Corporation, KNOC）签署了互谅备忘录，使得双方在原油库存、贸易和市场等方面得以开展合作。

（3）中日韩通过多边渠道开展的合作

中国还与日本、韩国在节能环保问题上进行多边能源合作，或者通过其他多边渠道开展对话与合作。三国的多边能源合作开始于1999年，这是三国领导人首次非正式会晤。从此，在包括部长、高

[①] Shoichi Itoh, "China's Surging Energy Demand: Trigger for Conflict or Cooperation with Japan?" *East Asia*, Vol. 25, No. 1, 2008, pp. 79 - 98.

[②] 关于中日环境合作，参见刘昌黎《中日环境合作的现状、问题与对策》，《日本研究》2012年第3期。

[③] 关于韩国与中国的环境合作，参见［韩］裴润《试论韩国对华环境合作政策的演变：从"发展中国家伙伴"到"战略合作伙伴"》，《当代韩国》2015年第2期。

官和工作组等不同层面上的定期会晤机制逐步确立起来。

虽然一些由三国发起的倡议并没有落实到具体的合作项目上,但是这些务虚合作有助于增进相互理解,设定规范标准和加强达成共识。通过多边论坛和对话的活动,三国已经能够理解各自的能源安全关切,在节能环保与可持续发展的议题上形成广泛共识。

2003年10月,三国领导人发布了促进三边合作的联合声明,承诺共同努力以加强区域和世界能源安全。2011年,三国领导人承诺在新能源和能源效率领域开展合作,以实现可持续发展的目标。2012年,三国就实现低碳经济增长进行合作。自1999年以来,三国环境部长每年进行会晤,推动在环保方面的多边合作。这个论坛已经成为东北亚区域环境合作的主要机制。2012年5月,三国环境部长就三国环境标准的兼容性发布了联合声明和三项合作协议。中日韩环境部长会议为三国开展环境政策对话、共同促进区域可持续发展,发挥了重要的作用。

中日韩三国还利用其他多边机制或场合,包括东盟10+3、东亚峰会(EAS)和亚太经济合作组织(Asia-Pacific Economic Cooperation, APEC)等,就能源利用与能源安全展开讨论,提出合作倡议。例如,2004年第一届东盟10+3能源部长会议强调成员国采取集体行动加强能源安全和能源的可持续发展。在2011年第八届东盟10+3能源部长会议上,能源部长就原油库存、油气市场、可再生能源以及节能环保等议题交换了观点和信息。再如,能源安全与环境保护也是东亚峰会的一个重要议题。在第二届东亚峰会上,与会国签署了关于东亚能源安全的宿务宣言,随后在新加坡举行了第一届东亚峰会能源部长会议,2007年11月,签署了关于气候变化、能源与环境的新加坡宣言。此后东亚峰会能源部长每年举行会晤。中日韩三国还利用APEC讨论与能源利用相关的议题,在第九届APEC能源部长会议上,中日韩与其他成员国的能源部长宣布了能源安全的低碳之路宣言。

就能源利用领域的合作而言,多边机制的峰会和倡议对交换信息、分享经验和促进消费国共同采取努力等方面发挥了重要作用。对中国来说,有必要与其他消费国在能源利用方面进行协作,而且不会改变中国能源外交的基本原则和能源安全战略。目前，中国与日韩两国在能源领域的合作在于能源效率和环境保护，而不是三国合作共同开发和获取俄罗斯的化石能源。

正如前文所述，中国在东北亚地区的能源合作遵循不同的战略和逻辑，在资源获取领域与能源利用领域里的合作路径大相径庭。在过去的十多年中，中国政府逐步加大了与东北亚国家的能源合作和对话，既包括与俄罗斯的双边能源合作，还有同消费国的协调与合作，以提高能源利用效率和环保水平。与中俄富有实质性内容的双边能源合作相比，中国与其他能源进口消费国，主要聚焦于能源利用领域，通过双边或多边论坛、对话等渠道进行协作。而中国对朝鲜的能源出口只是两个进口消费国之间的一个特例，其出口数量在中国的总消费量中所占比例微乎其微，并且对中国既不具有能源来源安全的意义，也不意味着环境安全的作用，因此不能代表中国与其他进口消费国之间的合作关系。中国参与东北亚能源合作的状况如表1所示。

表1　　　　　　　　　中国参与东北亚能源合作概况

	与生产国	与消费国
化石能源获取	中俄双边	中国—朝鲜（微量、特例）
能源利用（节能环保）		中日双边 中韩双边 在东盟10+3、东亚峰会、APEC等多边平台的中日韩多边合作

三　中国推动东北亚能源合作面临的问题

东北亚地区至今尚未形成多边能源合作机制，而中国在东北亚地区推动多边能源合作的能力非常有限。作为进口消费大国，中国的能源安全观和自助式能源外交原则，导致中国为区域能源合作提供公共产品的能力和意愿不足。东北亚能源合作面临着一系列制约因素，包括相互竞争的能源安全观、缺乏政治信任、缺少充足的物质条件以及缺失有效的制度保障。这些因素导致东北亚能源合作出现三大问题：

第一，中俄能源合作的成果难以扩大为东北亚地区的多边能源合作；第二，中日韩三大消费国采取集体行动与俄罗斯展开能源合作的可能性非常微弱；第三，中日韩三国将节能领域的合作转化为资源获取领域的合作更加困难。[1]

尽管在消费国与生产国之间存在天然的能源相互依赖关系，理论上双方应该很容易建立起能源合作。然而事实上，东北亚地区的能源合作并不顺利，消费国与生产国以及消费国之间的竞争和矛盾都特别突出。

（一）中俄双边能源合作扩展为东北亚多边能源合作的可能性

在资源获取领域，分别与俄罗斯开展双边能源合作，是当前中日韩三大消费国进口能源的最主要的渠道和方式。俄罗斯对能源工具的操纵、消费国之间的相互竞争以及缺乏政治互信等因素，使得现存的多重双边能源合作不太可能统合为一个多边能源合作框架。

消费国和生产国之间的能源关系往往受各自竞争的能源安全观和能源外交方式所主导。在东北亚，中日韩俄等国都将能源安全作为对外能源合作最大的关切，然而，能源安全对不同身份的国家具有不同的含义，即使对于同样身份的国家，其能源外交行为也会导致矛盾或冲突。东北亚国家的能源安全战略和对能源合作的姿态都源于自助原则，都采取自助方式维护能源安全。比如，在实现能源安全的措施上，生产国和消费国都广泛采取多元化战略，然而，除了字面上的一致性外，两类国家在行为上几乎是对立和冲突的。

消费国所关切的能源安全是保持充足的能源供应、合适的能源价格以及安全可靠的运输。供应国所关切的能源安全是保持充分的需求即市场份额，本国财政开支能够支撑的能源价格，以及对能源出口的控制。两者能源安全目标的不匹配往往导致战略误判，甚至是战略互

---

[1] Suyuan Sun, "Energy Acquisition, Usage, and China's Engagement in Northeast Asian Energy Cooperation," in Bo Kong and Jae H. Ku, eds., *Energy Security Cooperation in Northeast Asia*, New York: Routledge, 2005, pp. 38–61.

疑。而在供应方利用油气资源作为战略工具应对消费国的情况下，会加剧双方的不信任。因此，能源供应国和消费国之间能源安全目标的不匹配，以及消费国之间类似于零和游戏的资源竞争，阻碍了东北亚区域多边能源合作的建立。

俄罗斯作为东北亚地区最大的油气生产和出口国，缺乏提供多边能源合作的公共产品的意愿。俄罗斯反而从战略的角度利用其油气资源，谋求相对于进口国的战略优势。俄罗斯的油气资源不仅是其主要的经济来源，而且是其寻求重建或进一步巩固世界强国地位的战略工具和手段。在与消费国的关系中，俄罗斯所关心的是保持政府对油气生产、运输乃至出口市场等方面的控制。这体现在俄罗斯市场和油气管道多元化的措施上。[1]

由于将油气资源视为获得战略优势的战略杠杆，而不只是经济来源，俄罗斯政府竭力避免在与东北亚消费国的能源合作中出现买方垄断市场的局面。俄罗斯在能源合作中的策略是分别与三个消费国建立能源关系，从而形成多个双边能源合作，而不是与三个消费国在同一个合作框架中开展多边合作。例如，普京政府通过让中日两国相互竞争俄罗斯的东西伯利亚—太平洋石油管线，实现利益最大化。[2] 在中日为获得俄罗斯从东西伯利亚通往太平洋的石油管道而相互竞争时，俄罗斯政府先后拒绝了中国的安大线方案和日本的安纳线提议，以ESPO取代两者，借此提高俄罗斯在东北亚的战略地位。俄罗斯与中国于2014年5月签订的天然气项目则是另外一例。这一与中国经过十多年谈判才达成协议的项目，无论如何都不能作为俄罗斯在能源合作中已经改变对消费国合作态度的佐证。更为关键的是，合同签订时尚未对外公布所约定的天然气价格。这一点提醒其他消费国与俄罗斯

---

[1] Bobo Lo and Andy Rothman, "China and Russia: Common Interests, Contrasting Perceptions," *Asian Geopolitics Special Report*, No. 15, 2006, at www.chathamhouse.org.uk/files/6619_russiachinamay06.pdf.

[2] Shoichi Itoh, "China's Surging Energy Demand: Trigger for Conflict or Cooperation with Japan?" *East Asia*, Vol. 25, No. 1, 2008, p. 80; Leszek Buszynski, "Oil and Territory in Putin's Relations with China and Japan," *The Pacific Review*, Vol. 19, No. 3, 2006, pp. 287–303.

进行能源合作的困难所在，在能源贸易中俄罗斯不愿意作出让步，或者很难让俄罗斯作出让步。此外，与中国签订的天然气合同对俄罗斯意味着能够将天然气市场延伸到亚洲其他国家，并有可能成为未来亚洲天然气市场供应的主导者。

作为消费国的中日韩三国，都将对方视为直接从生产国获得直接能源供应的竞争对手，而不是合作伙伴。虽然三大消费国在进口化石能源这一需求上拥有共同利益，即都对俄罗斯油气资源存在进口依赖，但是在能源依赖上的这一共同弱点，难以成为消费国能源合作的内在动力。在消费国的利益考量中，对相对收益的重视导致三大消费国将竞争俄罗斯能源视为零和游戏，即一方之所得为另一方之所失。从根本上来说，中国的能源安全政策主要受自助原则主导，而自助逻辑也同样运用于日韩两国的能源外交政策中。在获取化石能源的问题上，中日韩三国都感受到来自对方的强力挑战。获取资源的零和游戏式的竞争成为主导三大消费国能源关系的根本逻辑。

缺乏政治互信也严重阻碍了东北亚地区，尤其是在多边层面上建立能源合作。历史上遗留下来的岛屿争端在很大程度上滋长了东北亚国家之间的相互不信任。除了中国与日本在东海存在钓鱼岛争端外，中国与韩国和朝鲜在黄海、日本和韩国在独岛、日本与俄罗斯在北方四岛都存在岛屿争端。这一地区的能源竞争更容易因地缘政治冲突而陷入消极的恶性循环中，从而严重破坏开展多边能源合作的可能性。一旦海岛争端不定时地再次浮现，必然给东北亚相关国家的关系带来负面影响。一位能源专家曾将东北亚围绕能源可能发生争端的区域界定为"东北亚危机之弧"，开始于东北端能源丰富的萨哈林地区，穿过日本和朝鲜半岛，延伸到西南端能源匮乏的中国福建和广东两省。[①]尽管中国政府已经就与日本的能源关系提出了一个一般原则，即"搁置争议，共同开发"，但是两国之间的不信任依然不会因此而消除。消费国之间的不信任不仅限制了它们协调对俄罗斯油气资源的竞争，

[①] Kent E. Calder, *Pacific Defense: Arms Energy and America's Future in Asia*, New York: William Morrow and Company, 1996, pp. 13–42.

而且阻止它们组成消费国联盟,在与俄罗斯进行能源交易时采取集体行动,捍卫消费国的共同利益。

因此,东北亚地区的多个双边能源合作不太可能统合成为一个多边合作机制。俄罗斯的 ESPO 或许是东北亚地区迄今为止成果最大的能源合作,但是这一管线的建成绝不是一个多边能源合作的成功案例,而是一个多边竞争的结果。俄罗斯不希望由只有一个消费国参与远东和东西伯利亚油气资源的开发,而是希望有多个消费国竞争这一地区的油气资源,这样才能利用消费国之间的竞争来获得卖方优势。而在围绕石油管道走向和油价的谈判过程中,始终没有出现中日两国联手与俄罗斯竞价的局面,更没有出现俄罗斯与两大消费国组成多边能源合作机制的可能。只有在中国答应了俄罗斯国家石油公司提高油价的要求,和承诺提供 250 亿美元的贷款之后,ESPO 的最后 110 公里的石油管线才开工建设,[①]中国与日本竞争俄罗斯东西伯利亚石油管线的结局最终是,中国不得不放弃早在 1994 年就计划好的安大线,取而代之的是 ESPO 管线通往大庆的一条支流,所付出的代价是经过十年时间的拖延,支付更高的石油价格和承担更高的建造成本。可以说,ESPO 所体现的不是生产国与多个消费国的多边能源合作形式,而是俄罗斯在消费国之间采取分而治之的策略,因而不可能成为东北亚地区层面的多边能源合作机制。而 2014 年俄罗斯与中国签订的天然气合约,也不能作为区域多边能源合作的先兆,这一合约所沿袭的仍是传统的双边能源合作形式,即一个由两国政府推动和支持的能源贸易长期商业合同。

(二) 中日韩采取集体行动与俄罗斯开展能源合作的可能性

然而,消费国也没有能力将它们在能源利用领域的合作扩大到能源资源领域的合作。由于消费国对能源获取的安全主要受相对收益观

---

① 徐斌、黄少卿:《从双边博弈到多边合作——中日俄石油管线争端的案例研究》,《世界经济与政治》2010 年第 3 期。

念和自助逻辑的主导，消费国通常都将彼此对化石能源的竞争视为零和游戏。因此，东北亚三个消费国在与俄罗斯进行能源合作的问题上，不太可能采取联合行动，共同应对俄罗斯分而治之的策略。又鉴于化石能源的相对稀缺和有限性，消费国对俄罗斯油气资源的争夺会更加激烈。

（三）中国与日韩两国将节能合作转化为能源获取领域合作的可能性

在节能环保领域，消费国不再将对方视为零和游戏中的竞争对手。由于节能环保的技术可以分享，而且有关的设备可以源源不断地创造出来，不会因一方的使用而减少另一方的使用份额，一方的收益也不会成为另一方的损失。在化石能源合作中备受消费国重视的相对收益，在节能环保领域合作中的重要性显著下降，消费国因此得以看重合作中的绝对收益。

能源获取和节能环保两个领域的合作遵循着不同的竞争逻辑，两者之间尚不存在一个连接通道，保证一方和合作成果能够扩溢到另一个领域，也没有一个统一的机制将两个领域的合作统合到一个多边框架下。尽管消费国已在能源利用领域，通过双边和多边渠道展开了一系列对话和协作，但是化石能源合作的竞争逻辑，几乎封锁了消费国将节能环保领域的合作成果提升为化石能源多边合作的转化通道。因此，在东北亚地区，消费国之间尚未建立起成熟的节能环保多边合作机制，即便是消费国之间关于节能环保的合作倡议，也难以外溢到资源获取领域，促成双边或多边合作。

四 "一带一路"倡议对促进东北亚能源合作的建设性作用

"一带一路"倡议从崭新的高度诠释了中国能源安全观念所发生的突破，以及能源外交原则正在进行的转变。中国当前的"一带一路"构想是基于习近平主席于 2013 年先后提出的"丝绸之路经济带"①与共建 21 世纪"海上丝绸之路"②这两项倡议所合成的对外合作与区域发展规划。"一带一路"的公共产品属性为中国能源安全观的修正奠定了良好的基础,也为能源外交原则和行为的转变提供了充足的物质基础。

(一) "一带一路"的公共产品属性与中国能源安全观的修正

1. 国际公共产品是"一带一路"的重要贡献

在当前国际关系中,传统的区域内部和新的区域间合作不断涌现。全球性公共产品供应严重不足,既有的国际组织和多边机制无法满足区域内或跨区域合作的个性化需求,新的合作需要更多层次的国际公共产品,包括区域内和区域间公共产品。中国所推动的"一带一路"合作倡议中的诸多跨国活动具有区域性或区域间公共产品属性。③"一带一路"倡议被界定为 21 世纪联系亚非欧国家的政策、贸易、设施、资金、交通的跨地区合作模式。

在由发改委、外交部和商务部联合发布的《推动共建丝绸之路经济带和 21 世纪海上丝绸之路的愿景和行动》中明确阐述了"一带一路"的目标,即共建"一带一路"旨在促进经济要素有序自由流动、资源高效配置和市场高度融合,推动沿线各国实现经济政策协调,开展更大范围、更好水平、更深层次的区域合作,共同打造开放、包容、均衡、普惠的区域经济合作框架。这一愿景说明中国更加注重发展与区域国家的长期合作,并为提供国际公共产品付出巨大努力。④王毅外长也表示,"一带一路"构想是中国向世界提供的公共产品,欢迎各国、国际组织、跨国公司、金融机构和非政府组织都参与到具

---

① 《习近平发表重要演讲 呼吁共建"丝绸之路经济带"》,新华网,http://news.xinhuanet.com/world/2013-09/07/c_117272280.htm。
② 《中国愿同东盟国家共建 21 世纪"海上丝绸之路"》,新华网,http://news.xinhuanet.com/world/2013-10/03/c_125482056.htm。
③ 黄河:《公共产品视角下的"一带一路"》,《世界经济与政治》2015 年第 6 期。
④ 杨海燕:《区域公共产品的供给困境与合作机制探析》,《"一带一路"与国际合作》(复旦国际关系评论) 2015 年第 16 辑。

体的合作中来。①

在中国经济增长模式逐步从要素驱动向创新驱动、由外需拉动向内需驱动的方向转型和升级的过程中，中国也将从公共产品的消费者转变为公共产品的提供者。自2008年金融危机爆发以来，"一带一路"沿线地区逐渐形成了区域性或区域间公共产品供应的新格局。中国通过主导"一带一路"沿线地区公共产品的提供，可以改善欧美日经济停滞所导致的公共产品供应能力不足，推动沿线各国发展战略的对接和耦合，形成一个以中国为中心节点的合作体系网。② 在没有强权提供公共产品的多边合作中，"受益人支付"是提供区域公共产品的重要原则和方式，是由相关国家共同提供以满足共同需求，并直接反映不同类型国家的需求。③ 比如，中国在参与亚欧合作的过程中，通过开放自主、自愿参与的方式提供区域公共产品，在亚欧合作中发挥了建设性作用。④ 而中国倡导的"一带一路"发展规划，更是成为中国为世界提供国际公共产品的舞台。

"一带一路"战略的实施，就是中国向沿线国家供给包括稳定的货币秩序、开放的市场环境和可靠的发展援助在内的区域性公共产品。⑤ "一带一路"从四个方面为世界提供公共产品：一是国际合作新理念和新模式；二是高效的设施互联互通；三是提供新的国际货币；四是建立新型国际金融组织。⑥ 作为公共产品的提供者，中国已在"一带一路"框架下发起创立了亚洲基础设施投资银行（亚投

---

① 王毅：《"一带一路"构想是中国向世界提供的公共产品》，新华网，http：//news.xinhuanet.com/politics/2015-03/23/c_127611758.htm。
② 黄河：《公共产品视角下的"一带一路"》，《世界经济与政治》2015年第6期。
③ 樊勇明：《从国际公共产品到区域性公共产品》，《世界政治与经济》2010年第1期。关于区域公共产品的更多研究可参见樊勇明、薄思胜《区域公共产品理论与实践——解读区域合作新视点》，上海人民出版社2011年版。
④ 孙溯源：《制度匮乏下亚欧合作的选择：议题、形式和方向》，《当代亚太》2011年第3期。
⑤ 李晓、李俊久：《"一带一路"与中国地缘政治经济战略的重构》，《世界经济与政治》2015年第10期。
⑥ 涂永红：《中国在"一带一路"建设中提供的全球公共物品》，《光明日报》2015年6月22日理论版。

行)、设立了丝路基金。依托亚洲基础设施投资银行以及丝路基金等融资渠道,可以为沿线国家的基础设施建设、资源开发、产业合作等提供融资支持,以弥补现有融资机构资金供给能力的不足。如果说,基础设施建设是建立区域内能源网络的重要支柱,那么货币、商贸和金融合作则是建立多边能源合作的物质基础。

2. 中国能源安全观与能源外交原则的重要修正

习近平主席在 2013 年周边工作会议上首次提出,在处理周边外交问题上,应做到"亲、诚、惠、容",在经济上使中国发展更多惠及周边国家,安全上推进区域合作和增进战略互信,人文方面实现命运共同体意识在周边国家落地生根。这一新的外交理念折射出中国正从强调与周边的互惠互利转向注重对后者利益的"惠及"和"溢出",体现了中国在和平发展过程中所具有的负责任大国的角色担当。[①]"亲、诚、惠、容"的外交理念也反映了中国周边外交工作目标的升级,给周边关系赋予了共同发展、安危与共和休戚相关的远景预期。[②]

此后习近平主席在中央国家安全委员会第一次会议上再次提出,要"既重视自身安全,又重视共同安全,打造命运共同体"。显然,"命运共同体"已经成为中国安全观的核心理念。命运共同体的建设是涵盖政治、经济、社会、文化多领域的综合、系统工程。其政治经济方面的目标是,以共同发展为核心要义,以互信协作维护安全环境,以及以开发包容推进机制建设。社会文化方面的目标是,以文化互鉴凝聚共识,以和衷共济强化感情纽带。[③] 命运共同体的构建依赖两个合作框架:一是合作发展,建构中国与周边国家开放与合作的发展机制;二是安全合作,建立中国与周边国家的安全对话、协商与合作机制,打造基于共同安全、共担责任的新型安全合作机制,以合作

---

① 李晓、李俊久:《"一带一路"与中国地缘政治经济战略的重构》,《世界经济与政治》2015 年第 10 期。

② 参见陈琪、管传靖《中国周边外交的政策调整与新理念》,《当代亚太》2014 年第 3 期。

③ 参见刘振民《坚持合作共赢 携手打造亚洲命运共同体》,《国际问题研究》2014 年第 2 期。转引自张蕴岭《中国的周边区域观回归与新秩序构建》,《世界经济与政治》2015 年第 1 期。

的精神和共同安全的宗旨处理争端,降低传统安全发生的风险。[1]

"一带一路"构想是中国周边外交的新思路,是外交理念的更新,也是周边外交的转型,即从内向型转向互惠、开放、包容与合作型外交。中国外交一贯具有内向的性质,即以满足国内建设,特别是经济建设为导向。[2]但是面对中亚乃至周边中小发展中国家,中国需要从大国的视角和思维来构想区域经济合作的思路和模式,从单纯满足国内需求向为包括中亚国家在内的"一带一路"沿线国家提供区域性公共产品这一方向转变。"一带一路"作为新型合作模式,其创新突出体现在这一构想与沿线地区已有合作机制的关系上。

"一带一路"的合作理念是开放、包容和共赢。[3]开放与包容特征既体现在线路设计上,也表现在合作模式的设计上。"一带一路"立足亚洲,以中亚—中国合作为平台,向中亚、东亚、南亚、北非以及中东欧方向辐射。其合作模式是共商、共建、共享的平等互利方式。[4]习近平曾明确指出,"一带一路"不是要替代现有地区合作机制和倡议,而是要在已有合作的基础上推动沿线国家实现发展战略的相互对接和优势互补。以"丝绸之路经济带"与中亚国家关系为例,丝路经济带构想无意取代中亚现有的地区合作,也不是要与现有合作机制竞争主导权,而是要与中亚国家在已有的多边和双边合作的基础上展开合作,共同维护地区的稳定、和平与繁荣。[5]正如李克强总理在2014年上合组织成员国政府首脑理事会上所言,将丝绸之路经济带与上合组织实现对接,既让上合组织获得发展的新动力,又开启了丝绸之路经济带的安全建设进程。共赢是"一带一路"的终极目标。"一带一路"是用开放包容的心态,建设互利共赢的"利益共同体"

---

[1] 张蕴岭:《中国的周边区域观回归与新秩序构建》,《世界经济与政治》2015年第1期。
[2] 赵华胜:《中国的中亚外交》,时事出版社2008年版。
[3] 陈玉荣、蒋宇晨:《"一带一路":中国外交理念的传递》,《当代世界》2015年第4期。
[4] 王毅:《盘点2014:中国外交丰收之年》,《国际问题研究》2015年第1期。
[5] 孙溯源:《"一带一路"与中国在中亚的能源合作:区域公共产品的视角》,《"一带一路"与国际合作》(复旦国际关系评论)2015年第16辑。

和共同发展繁荣的"命运共同体"与"责任共同体"。

能源合作是习近平所倡导的"命运共同体"建设的重要组成部分，也是推进"一带一路"的重要支柱，是中国与沿线国家合作的着力点。"一带一路"富有创新意义的合作理念必将对中国的能源安全观发生积极的转变，进而提升对能源安全观的认识，并落实到能源外交的具体行动上。在安全问题上命运共同体的意义在于，中国与周边国家不是对抗关系，而是朋友、伙伴之间的合作关系。[1] 因此，在能源安全上，中国所构想的与东北亚其他国家的能源关系应该也是非对抗的、分享共同安全的合作和协调关系。即将其他消费国和生产国的能源安全有意识地纳入总体的安全考量中，在不放松对自身能源安全追求的同时，包容和尊重其他国家的能源安全诉求。目前，中国化石能源消费增长逐渐放缓，国际油气供应相对宽松，而清洁能源和环境保护正在成为能源消费的大趋势。在当前的国际油气供应趋势下，传统的拓展油气来源、保障能源供应的能源合作思路必须向互利发展，向保障共同安全转变。[2]

可以断定的是，在"一带一路"倡议的推动下，中国的能源安全观、能源外交原则、行为以及能源合作领域等方面，都经历着重要的修正、补充和调整。自1993年以来，中国经过了20多年的能源国际合作，能源来源的安全状况已得到极大改善和提高，能源安全观正在逐渐发生转变。可以说，"一带一路"倡议的提出，既是从战略的高度引导和推动中国能源安全观念和对外合作原则作出调整，同时也体现了中国对外能源合作观念正在发生的变化趋势。

中国在竭力维护自身能源安全的同时，对能源集体安全的意识已经越来越突出。这一点集中体现在从"命运共同体"的高度打造周边外交的理念和行为上。在能源合作中，中国认识到需要在保障自身安全的同时，理解和尊重其他行为体的能源安全需求，以集体安全观作为对个体安全的重要补充，在互惠互利的合作方式基础上更加倾向

---

[1] 参见周方银《命运共同体：国家安全观的重要元素》，《人民论坛》2014年第6期。
[2] 刘建国、梁琦：《"一带一路"能源合作问题研究》，《中国能源》2015年第7期。

于惠及和给予，积极为区域能源合作提供公共产品。

中国的能源外交原则在保持传统的自助逻辑的同时，以开放、包容和共赢的合作理念吸收和增加了互助与他助的成分，使得能源外交原则更加完整，成为自助与他助的复合体。其能源外交行为也在加强与生产国传统的双边能源关系的同时，更加注重多边合作，积极主动构建区域内和跨区域的多边能源合作，形成双边合作与多边合作的灵活组合。能源合作的领域也有了更大的拓展，不仅注重与生产国开发和获取资源的合作，还将合作扩大到同消费国在节能环保、新能源等领域，以及能源投资、运输、加工等与生产国和消费国共同的合作领域。

（二）"一带一路"框架下中国在东北亚能源合作中的角色塑造

中国在东北亚地区参与能源合作面临着三方面的困难：第一，管理与最大的生产国——俄罗斯的能源互赖关系，避免俄罗斯谋求自身能源战略利益的行为影响到中国的能源安全；第二，协调与其他消费国在资源获取领域的竞争，尽量降低各自维护能源来源安全的行为损害其他消费国的能源安全；第三，也是最大的难题，如何将消费国在节能环保领域的合作扩大到能源获取领域，形成包括生产国和消费国在内的东北亚多边能源合作。

根据"一带一路"的公共产品属性及其合作理念，中国将在东北亚能源合作中，扮演区域公共产品提供者的角色。中国自成为能源净进口国以来，就一直是化石能源的寻求者，节能环保技术的需求者，能源价格的接受者。近年来，随着中国经济实力的增强和能源技术水平的提高，中国可以成为资金的供给者，能源技术的提供者。鉴于能源开发投资具有周期长、成本高和难度大的特点，中国拥有庞大的外汇储备和独特的资源开发技术，既有能力也有意愿与其他国家共同实现能源可持续发展的目标。在"一带一路"倡议下，中国的能源安全观、能源外交原则与行为正在进行重要修正的背景下，中国在东北亚能源合作中的角色也将相应地发生转变。具体来说，中国可以从四个方面重塑在能源合作中的角色，起到新的作用。

第一,深化与俄罗斯的合作,管控两国的能源竞争。作为东北亚地区两个最大的生产国和消费国,俄罗斯和中国,需要管理好彼此的能源关系,才能有效避免东北亚地区复杂的能源竞争演变为冲突。

在能源合作上,中国可以进一步深化与俄罗斯在油气上游的合作,向油气运输、加工提炼、石油化工以及电力配送等领域拓展,进而形成能源生产和供应的一体化跨国网络。由此向东北亚地区辐射,形成以中俄为支点的东北亚能源一体化网络。在战略上,由中国倡议的跨区域发展规划,"一带一路"构想只有得到沿线国家的理解、认同和支持,才真正具有合法性,才能最终实现其战略目标和价值。"一带一路"战略构想已经得到俄罗斯的认同和支持,俄罗斯希望将中国的丝绸之路经济带建设与其所倡议的欧亚经济联盟实现战略接轨。[①] 显然,"一带一路"战略在东北亚获得了最大的油气生产国俄罗斯的政治信任和认同,这为中俄共同推动东北亚能源网络奠定了良好的发展基础。

第二,改变消费国各自为政、相互竞争化石能源来源的现状,向消费国联盟的方向发展。中国、日本和韩国三国是世界上能源消费较大的地区之一。在化石能源方面,尽管三国在能源安全方面相互竞争,但实际上三国的能源安全战略和相关政策颇为形似,即以合理的价格获取所需的油气资源,这在根本上也是符合三方共同利益的。但由于能源安全观的自助逻辑,三大消费国为维护油气进口安全,经常在能源开发项目上展开激烈的外交竞争。国际油价持续走低、油气市场供过于求的状况,缓解了三国的能源竞争压力,这种形势有助于三国在油气资源开发领域建立新型消费国能源关系,即能源合作—竞争关系。

在共同能源安全观和"一带一路"倡议下,资源领域可以成为三国合作的切入点。特别是中国有意愿在东北亚能源关系中提供公共产品,通过合作提高共同的能源安全,实现能源可持续发展,改善三国

---

① 《上海合作组织成员国元首乌法宣言》,中央政府门户网站,http://www.gov.cn/xinwen/2015-07/11/content_2895381.htm。

的能源关系。中国能够本着公平合理、互惠互利的原则在上游勘探开发、中游的运输以及下游的生产加工方面展开合作。在合作中弱化消费国在俄罗斯油气开发过程中的竞争性，化解竞争所带来的负面影响，既考虑日韩两国能源获取的需要，也要把俄罗斯的能源利益考虑进来，协调各方的利益。三国可以在天然气领域建立买方联盟，提高与天然气出口国的议价能力，获得合理价格，共同推动东北亚天然气市场的形成，进而朝着多边能源合作机制建设的方向发展。[①]

在东北亚区域之外，三国开展化石能源合作有着更多的可能性。出于对能源资源的需求，中日韩三国都将经济外交的目标转向中亚。2014年，韩国总统朴槿惠出访中亚三国，重点探讨与乌兹别克斯坦、哈萨克斯坦以及土库曼斯坦的能源资源合作问题。2015年10月，日本首相安倍出访中亚五国，与中亚国家商讨确保石油、天然气和铀等资源稳定供应的问题。而中亚国家在能源合作态度上与俄罗斯有着很大的区别，它们既没有能力更没有企图以能源作为战略工具来对付进口消费国。因此，三国若在中亚油气开发上展开共同合作，比如联合竞标、共同开发油气资源、开展运输合作等，将不仅能打破消费国竞争能源资源的宿命，还能倒逼俄罗斯采取更加合作的姿态，进而改善东北亚能源竞争的状况。

第三，增进与消费国在节能环保领域的合作，从塑造环境的命运共同体入手，将节能环保合作做深做强，培育共识，建立合作机制，探索新的合作模式。

环境方面是中国在东北亚地区合作方面能够选择的、行之有效的领域，也是当前东北亚地区争议较少，最有可能取得成果的领域。东北亚国家在环境领域有着许多共同利益。中日韩三大消费国都面临着巨大的资源环境压力，诸如跨界大气污染、海洋环境、土地退化与沙尘暴、生物多样性、水污染等许多生态问题，环境问题成为超越国境的区域性问题。东北亚地区已经在环境意义上成为一个

---

① 参见黄晓勇《以"一带一路"促进亚洲共同能源安全》，《人民论坛》2015年第8期。

"命运共同体"①。加强与消费国之间的环境合作,既能促进区域经济可持续发展,还有助于推进东北亚地区合作,促进东北亚国家之间建立政治互信,培育合作共识,创新合作模式,提高合作的机制化程度。

第四,控制、弱化乃至消解在化石能源获取中因对相对收益的偏好而导致的消费国竞争,消除节能环保领域的合作向资源获取领域跨越的壁垒,建立多元能源命运共同体。

在前三个方面都取得积极进展,即在中俄两大能源生产和消费国相互理解和尊重彼此的能源安全利益的前提下,中俄能源关系朝着建立一体化能源网络的方向发展;三大消费国能以共同的安全观念控制对能源获取的竞争,弱化竞争的冲突性,形成互信互利的买方联盟;在消费国节能环保合作的机制化基本形成时,困扰东北亚能源多边合作的最大障碍将得以克服。东北亚将有望形成区域一体化的多边能源合作,而中国也会在这一过程中完成其在东北亚能源合作中的角色重塑,成为东北亚多边能源合作制度的建设者,利益的分享者,公共产品的提供者。

五 结语

在"一带一路"框架下,中国以公共产品提供者的角色参与东北亚能源合作,其能源安全观正在发生重要的修正和补充。突出体现为在观念上更加重视集体的共同能源安全;在能源外交原则上突破自助原则的束缚,以更加开放和包容的姿态,与其他国家建立互利共赢的合作。中国能源安全观念的修正和角色的重塑,在多大程度上能够改善东北亚能源安全环境和能源合作状况,仍是一个有待耐心观察的问题。

中国的"一带一路"倡议并不是东北亚其他国家改变能源安全观

---

① 李文、王语懿:《政治因素对东北亚地区合作的影响》,《东北亚论坛》2015年第1期。

及其能源外交原则的内在原因与核心动力。比如，俄罗斯与中国能源合作的升温并不只是"一带一路"推动的结果，在一定程度上也缘于西方对俄罗斯的制裁和国际油价的持续低迷等。因而"一带一路"倡议对东北亚地区能源安全合作的影响主要取决于具体的战略实施、与其他国家的互动以及取决于能否建立有助于区域能源合作的沟通、管理平台、合作机制以及危机管理机制。

参考文献：

[1] 黄河：《公共产品视角下的"一带一路"》，《世界经济与政治》2015年第6期。

[2] 樊勇明：《从国际公共产品到区域性公共产品》，《世界政治与经济》2010年第1期。

[3] 刘昌黎：《中日环境合作的现状、问题与对策》，《日本研究》2012年第3期。

[4] 孙溯源：《制度匮乏下亚欧合作的选择：议题、形式和方向》，《当代亚太》2011年第3期。

[5] 孙溯源：《"一带一路"与中国在中亚的能源合作：区域公共产品的视角》，《"一带一路"与国际合作》（复旦国际关系评论）2015年第16辑。

[6] 伍福佐：《重商主义还是自由主义——试析西方学界对中国能源外交的争论》，《国际论坛》2009年第2期。

[7] 杨海燕：《区域公共产品的供给困境与合作机制探析》，《"一带一路"与国际合作》（复旦国际关系评论）2015年第16辑。

[8] 张蕴岭：《中国的周边区域观回归与新秩序构建》，《世界经济与政治》2015年第1期。

[9] 周方银：《命运共同体：国家安全观的重要元素》，《人民论坛》2014年第6期。

[10] Hidetaka Yoshimatsu, "Regional Cooperation in Northeast Asia: Searching for the Mode of Governance," *International Relations of the Asian-Pacific*, Vol. 10, No. 2, 2010, pp. 247 – 274.

[11] Kent E. Calder, *Pacific Defense: Arms Energy and America's Future in Asia*, New York: William Morrow and Company, 1996, pp. 13 – 42.

[12] Kenneth Lieberthal and Mikkal Herberg, "China's Search for Energy Securi-

ty: Implications for U. S. Policy," *NBR Analysis*, Vol. 17, No. 1, 2006, p. 13.

[13] Shoichi Itoh, "China's Surging Energy Demand: Trigger for Conflict or Cooperation with Japan?" *East Asia*, Vol. 25, No. 1, 2008, pp. 79 – 98.

[14] Suyuan Sun, "Energy Acquisition, Usage, and China's Engagement in Northeast Asian Energy Cooperation," in Bo Kong and Jae H. Ku, eds. , *Energy Security Cooperation in Northeast Asia*, New York: Routledge, 2005, pp. 38 – 61.

中国能源革命、"一带一路"与东北亚能源安全

钟飞腾[*]

内容提要：因原油和天然气占比不仅将上升，还将日益扩大与海外市场的联系，中国政府切实认识到能源合作是"一带一路"倡议的重要组成部分。这种能源合作有七种类型，其中全方位的能源合作关系主要是俄罗斯、中亚五国、伊朗和巴基斯坦。在合作内容上，既有油气等一次能源，也有电力等二次能源，既有传统能源，也有新能源，如核能等。在合作方式上，既有中方与东道国构建长期稳定、上下游一体的能源伙伴关系，也有中方援建东道国的能源基础设施。其中，与东北亚的蒙古主要是中方援建能源基础设施与能源开发，但缺少将其他两个能源需求国——韩国与日本纳入其中的考虑。长期以来，关于东北亚能源合作的讨论甚多，但进展缓慢，大多数研究认为政治原因是首当其冲的。自"一带一路"提出后，中国在能源外交和能源安全上已经有了较大的改变，不再只是聚焦于能源供应安全，也着手应对价格波动和技术创新等。从未来发展态势看，中国应该重新认识东北亚在能源革命中的地位和作用，需要深入思考东北亚地区能源合作的挑战。

关键词："一带一路"，能源合作，能源革命，东北亚能源安全

---

[*] 钟飞腾，中国社会科学院亚太与全球战略研究院大国关系研究室主任、副研究员。研究方向：国际政治经济学、对外直接投资、东亚与美国。

中国能源革命、"一带一路"与东北亚能源安全

自20世纪90年代初中国成为能源净进口国以来，有关能源合作的话题一直是中国国际关系研究领域的重要内容。在2008年国际金融危机爆发之前，国际舆论关于中国推进对非洲合作致力于获取可靠能源供应，进而是否会导致新一轮"殖民主义"的讨论也甚嚣尘上。国际金融危机对全球大宗商品格局产生了重大冲击，特别是由于中国等新兴市场经济增速下滑，调整经济结构力度加大，对能源市场的影响也很大，所谓的中国需求推高资源品价格的说法似乎从反面得到了验证。凡此种种，不得不让人从更广阔的国内国际背景，进一步探讨如何确保中国能源安全，并在中国新一轮改革开放大潮中有机地融入能源的内容。

将能源问题置于更广阔的国际背景下，并在多边舞台上有效地设置能源议题，是最近几年里中国对外关系领域的一个显著特征。2014年6月，"能源革命"一词进入中国的政策话语体系。在中央财经领导小组第六次会议上，习近平强调，根据能源供需格局新变化和国际能源发展新趋势，未来一段时期里中国的能源安全战略需着重推进能源生产、供给、消费和技术革命。习近平强调，"必须从国家发展和安全的战略高度……找到顺应能源大势之道"，为此须"全方位加强国际合作，实现开放条件下能源安全"。习近平还特意提到："务实推进'一带一路'能源合作，加大中亚、中东、美洲、非洲等油气的合作力度。"[1] 在国内形成政治共识之后，中国政府随即在多边舞台上推动中国概念进入国际议程。2014年11月，在北京APEC工商领导人峰会上，习近平主席首次将能源革命与科技革命、产业革命一道视作实现亚太梦想的重要内容。习近平认为："全球新一轮科技革命、产业革命、能源革命蓄势待发，亚太经济体相互联系日益紧密，区域经济一体化的必要性和迫切性更加凸显。"[2] "能源革命"说提出不到5个月，中国便向亚太经合组织（Asia-Pacific Economic Coopera-

---

[1] 习近平：《积极推动我国能源生产和消费革命》，新华社，http://news.xinhuanet.com/politics/2014-06/13/c_1111139161.htm（2014-06-13）。

[2] 习近平：《谋求持久发展共筑亚太梦想——在亚太经合组织工商领导人峰会开幕式上的演讲》，新华社，2014年11月9日。

tion，APEC）成员提出构建亚太能源安全体系，显著地扩大了中国能源革命的范围，在中亚、中东、美洲、非洲之外增加了对地域更广泛的亚太地区的考虑，可以说，除了欧洲之外，中国国际能源合作的覆盖面基本上是全球性的，这对中国创造性地处理对外关系产生了积极影响。

"一带一路"倡议是中国在新的国际国内形势下提出的一项大战略。从对外关系领域来看，主要是对处于新发展阶段的中国将如何构建有利于共同发展的外部环境的一项顶层设计。根据三部委联合发布的"一带一路"文件，包括能源合作在内的"设施联通"，是"一带一路"建设中互联互通的基本内容。其中关于能源问题，则具体到"加强能源基础设施互联互通合作，共同维护输油、输气管道等运输通道安全，推进跨境电力与输电通道建设，积极开展区域电网升级改造合作"[1]。2016年12月底公布了《能源发展"十三五"规划》，在公开稿中国家发改委认为能源国际合作不断深化，"一带一路"能源合作全面展开。但从规划来看，"一带一路"沿线已经取得的国际合作成绩主要集中在两个方面：中巴经济走廊的能源合作深入推进，西北、东北、西南及海上四大油气进口通道不断完善，对其他方面则语焉不详。[2]

在"一带一路"与东北亚的关系上，国内外常见的一种看法是，中国官方起初并没有将东北亚列入"一带一路"建设规划中。2014年7月习近平访问韩国时，并没有提到"一带一路"。[3] 对此比较典型的看法是，东北亚复杂的安全和地缘政治结构并不利于中国推进"一带一路"建设。而且从"一带一路"提出的动因来看，难以否认

---

[1] 《授权发布：推动共建丝绸之路经济带和21世纪海上丝绸之路的愿景与行动》，新华社，http://news.xinhuanet.com/finance/2015 - 03/28/c_ 1114793986_ 2.htm（2015 - 03 - 28）。

[2] 《国家发展改革委国家能源局关于印发能源发展"十三五"规划的通知》，发改委网站，http://www.sdpc.gov.cn/zcfb/zcfbtz/201701/t20170117_ 835278.html（2016 - 12 - 26）。

[3] 《习近平同韩国总统朴槿惠举行会谈》，新华网，http://news.xinhuanet.com/politics/2014 - 07/03/c_ 1111449510.htm（2014 - 07 - 03）。

的一个原因是规避中美在东亚的竞争,例如国际舆论普遍认为北京大学王缉思教授2012年提出的"西进"战略体现了"一带一路"倡议的国际关系考虑。① 但从中国实际的政策推进来看,韩国已经是推动该项倡议时一个重点的合作方。2015年9月2日,习近平在北京会见朴槿惠时提出,中方欢迎韩方积极参与"一带一路"建设和亚洲基础设施投资银行工作。② 2016年3月31日,习近平在华盛顿会晤韩国领导人朴槿惠时明确提出,欢迎韩国积极参与"一带一路"建设,实现"欧亚合作倡议"同"一带一路"建设对接。③ 在学术界,有关推进中韩在"一带一路"合作的政策主张并不鲜见。韩国学者认为,"欧亚倡议"和"一带一路"的契合点主要在于中国的东北三省和俄罗斯,中方的财力资源、韩方的技术支持加上第三方国家的资源优势可以实现互惠共赢。④ 中国学者也认为,韩国朴槿惠政权很好地利用了中国外交布局调整的机会,积极参与"一带一路"和亚洲基础设施投资银行等倡议。⑤

从能源角度考虑,中国政府也切实认识到能源合作是构成更为广泛的亚太自贸区建设的一部分。作为一种新型的区域合作模式,"一带一路"也必然要考虑到能源对合作的推动作用。因此,有必要将中国基于国内发展新需求而努力推进的能源革命,与针对全球新格局出

---

① 曹辛:《创造条件也要上的中国"一带一路"》,《金融时报》中文网,2015年6月8日,http://www.ftchinese.com/story/001062389? full = y。Francois Godement," 'One Belt, One Road': China's Great Leap Outward," European Council on Foreign Relations, June 2015; Michael Clarke, "Understanding China's Eurasian Pivot," September 10, 2015, http://thediplomat.com/2015/09/understanding-chinas-eurasian-pivot/; Ohara Bonji, "What Does Chinese Want? Understanding Beijing's Foreign Policy," May 27, 2015, http://www.tokyofoundation.org/en/articles/2015/what-does-china-want.

② 《习近平会见韩国总统朴槿惠》,新华网,http://news.xinhuanet.com/politics/2015-09/02/c_1116452483.htm (2015-09-02)。

③ 《习近平会见韩国总统朴槿惠》,新华社,http://news.xinhuanet.com/politics/2016-04/01/c_1118506531.htm (2016-04-01)。

④ 《"一带一路"与"欧亚倡议"国际研讨会在京召开》,新华网,http://world.people.com.cn/n/2015/0715/c157278-27309279.html (2015-07-15)。

⑤ 董向荣:《"一带一路"与韩国:双边合作如何更上层楼?》,中国网,2016年1月27日,http://finance.huanqiu.com/br/column/bj/2016-01/8457163.html。

台的"一带一路"建设联系起来,并将这种关联应用于分析东北亚的能源安全。本文即是对这种目标的一种努力。

一 "能源革命"说与"一带一路"倡议

中国提出能源革命的背景主要有三个。这些背景既有理论上对环境与经济增长关系的新认识,也有东亚发展对全球能源供需关系的影响。特别是2008年金融危机以后,经历长期发展的中国、印度等国家认识到,发展中国家很可能在新的时代背景下,即便是利用了既有的节能技术,也可能难以在短期内实现环境改善的预期目的。而且,鉴于能源出口国过分依赖于石油、天然气出口来确保国内财政健康,全球能源发展前景并不像原来预计的那样能快速走出化石能源时代。2014年以来能源价格的下跌是20世纪以来的第三次,前两次分别发生在第一次世界大战期间和20世纪70年代,对全球政治经济形势产生了复杂的影响。在这种情况下,中国提出了能源革命说,与以往强调改革、创新相比,力度上有很大的不同,对中国各个部门、地区调整国内能源体制,进而改变地区和国家间关系也将产生深远影响。为了改善能源环境,中国在一定程度上得走出去,加强国际合作。通过"一带一路"倡议构建新型的合作发展模式,有可能带来不同的能源消费和能源安全格局。

第一,亚洲经济体的持续经济增长将进一步扩大能源消费,经济发展方式的转变并不容易,为此必须进行一场深刻的能源革命。自20世纪90年代初以来,发达国家认为存在一种环境库兹涅茨倒U形曲线现象,即能源资源消耗将伴随着经济增长经历一个先上升,后逐步下降的过程,即人均碳排放和人均GDP之间呈现出一种倒U形的关系。[1] 传统观点认为,污染水平在人均GDP 5000美元至8000美元时将达到顶点,这种观点对发展中国家的政策产生了很大影响,即可

---

[1] G. M. Grossman and Aner B. Krueger, "Environmental Impacts of a North American Free Trade Agreement," NBER working paper, No. 3914, NBER, Cambridge, MA, 1991.

以实施一种"先增长、后清洁"的发展政策。① 鉴于中国经济增速和体量,中国经济增长对环境的影响也被广泛而深入的研究。2008年,亚洲开发银行在一项针对中国是否存在库兹涅茨环境倒U形曲线的研究中认为,就1985—2005年中国废气排放和人均收入而言,的确存在着倒U形曲线,转折点是按购买力计算的人均GDP 13000元,但废水排放却不存在这种关系,而且由于技术扩散和政策管制的影响,落后地区要比发达的东部地区更早地进入转折点。②

但金融危机以来的众多研究表明,收入水平增长能否迎来污染下降并不确定。一项近期发表的研究认为,1991—2001年,中国74个城市的数据表明,经济结构和发展政策,如资本—劳动比率、开放度以及环境承载能力都会影响污染—收入的关系。中国在这一阶段吸收的外资加大了中国的污染。但总体而言,由于中国诸多城市处在不同的发展阶段,这类关系是不同的。③ 在随后几年里更多的经验研究进一步认为倒U形关系并不完全准确,有学者认为,就1980—2010年而言,无论是发达国家,还是新兴市场国家,碳排放和人均GDP之间更多的是一种N形或者颠倒的N形关系。④ 实际上,经济增长将一直伴随着资源能源消费的扩大,只不过在服务业占据主导地位后能源消费增长有所减缓。因此,单纯依靠经济增长本身的推动来达到一个转折点,并不能削减总体上的资源能源消费。而且,既有的大多数研究并不认可这样的转折点存在。总体而言,环境与经济发展是一个长期的关系。⑤ 这些新研

---

① Susmita Dasgupta, Benoit Laplante, Hua Wang and David Wheeler, "Confronting the Environmental Kuznets Curve," *Journal of Economic Perspectives*, Vol. 16, No. 1, 2002, p. 147.

② Yi Jiang, Tun Lin, and JuzhongZhuang, "Environmental Kuznets Curves in the People's Republic of China: Turning Points and Regional Differences," ADB Economics Working Papers Series, No. 141, December 2008.

③ Jie He and Hua Wang, "Economic Structure, Development Policy and Environmental Quality: An Empirical Analysis of Environmental Kuznets Curves with Chinese Municipal Data," *Ecological Economics*, 76 (2012), 2012, pp. 49–59.

④ Slin Ozokcu and Ozlem Ozdemir, "Economic Growth, Energy and Environment Kuznets Curve," *Renewable and Sustainable Energy Reviews*, 72 (2017), pp. 639–647.

⑤ Stephen P. A. Brown and Ian K. McDonough, "Using the Environmental Kuznets Curve to Evalute Energy Policy: Some Practical Considerations," *Energy Policy*, 98 (2016), 2016, pp. 453–458.

究尽管仍然只是众多有关环境与经济增长关系话题争议进程中的片段，但确实告诉我们环境问题是一个非常复杂的综合性议题，能源消费结构以及能源政策只是众多因素之一。

因为从理论和经验上还无法验证环境在中短期里是否有得到改善的趋势，随着公众越来越关注眼前的环境问题，特别是媒体广泛报道能源消费所引发的污染，所以各国政府不得不想出新的办法来应对这种压力。首先，多数人承认一个基本事实，即随着收入水平的提高，对环境的要求也在提高。反过来讲，对高污染品的消费将随着收入提高而降低。因此，提高收入的确是一个有效改善环境的途径，污染性产品由于没有消费市场而将自动退出生产领域。其次，与前一点相关的是，有关国家可以改善经济结构，减少高污染产品的生产，甚至进一步减少制造业的比重，增强服务业的比重。再次，贸易投资也是一种途径。将高污染的生产转移到更能接受环境污染的国家，而在本国推进服务业。这是以往多年来发达国家对发展中国家投资的一种模式，发达国家保留了轻质的制造业，而将重污染的制造业转移给了发展中国家，对环境要求较低的发展中国家吸收了大量的外资，由此形成了所谓的污染天堂假设（Pollution Haven Hypothesis，PHH）。正是在最后这一点上，"一带一路"沿线国家对中国的产业转移也有顾虑。由于环境问题彰显，中国难以仿照当年美国、日本乃至东亚其他国家对中国进行产业转移的思路，而要尽可能地在产业转移与环境关切之间保持有机平衡。2016年6月，习近平在乌兹别克斯坦最高会议立法院演讲时就指出，中国与沿线国家要携手打造"绿色丝绸之路"。[①]

第二，中国成为全球能源最大消费国家，对亚洲地区的能源消费格局产生极为重要的影响，也引发美国对亚洲地区稳定和秩序的强烈关注。按照BP对各个地区能源消费的统计，目前整个亚太地区（包括澳大利亚、新西兰）一次能源消费（primary energy）占全球的比重已经跃升至约42%，相当于北美、欧洲乃至包括俄罗斯在内的欧亚

---

① 《习近平：携手打造绿色、健康、智力、和平的丝绸之路》，新华社，http://news.xinhuanet.com/politics/2016-06/22/c_1119094645.htm（2016-06-22）。

地区的总和。因此，从一般意义上说，亚洲地区的一次能源消费对全球市场的带动力要比整个发达世界来得重要，也预示着在全球能源市场上话语权的增强。而在亚洲能源消费影响力上升过程中起作用的国家，主要是中国和印度，特别是中国。如图1所示，中、日、韩三国能源消费占亚太地区的比重，在20世纪70年代初达到了顶峰即72%左右，此后逐步下滑至21世纪初的65%左右，但在国际金融危机爆发前夕又恢复到70%左右。1977年，中国的一次能源消费超过日本，2002年两倍于日本，到2012年已经是日本的近6倍，2015年则为6.8倍。印度也于2009年超过日本，成为亚洲第二大能源消费国。也就是说，进入21世纪以来，中日韩三国占比上升主要是由中国消费的快速增长造成的，而亚洲占比快速上升也与印度的消费有关。在过去10多年里，中、日、韩三国整体能源消费占地区的比重基本未变，但中国消费的占比快速上升。按照BP 2017年发布的能源展望，在未来20年里，中国仍将保持全球能源消费第一的大国地位，在接

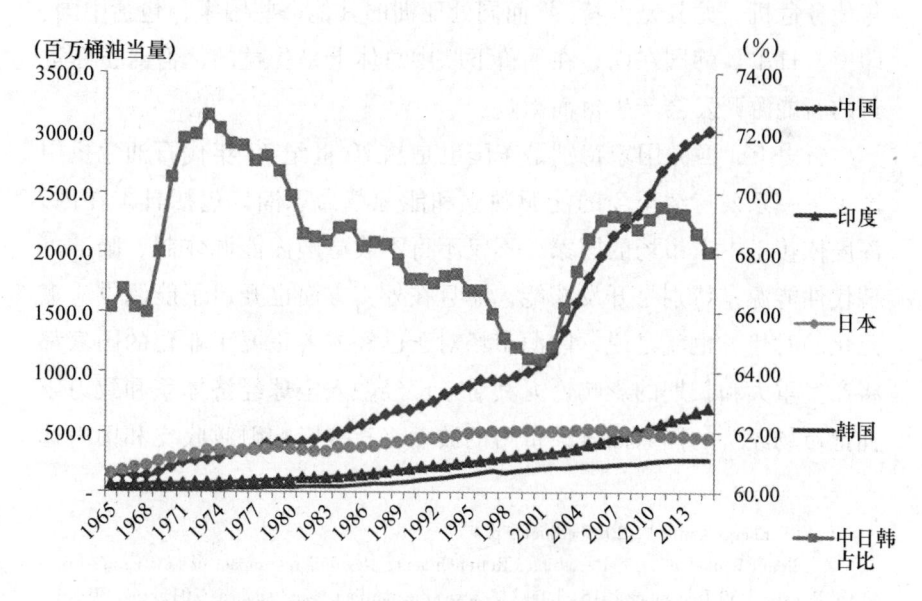

图1　亚洲四个主要能源消费国的一次能源消费（1965—2015）
资料来源：BP。

近 2040 年时才有可能被印度超越。① 因此，进入 21 世纪以来，中国在亚洲地区能源格局中的影响力仍将持续上升，在 2040 年之前，中国的能源革命将显著地改变该地区和全球的能源格局。因此，能源仍然是中国任何一项新的发展战略或者新的国际战略的重要组成部分，中国在能源领域的作为直接影响到发展的外部环境，也仍然是努力推进中的中国崛起进程的必要内容。

第三，全球能源市场的波动对能源生产国和进口国以及亚洲国家间关系会产生复杂影响。特别是 2014 年 6 月以来的原油价格下跌，在亚洲地区的能源生产国和消费国之间产生了十分不同的效应。石油生产国亏损严重，很多国家基于高油价制定的预算收入成为泡影。按照英国《卫报》的分析，财政受损比较突出的是沙特、尼日利亚、俄罗斯、美国、委内瑞拉、伊朗、利比亚等。② 甚至有研究预言，由于财政问题严重，在国际金融危机之后，这次能源价格将导致在今后 10 年里诸多国家面临主权债务风险，甚至重演 20 世纪 80 年代的 10 年债务危机，尤其是沙特。③ 而同处亚洲的其他一些国家，包括中国、印度、日本、韩国在内，在油价下跌中总体上是受益的，但对正在进行的新能源开发会产生负面影响。

历史上，西方国家特别是美国也是从 20 世纪 70 年代石油危机中产生了一系列持续至今的能源独立和能源革命思潮。包括日本在内，深度依赖于中东市场的国家，不仅不得不改革国内能源体制、瞄准可替代性能源，特别是开发核能，而且在外交方面也开启了能源供应多元化的时代。也就是说，能源市场对于已经或者正要工业化的国家都将产生重大和长期的影响，尤其对于已经融入全球经济体系和致力于拥抱市场经济的国家而言，价格的波动将直接影响财政收支和国内选

---

① BP Energy Outlook, 2017 edition, p. 13.
② Shaun Walker etc., "Recession, Retrenchment, Revolution? Impact of Low Crude Prices on Oil Powers," 30 December 2015, https://www.theguardian.com/business/2015/dec/30/oil-iran-saudi-arabia-russia-venezuela-nigeria-libya.
③ Elena Holodny, "A Huge Wave of Sovereign Defaults Might Be Coming," May 18, 2016, http://www.businessinsider.com/wave-of-sovereign-defaults-coming-oil-prices-2016-5.

民的投票姿态，使政治家和商人不得不在一个全球体系中博弈。对于很多正处于工业化的国家而言，能源是不可或缺、难以替代的动力。而全球能源的产出地主要集中在若干个区域，大多数进口国并没有别的办法来实现多元化。

从全球能源出口的多元化来看，自20世纪80年代初以来基本格局已经发生变革。如表1所示，尽管全球原油出口从1980年的3232万桶/天增长至2015年的6122万桶，但中东地区的全球出口占比却从1980年的54.2%下降至2015年的33.7%。尽管中东地区的绝对出口量略有上升，由于份额下滑，对全球原油出口格局的影响却不如从前。而俄罗斯和亚太地区的出口从1980年的6%到2015年已经翻了一番。如果从增速来看，35年来美国、加拿大最为显著，增长了4倍，2015年，北美三国合计占比为17.1%，是全球第二大出口地区。进入新世纪以来，俄罗斯的能源出口首先增速，中东地区大幅度下降至1985年的水平。自2005年以来，亚太和美国的出口增速十分明显。

表1　全球原油主要出口地区和国家构成（1980—2015年）　　（%）

年份	1980	1985	1990	1995	2000	2005	2010	2015
中东	54.2	38.1	45.2	43.7	43.1	38	34.7	33.7
俄罗斯	6.3	10.4	8.5	9.1	9.6	13.2	13.6	13.5
亚太	6.5	9.6	6.9	9	8.5	8.1	11.5	11.4
美国	1.7	3.2	2.8	2.5	2	2.2	4	7.6
西非	7.7	7.2	7.4	7.2	7.4	8.4	8.5	7.3
拉美	9.3	8.1	7.5	7.3	7	6.8	6.6	6.6
加拿大	1.4	2.8	3	3.7	3.9	4.2	4.8	6.6
北非	8.7	9.9	8.3	7.1	6.2	5.9	5.3	2.7
墨西哥	2.7	6.5	4.4	3.7	4.1	4	2.8	2.2
合计	98.5	95.8	94.0	93.	91.8	90.8	91.8	91.6
世界出口量（千桶/天）	32324	24488	31441	38066	43959	52185	54368	61223

资料来源：BP Statistical Review of World Energy, June 2016.

自 2011 年以来，北非的石油出口量迅猛下跌，充分表明地区动荡对能源安全的影响。尽管北非自 20 世纪 80 年代后期以来出口占比不断下滑，但最为显著的一次下降却是在最近一轮北非中东地区动荡之后。2010 年，北非地区原油日出口量为 287 万桶，但过了一年，即迅速下跌至 195 万桶，年出口量损失 4600 万吨，主要是对美国（1000 万吨）和欧洲（3400 万吨）。从数量关系上看，中东地区出口量的增加几乎完全弥补了北非出口的下滑。显然，2011 年原油出口严重下跌与中东北非地区的动荡密切相关，自 2010 年底以来，发端于突尼斯的动荡席卷了整个北非地区，导致该地区石油出口下滑。如果仅从原油出口增速来看，那么可以说，自 2010 年以来最快的是美国，占比从 2010 年的 4% 上升至 2015 年的 7.6%，几乎翻了一番。而北非则从 2010 年的 5.3% 下跌至 2.7%，跌去近一半，几乎完全靠出口欧洲来维持，而向美国和亚太的出口则几乎停止。从这个意义上说，在北非变局上，美国是获益最大的一方也不为过。按照 BP 提供的数据，2004 年，美国原油出口首度接近 100 万桶，至 2015 年已经增长至 463 万桶/天，这可能是最近十年里全球原油出口领域最大的变化之一。

能源需求的变化一方面取决于国内调整和规划，另一方面取决于国际能源市场。从中国国内发展目标来看，推动经济发展方式转变将是一项基本国策，而能源消费格局的变化是其中重要的组成部分。从未来发展趋势看，构成中国能源消费的几大板块，煤炭的占比将不断下降，其他类型的能源占比都将上升。与风电、太阳能等清洁能源不同的是，原油和天然气占比不仅将上升，还将日益扩大与海外市场的联系。由此带来一项重大挑战，中国正在推进的"一带一路"建设，是否足以保障中国的能源安全，并足以提供能源革命的动力？

二 "一带一路"建设中的能源合作

支撑"一带一路"的除了理念和政策外，还有物质要素的跨境流动。古代"丝绸之路"流动的是当时的重要物资——丝绸、茶叶、瓷器、铁器与药材等，现代丝绸之路则交易着战略性物资，比如推进中国现代化建设的油气资源。将能源合作与"一带一路"建设紧密地结合起来，是今后一个时期的重要任务。2015年3月公布的"一带一路"官方文件也表示，要与沿线国家"加大煤炭、油气、金属矿产等传统能源资源勘探开发合作，积极推动水电、核电、风电、太阳能等清洁、可再生能源合作，推进能源资源就地就近加工转化合作，形成能源资源合作上下游一体化产业链。加强能源资源深加工技术、装备与工程服务合作"①。2016年8月17日，习近平在推进"一带一路"建设工作座谈会上表示，"一带一路"建设"重点支持基础设施互联互通、能源资源开发利用、经贸产业合作区建设、产业核心技术研发支撑等战略性优先项目"②。

自2013年9、10月"丝绸之路经济带"和"21世纪海上丝绸之路"概念与倡议相继提出之后，中国政府在外交中就逐步运用此概念来体现中国的新外交与战略意图。从一定意义上说，正是从能源角度，中国在分别推进"一带"和"一路"时发现了这个概念的联通意义。中国发展所需要的能源，特别是油气资源，早已大量依赖进口。为确保中国的能源安全，长期以来国内就已经认识到海外供给与能源运输通道安全的重要性。从能源角度考虑供给和联通的重要性，而且汇合于阿拉伯海湾国家，这是很自然的。2014年1月17日，习近平在会见海湾阿拉伯国家合作委员会代表时，首次将"丝绸之路经济带"和"21世纪海上丝绸之路"联系在一起。③ 2014年2月6日，习近平在俄罗斯索契参加冬奥会时向俄罗斯总统普京表示，希望俄罗斯如期实施俄方向中方增供原油和天然气、扩建输油管道、建设合资炼油厂等项目，扩大核能、电力、煤炭等领域的合作。中方欢迎俄罗斯方面参加

---

① 《授权发布：推动共建丝绸之路经济带和21世纪海上丝绸之路的愿景与行动》，新华网，http://news.xinhuanet.com/finance/2015-03/28/c_1114793986_2.htm（2015-03-28）。

② 《习近平出席推进"一带一路"建设工作座谈会并发表重要讲话》，《人民日报》2016年8月18日第1版。

③ 《习近平会见海湾阿拉伯国家合作委员会代表团》，新华网，http://news.xinhuanet.com/politics/2014-01/17/c_119021511.htm（2014-01-17）。

"丝绸之路经济带"和"21世纪海上丝绸之路"建设。普京则表示,"愿将俄方跨欧亚铁路与'一带一路'对接,创造出更大效益。"① 这是中国政府首次在会见外国政要时,使用缩写的"一带一路"概念。此后,中国领导人在会见和出访时逐步高频率地使用这个中国原创的词汇,也给世界带来了新的气象和推动区域与世界经济成长的想象力。

能源国际合作在"一带一路"建设中占据着相当突出的位置。从中国领导人出访和接待来华外宾时会谈的内容来看,能源外交在其中占有相当突出的地位。而且,中国根据沿线国家资源储备、在国际能源消费中的格局、技术能力和对华关系整体情况,也对沿线国家开展能源国际合作的类型作了区分。如表2所示,自2013年10月以来,习近平主席在出访、会见和接待外国领导人时,有70次在双边场合中提到将能源合作作为推进"一带一路"建设的重要内容,涉及"一带一路"沿线38个国家。

表2　习近平主席会见外国领导人与"一带一路"能源合作

序号	会见时间	出访或会见国家领导人	关于能源的会谈内容
1	2013年10月30日	伊朗伊斯兰议会议长拉里贾尼	期待加强与中方在经贸、能源、投资等领域的交流与合作
2	2013年11月13日	也门总统哈迪	重点开展电力、能源、通信、交通、基础设施建设等领域的合作
3	2013年12月5日	乌克兰总统亚努科维奇	加强农业、能源资源、基础设施建设、金融、高技术等领域的合作
4	2014年1月17日	海湾阿拉伯国家合作委员会代表团	中方愿同海方共同努力,推动丝绸之路经济带和21世纪海上丝绸之路建设
5	2014年2月6日	俄罗斯普京总统	如期实施俄方向中方增供原油和天然气、扩建输油管道、建设合资炼油厂等项目,扩大核能、电力、煤炭等领域的合作

---

① 《习近平会见俄罗斯总统普京》,新华网,http://news.xinhuanet.com/politics/2014 - 02/07/c_119220650.htm (2014 - 02 - 07)。

续表

序号	会见时间	出访或会见国家领导人	关于能源的会谈内容
6	2014年2月7日	希腊总统帕普利亚斯	双方要扩大经贸、基础设施建设、船运、油气、海洋等领域的合作
7	2014年2月19日	巴基斯坦总统侯赛因	牵引两国能源、交通基础设施、工业园区等领域的合作
8	2014年3月23日	哈萨克斯坦总统纳扎尔巴耶夫	着力推进经贸、能源、农业等领域的合作
9	2014年4月11日	老挝总理通邢	拓展能源资源、生态旅游、基础设施建设等领域的合作
10	2014年5月12日	土库曼斯坦总统别尔德穆哈梅多夫	中土互为最大的天然气合作伙伴，合作基础扎实，发展前景广阔。双方要加强全方位合作，尽早启动中国—中亚天然气管道D线建设，加快实施气田开发项目，扩大油气加工合作，共同维护两国油气管道和设施安全，携手打造互利共赢的能源战略伙伴
11	2014年5月18日	柬埔寨首相洪森	实施柬方水电、煤电、经济特区等项目
12	2014年5月18日	吉尔吉斯斯坦总统阿坦巴耶夫	双方要重点实施吉方输变电线、热电厂、炼油厂、天然气管道、高产示范种植等合作项目
13	2014年5月19日	塔吉克斯坦总统拉赫蒙	如期推进中国—中亚天然气管道工程以及塔方输变电线路改造
14	2014年5月20日	乌兹别克斯坦总统卡里莫夫	扩大经贸、能源、基础设施建设等领域的合作，按期推进中国—中亚天然气管道建设
15	2014年5月20日	俄罗斯总统普京	双方就东线天然气项目价格谈判取得重要进展
16	2014年5月20日	阿塞拜疆总统阿利耶夫	中方鼓励本国企业同阿方在工程承包、基础设施建设、交通、电信、新能源等领域开展合作
17	2014年5月22日	斯里兰卡总统拉贾帕克萨	中国政府鼓励中资企业赴斯里兰卡投资兴业，参与工业园、经济特区、电力、公路、铁路等项目
18	2014年5月22日	伊朗总统鲁哈尼	稳步推进油气、石化合作

续表

序号	会见时间	出访或会见国家领导人	关于能源的会谈内容
19	2014年6月4日	科威特首相贾比尔	双方要着力构建涵盖上中下游的能源战略伙伴关系，同时推进基础设施建设、新能源等领域的合作
20	2014年6月27日	缅甸总统吴登盛	确保能矿、油气管道、水电开发等大合作项目安全顺利运营
21	2014年7月3日	韩国总统朴槿惠	双方要在新能源、电子通信、智能制造、环境、高新技术、绿色低碳等战略新兴产业培育新的合作增长点
22	2014年7月4日	韩国总理郑烘原	在服务业、新材料、新能源等战略性新兴产业领域开展合作，扩大共同研发
23	2014年8月17日	黑山总统武亚诺维奇	推动交通基础设施、能源、旅游等领域的合作
24	2014年8月19日	乌兹别克斯坦总统卡里莫夫	加强能源、金融、农业、交通基础设施建设等领域的合作，共同建设丝绸之路经济带，重点建设和运营中国—中亚天然气管道D线
25	2014年9月11日	中俄蒙三国元首会晤	在能矿、交通基础设施建设等领域建立长期稳定的合作关系
26	2014年9月12日	哈萨克斯坦总统纳扎尔巴耶夫	扩大两国能源、双向投资、加工制造业、过境运输等领域的合作，建设中亚—中国天然气管道
27	2014年9月13日	塔吉克斯坦政府总理拉苏尔佐达	推动经贸、基础设施建设、能矿等领域的合作
28	2014年9月12日	土库曼斯坦总统别尔德穆哈梅多夫	双方要继续深化能源合作，确保中国—中亚天然气管道建设和运营，做好复兴气田二期产能建设。土方将搞好中亚—中国天然气管道、复兴气田二期开发等项目，如期实现对华输气目标
29	2014年9月12日	吉尔吉斯斯坦总统阿坦巴耶夫	积极参与铁路、公路基础设施建设和电力项目
30	2014年9月14日	印度总理莫迪	印中要加强在国际事务中的协调与合作，共同应对恐怖主义、能源安全、气候变化等挑战
31	2014年10月28日	阿富汗总统加尼	加强双方油气、矿产、基础设施建设、民生等领域的合作

续表

序号	会见时间	出访或会见国家领导人	关于能源的会谈内容
32	2014年11月3日	卡塔尔埃米尔塔米姆	愿意同卡方建立上下游一体、长期稳定的能源伙伴关系
33	2014年11月9日	印度尼西亚总统佐科	推进基础设施建设、农业、金融、核能等领域的合作
34	2014年11月9日	泰国总理巴育	双方就铁路、水利、能源、教育等领域的合作达成共识
35	2014年11月9日	俄罗斯总统普京	加强能源合作对维护两国能源安全的意义重大。双方要如期推进东线天然气管道建设，尽快启动西线天然气项目，积极商谈油田大项目合作，探讨核电、水电合作新项目
36	2015年4月20日	巴基斯坦总理谢里夫	以中巴经济走廊建设为中心，以瓜达尔港、交通基础设施、能源、产业合作为重点，形成"1+4"合作布局，丝路基金选择中巴合作的能源项目作为第一个支持项目，具有重要意义
37	2015年4月21日	巴基斯坦总统侯赛因	双方要以中巴经济走廊建设为中心，以瓜达尔港、能源、交通基础设施、产业合作四个领域为重点
38	2015年4月23日	伊朗总统鲁哈尼	中方愿同伊方在能源领域开展长期稳定的合作
39	2015年7月8日	俄罗斯总统普京	我们商定将丝绸之路经济带建设同欧亚经济联盟建设对接，重点开展投资、金融、能源、高铁等基础设施建设、航空航天、远东开发等领域的合作
40	2015年7月10日	乌兹别克斯坦总统卡里莫夫	同乌方一道做好中国—中亚—西亚经济走廊有关工作。双方要加强政策和产业对接，推进并深化能源、农业、产能等领域的合作
41	2015年9月2日	塔吉克斯坦总统拉赫蒙	将丝绸之路经济带同塔方关心的能源、交通、粮食三大发展战略有效对接
42	2015年9月2日	吉尔吉斯斯坦总统阿塔姆巴耶夫	稳步推进能源、交通、农业等领域的大项目建设
43	2015年9月3日	俄罗斯总统普京	双方要扩大金融、投资、能源、地方合作

续表

序号	会见时间	出访或会见国家领导人	关于能源的会谈内容
44	2015年9月4日	捷克总统泽曼	开展制造业、核电、基础设施建设、金融电信、高技术等领域的合作
45	2015年9月4日	波黑主席团轮值主席乔维奇	波黑愿积极推进两国经贸、投资、能源、基础设施等领域的合作
46	2015年9月26日	孟加拉国总理哈西娜	拓展贸易、产能合作、能源开发、基础设施建设等重点领域的合作
47	2015年10月14日	克罗地亚总统基塔罗维奇	挖掘双方在能源、交通、工业园区、金融、通信、农业等领域的合作潜力
48	2015年10月15日	塞浦路斯总统阿纳斯塔夏季斯	有力推进双方经贸、能源、文化、教育、旅游、基础设施建设等领域的合作
49	2015年11月10日	蒙古国总统额勒贝格道尔吉	中方同蒙方达成矿产资源开发、基础设施建设、金融合作"三位一体、统筹推进"的重要共识
50	2015年11月12日	土库曼斯坦总统别尔德穆哈梅多夫	中方视土方为长期稳定的能源战略合作伙伴,愿同土方共同推动两国能源合作不断走向深入
51	2015年11月14日	土耳其总统埃尔多安	继续同中方深化政治、经济、能源、文化、安全、旅游等各领域的合作
52	2015年11月16日	印度尼西亚总统佐科	推进铁路、能源等领域的互利合作
53	2015年12月10日	阿塞拜疆总统阿利耶夫	双方可以在能源、通信、基础设施等领域共同打造符合阿方实际需求的大项目
54	2015年12月14日	阿联酋阿布扎比王储穆罕默德	推动双方在能源、基础设施建设、贸易投资、航天等领域产业合作取得新成果
55	2015年12月15日	俄罗斯总理梅德韦杰夫	愿深化同中方在基础设施、能源、金融、投资、信息网络等领域的合作
56	2015年12月16日	巴基斯坦总统侯赛因	确定以中巴经济走廊为中心,以瓜达尔港、能源、交通基础设施、产业合作为重点的"1+4"合作布局
57	2015年12月22日	伊拉克总理阿巴迪	帮助伊方加强能源、电力、通信、基础设施建设等重点领域的重建,旨在加强两国在经济、能源、电力、通信、基础设施、安全等领域的合作

续表

序号	会见时间	出访或会见国家领导人	关于能源的会谈内容
58	2016年1月9日	沙特阿拉伯王储继承人穆罕默德	中方愿扩大两国原油贸易规模，探讨和推动在新能源、清洁能源、核能、安全等领域的合作
59	2016年1月23日	伊朗总统鲁哈尼	双方要把能源合作作为"压舱石"，在能源领域建立长期稳定的合作关系
60	2016年3月21日	尼泊尔总理奥利	中方支持两国探讨并开展长期能源合作，愿给予必要的政策便利
61	2016年5月26日	印度总统慕克吉	探讨在新能源、节能环保、信息技术、人力资源等领域实现优势互补
62	2016年6月22日	乌兹别克斯坦总统卡里莫夫	要全面深化经贸、产能、能源、农业、金融、基础设施各领域的务实合作
63	2016年6月25日	俄罗斯总统普京	俄方赞同加强双方在贸易、能源、高技术、安全、人文等领域的合作
64	2016年8月19日	缅甸国务资政昂山素季	积极推进能源、金融等重要领域的合作
65	2016年8月31日	沙特王储继承人穆罕默德	中方愿同沙方加强基础设施、制造业、金融、投资和能源等领域的合作
66	2016年9月2日	老挝国家主席本扬	加强基础设施建设、能源开发、经济合作园区等领域的合作
67	2016年9月3日	土耳其总统埃尔多安	扎实推进基础设施建设、能源、检验检疫等领域的务实合作
68	2016年10月14日	孟加拉国总统哈米德	双方在贸易、投资、农业、能源、基础设施等领域合作潜力巨大
69	2016年11月3日	马来西亚总理纳吉布	深化在基础设施、能源、科技、农业、金融等领域的合作
70	2016年12月1日	老挝总理通伦	共同推进"一带一路"建设并加强产能投资、能源开发、经济合作园区、基础设施建设等领域的合作

资料来源：笔者根据新华网领导人活动报道数据库整理。

从表2中还可以发现，这些国家在中国推进能源合作战略中的角色并不完全相同。从双边会晤频率来看，俄罗斯、中亚五国、伊朗和巴基斯坦均处前列。按照能源合作所涉及的内容以及东道国的资源禀赋，可以将这些国家分成九个类型。第一类，全方位的能源合作关系。俄罗斯是中国推进"一带一路"能源合作的典范，中俄领导人七次会面都重点强调要推进中俄能源合作。早在2014年初，中俄双方就确定了能源合作的原油、天然气、输油管道、炼油厂、核能、电力、水电、煤炭等内容，这是迄今为止中国对外能源合作中内容最为广泛的一组双边关系。第二类，以传统油气为主，如也门、希腊、巴基斯坦、老挝、黑山、阿富汗、泰国、塞浦路斯、阿联酋、沙特、土耳其、马来西亚。第三类，涉及管线建设的油气资源合作，如哈萨克斯坦、土库曼斯坦、吉尔吉斯斯坦、塔吉克斯坦、缅甸、乌兹别克斯坦。第四类，以电力为主，如也门、柬埔寨、吉尔吉斯斯坦、塔吉克斯坦、斯里兰卡。第五类，以新能源为主，如韩国、阿塞拜疆、印度等。第六类，核能，如印度尼西亚、捷克。第七类，在多边与国际领域推动能源安全合作，如印度。第八类，以中方援建能源基础设施与能源开发为主，如孟加拉国、克罗地亚、蒙古、伊拉克、尼泊尔、老挝。第九类，构建长期稳定、上下游一体的能源战略伙伴关系，这类国家包括科威特、卡塔尔、伊朗和土库曼斯坦。

显然，从中国能源外交的重心来看，俄罗斯、中亚与中东毫无疑问是重中之重，这体现出安全外交关系与东道国资源禀赋的影响力。保障能源供应是中国能源外交的首要任务，但中国能源外交也有其他一些考虑。在合作内容上，中国在"一带一路"沿线展开的能源外交与国际合作很丰富，既有油气等一次能源，也有电力等二次能源；既有传统能源，也有新能源，如核能等。在合作方式上，既有中方与东道国构建长期稳定、上下游一体的能源伙伴关系，也有中方援建东道国的能源基础设施。此外，需要注意的是，中方已经注意在国际领域里加强能源安全合作。2014年9月14日，习近平在会见印度总理莫迪时双方明确在国际事务中要加强协调与合作，共同应对能源安全的挑战。事实上，这一点也是提升东北亚能源安全所要做的。

近几年来，中国的能源外交还有如下特色值得重视。第一，以亚信为核心的能源多边安全合作机制取得进展。第二，为了夯实能源合作的基础，提升能源合作在周边外交中的地位，中国领导人试图构建环绕中国的能源合作点，提升保障能力、开发能力。第三，在一定程度上，将中俄能源合作模式，特别是全产业链合作模式推广到其他双边和多边合作中，比如中东和澳大利亚体现得比较明显。第四，对接沿线国家的发展战略，深化油气合作。

(一) 亚信机制中的能源合作

2014年5月亚信峰会是中国能源合作战略的一大突破。亚信峰会24个成员国的初级能源消费占全球近43%，8个观察员国的初级能源消费约占全球的24%，亚信组织内能源关系的调整将冲击全球能源格局，特别是俄罗斯的能源战略调整。2012年，俄罗斯的原油产量占全球的12.8%，天然气产量占全球的17.6%。中俄能源合作推进速度很快，其原因既有中国丝绸之路建设的背景，也有因乌克兰危机引发的俄罗斯战略调整因素。从原油的生产消费来看，在亚信成员国中，净出口国有俄罗斯、伊拉克、阿拉伯联合酋长国、伊朗、哈萨克斯坦等，净进口国则主要包括中国、印度、韩国，以及作为亚信观察员的日本。从天然气生产消费看，俄罗斯2012年的净出口量相当于亚洲四个天然气消费大国——中国、日本、印度、韩国——进口量的一半。如果俄罗斯能源战略转向东方，那么对亚洲能源安全会产生全局性影响。

在亚信峰会的五大信任合作领域中，经济合作是其中的重要一项，成员国将优先致力于交通运输关联，确保能源安全合作，同时扩大旅游、金融、信息技术合作。从这个意义上看，哈萨克斯坦在2002年举行首届亚信峰会时，借鉴了上海合作组织的精神，将亚信峰会的内容扩展到安全和经济领域。为了确保重要资源能源进口的安全，新一届政府大力推进"一带一路"建设，设立基础设施建设银行以推进包括能源管道在内的互联互通项目。从"一带一路"沿线国家来看，亚信峰会的成员国基本被囊括在内。加强与亚信成员国的信任建设，夯实合作的政治基础，对于保障中国能源供应的安全意义重大。

(二) 环周边地带的能源外交

自2014年7月以来,习近平主席在周边的系列出访,大力推进了这一地缘经济合作态势。韩国是亚洲第四大能源消费需求国,在能源进口来源地方面与中国有很强的吻合度。中国提出"丝绸之路"建设时,韩国也在启动欧亚大陆建设,希望借助蒙古、中国西部的管网建设,进入中亚能源市场,特别是哈萨克斯坦。2014年8月下旬,习近平在蒙古国国家大呼拉尔发表演讲时表示,要把中蒙关系提升为全面战略伙伴关系。这是继哈萨克斯坦(2010年)、马来西亚与印度尼西亚(2013年)之后,第四个被定为全面战略伙伴关系的周边国家。习近平主席在演讲中表示,蒙方长期关心的过境运输、出海口等问题已得到了妥善解决,中国还将建设跨境经济合作区,在亚洲基础设施投资银行这一新的平台上推动"丝绸之路经济带"和"草原之路"建设。这有利于加速推动中蒙能源资源合作,有利于夯实双方的经济联系,深化与中国腹地经济增长中心的合作,特别是双方还就矿产品深加工、新能源与电力合作等达成协议,这必将推动蒙古国的产业升级和资源开发,延长蒙古国的国内产业链条,创造更多新的就业机会。[①]

2014年9月中旬,习近平主席出访塔吉克斯坦、印度、马尔代夫和斯里兰卡,强调中国与邻国要对接发展战略。为了巩固能源合作在丝绸之路经济带建设中的地位,习近平主席出席了塔吉克斯坦的中国—中亚天然气管道D线塔吉克斯坦境内段建设开工仪式。该管道由中国与沿线国合作建设,是中国同中亚国家推进能源合作的重大工程,在塔吉克斯坦境内段要穿越帕米尔高原。在确保印度洋和平稳定方面,中印具有共同的战略利益。中印之间存在的问题是经贸不平衡,而能源贸易可以为此作出重要贡献。据BP统计数据,2013年,全球能源贸易约占全球货物和服务贸易的15%,而在最近几年里中国的能源进出口(原油、成品油和煤炭)约占商品进出口总额的7%。2013年,中国从印度进口的原油只有60万吨,中印在这方面

---

① 钟飞腾:《加速推进中蒙能源合作的战略意义》,《中国石油报》2014年8月26日。

的合作潜力还有待进一步挖掘。强调提升周边国家的发展能力，也是推进能源合作和夯实丝路建设的新思路。

（三）将中俄能源合作模式推广到中东和澳大利亚

中国与俄罗斯的能源合作起步早、合作深，在此过程中形成的一些经验和做法，为中国拓展与其他国家的能源合作提供了有益的借鉴。

2014年6月，在中阿合作论坛第六届部长级会议上，习近平提出了与阿拉伯国家共建"一带一路"的"1+2+3"合作框架。具体来看，首先以能源合作为主轴，深化油气领域全产业链合作，维护能源运输通道安全；其次是以基础设施、贸易投资便利化为两翼，建立相关制度性安排；最后是以核能、航天卫星、新能源三大领域为突破口。

2014年11月，习近平主席在出访澳大利亚时，双方决定建立全面战略伙伴关系，这是第五个被定位为此类关系的国家。习近平强调，在能源资源领域，中澳双方应该超越单纯的货物贸易模式，统筹推进上下游一体化合作，构筑长期战略合作伙伴关系。这实际上是中国与俄罗斯合作新模式的推广。

但问题在于，这些合作模式目前仍处于起步阶段，其后续的成效还取决于多种因素，比如各国如何呼应"一带一路"建设，国际能源市场机制的演变方向等。

（四）发展战略对接与能源供给安全

"一带一路"建设被比喻为中国崛起的两个翅膀，是中国迈入发展新常态之后的一项国际经济合作倡议。英国《金融时报》曾将该计划比喻为第二次世界大战后美国在欧洲推行的"马歇尔计划"，但从文化背景、国家政体多样性和战略针对性来看，这一类比过分突出中欧关系的大调整，事实上，中国并不是着眼于复苏沿线国家经济，而是致力于推进发展中国家的工业化，并非完全依据中国的战略安全需求所作出的安排。按照规划，2020年中国与欧盟、东盟的贸易分别要达到1万亿美元，那么在中国的新一轮合作战略中，东盟的经济地位并不输给欧盟。作为战略设计，"一带一路"不仅具有经济合作含义，也包括安全和战略含义；同时它不仅具有国际层面的含义，也有国内的意义，是一项典型的国际国内两个大局、发展与安全并举的战略规划。2014年11月底，在中央外事工作会议上，习近平总书记提出，"统筹国内国际两个大局、统筹发展和安全两件大事"。如果从这个角度观察"一带一路"，那么显然平衡发展和安全的关系也是重要内容，只是将国内发展进一步延伸至国际发展而已。

　　为了推进"一带一路"建设，中国提出要对接发展战略，为古丝绸之路建设注入现代元素。"发展战略对接"这个概念实际上是在中俄这样的大国关系建设进程中提出来的，2013年3月，习近平访问俄罗斯，在莫斯科国际关系学院演讲时提到，中俄两国"正积极推动各自国家和地区发展战略相互对接，不断创造出更多利益契合点和合作增长点"，这是首次提到对接发展战略的思路。① 2013年9月提出"丝绸之路经济带"构想时，"政策沟通"属于"五通"工程的第一位，其实质含义是"就经济发展战略和对策进行充分交流"。在"一带一路"规划中，具有明显特征的是，中国与相关国家探讨制定规划纲要，比如2014年5月在亚信峰会前后，制定中国与乌兹别克斯坦未来5年的发展规划，中国与塔吉克斯坦《中塔2015—2020年战略伙伴关系合作纲要》，中国与土库曼斯坦2014—2018年《中土战略伙伴关系发展规划》，中国与蒙古到2020年的发展纲要。这些规划的核心是基础设施建设，推动互联互通，以油气、资源、电力合作拓展经济一体化新模式。

　　从发展战略对接的角度考虑，"一带一路"属于政府引领的一项新型跨区域发展规划。尽管各国要广泛参与，但"一带一路"沿线能源储藏丰富的国家，绝大多数是发展中国家，而且社会形态还存在着很大的差异，不仅有农业社会、畜牧业，还有处于工业化初级阶段的国家，能源问题在其国内政治经济中的议程十分不同。如果我们帮助发展中国家进行产业升级，帮助它们从农业时代转化升级到工业化

---

① 《习近平在莫斯科国际关系学院的演讲》，新华网，http://news.xinhuanet.com/2013-03/24/c_124495576_6.htm（2013-03-24）。

时代，那么还会有新的问题，首先实力差距会缩小，导致"一带一路"倡议提出时的前提和基础不复存在，因目前推动"一带一路"的对象基本上是实力地位比我们小的国家，比如中国经济总量是印度的 5 倍，最大的差距可能达到几百倍。从理论上看，命运共同体能否建立在力量对比差距比较大的基础上还不能确定。

国际社会也有声音指责中国的这种模式，认为是某种形式上的"新殖民主义"。从"一带一路"强调能源合作的意图来看，中国试图突出基于比较优势的合作性，以巩固中国崛起的和平环境。但问题在于，如果出现冲突，那么怎么让沿线国家相信中国有能力控制冲突，并且防止合作破裂对小国造成的波动和打击呢？

一种解决路径是确保各国能源消费局面将依发展的进程而提升。随着一体化的进展，地区共同利益会增强，关联性也会增强。这可能是中国政府提出亚太能源安全体系建设的考虑之所在，与中国提出的创建命运共同体、利益共同体等理念也较为契合。中国的能源革命势必要充分考虑亚洲的能源发展潜能与挑战。如果秉持这样一种视角，那么中国还应该关注处于更高发展阶段的一些国家。

三 东北亚在中国能源革命中的地位

学术界对东北亚能源安全和能源合作的讨论由来已久。一方面，长期以来东北亚地区的能源消费增长以及进口能源依赖度就受到地区内国家的重视。从需求层面而言，提升地区内国家的合作水平是不言而喻的。但关于地区内为什么出现不了一个多边的合作机制来保障或者说提供能源合作的问题却长期得不到解决。2001 年，日本东北亚经济研究所（The Economic Research Institute for Northeast Asia, ERINA）曾邀请东北亚国家代表讨论该地区的能源安全与可持续发展问题，与会学者对上述问题的一个解答是，东北亚地区在地理上是亚太地区的一个组成部分，但本身并非一个政治、经济或者安全共同体。亚太经合组织在讨论跨境管道合作时，也没有将东北亚作为一个次区域列入其中。国际能源署（International Energy Agency, IEA）在合作性能源项目中也没有覆盖东北亚。在美国，也只有防务圈的人士认可东北亚这个概念。与会学者建议，推进未来东北亚多边能源合作，首先，尽可能在多种国际机构以及地区内的中央政府层面上推动建立东北亚作为一个地区实体（regional entity）。其次，欧美经验表明，地区内能源消费大国应该在地区能源合作中扮演重要角色，就当时而言，日本的角色是最为重要的，但日本却不愿意发起政府间倡议。①担任过海部俊树内阁外长的中山太郎（Taro Nakayama）在上述会议致辞中表示，日本政府已经在探讨构建东北亚能源共同体，但他所认为的东北亚只包括了中国东北三省，而不是中国的大部分地区，在3亿东北亚人口中，日本为1.26亿、中国东北1亿，因此日本要肩负起主要责任。中山还表示，可以在亚洲开发银行之下成立东北亚发展银行，专注于在东北亚建设能源基础设施，特别是连接各国的东北亚天然气管网。中山甚至建议美国也加入其中，除了政治原因外，大概还有一些人认为阿拉斯加也属于东北亚。②

美国对亚洲能源消费前景及其引发的安全问题十分关注。美国早期更多的是从地缘政治角度出发，但美国对于中俄日三方围绕能源管网建设的路线之争存在很大分歧。2005年的一份资料表明，如果中国减少对中东地区的依赖，那么有利于减少对该地区的介入。但是，在更大程度上，美国担心中俄能源合作有可能组建一个反对美国的地区集团。③ 随着时间的推移，中俄能源合作已经大规模开展。其中，随着2011年1月1日，起自俄罗斯远东原油管道斯科沃罗季诺分输站，途经黑龙江和内蒙古，最终到大庆的中俄输油管道的正式开通。到2017年1月，经过这一方向的俄罗斯原油累计已输送9592万吨。④

---

① Vladimir I. Ivanov, ed., Energy Security and Sustainable Development in Northeast Asia: Prospects for Cooperative Policies, International Workshop at Tainai Park Hotel, Niigat, June 26 – 28, 2001, Organized by the Economic Research Institute for Northeast Asia.
② Ibid., pp. vii, x.
③ Emma Chanlett-Avery, Rising Energy Competition and Energy Security in Northeast Asia: Issues for U. S. Policy, CRS Report for Congress, RL 32466, 2005, p. 13.
④ 《中俄原油管道进口俄罗斯原油9592万吨》，中国新闻网，http://news.163.com/17/0204/15/CCEJTACS00018AOQ.html（2017 – 02 – 04）。

目前，俄罗斯已经是中国最大的电力和核能进口来源地，2016年超过沙特成为中国原油最大的进口供应国。

美国对亚洲能源安全的关注点也在逐渐发生变化，越来越重视向亚洲出口天然气。按照美国国会2016年9月的一份听证会资料，预计亚洲能源消费年均增速为2.5%，到2035年将消费全球一半以上的一次能源，届时油气仍然是亚洲国家消费的主要能源品种。由于亚洲主要大国能源主要依赖进口，特别是从不稳定的地区进口，而且途经备受争议的海洋通道，因此在国家安全上引起很大的关注。美国认为，亚洲国家尽管提出了一些能源合作倡议，比如东盟和东亚峰会，但是似乎仍然只是谈谈而已，并没有真正落实于行动。美国从2016年起向亚洲出口液化天然气，并计划在2020年左右成为世界第三大天然气出口国，仅次于澳大利亚和卡塔尔。美国国会认为，亚洲需要美国发挥领导力，以确保盟友和伙伴关系的安全，并让海洋问题上产生争端的各方尊重国际法和航行自由。① 按照美国加州民主党众议员舍曼（Brad Sherman）的归纳，美国在亚洲能源安全方面主要关注四个相关的问题：第一，原油价格。舍曼认为，油价下跌有利于美国对外政策。第二，全球变暖，特别是中国将如何实现2030年的承诺。第三，原油运输。就南海问题而言，舍曼认为，目前夸大了争议对运输的威胁，中国在南海的岛礁建设不会威胁运输安全。第四，天然气出口。尽管存在着一种担心，认为向亚洲国家出口天然气将提升亚洲的竞争力，但舍曼认为，让天然气工业进一步发展总体上还是有利于美国的。②

中国能源革命不仅需要关注能源的供应，在能源消费和技术方面引起注意的是东亚的韩国与日本，但"一带一路"建设对此的重视显然还不够。韩国学者曾批评说，中国长期以来只是试图通过增强与能源供应国的合作来解决能源供应问题，而在与需求竞争者推动东北

---

① "Asia's Growing Hunger for Energy: U. S. Policy and Supply Opportunites," Hearing before the Subcommittee on Asia and the Pacific of the Committee on Foreign Affairs, House of Preresentatives, one hundred fourteenth congress, second session, September 8, 2016.
② Ibid., pp. 3 - 4.

亚能源合作上缺乏政治热情。① 但从上述中国能源外交的推进方向来看，中国与韩国在新能源方面已经达成了合作意向，可是，与日本的合作却始终进展不大。实际上，就中国的能源革命而言，中、日、韩的合作空间很大。从消费终端来看，日本、韩国的工业化走在中国前列，中国实施新型工业化发展路径，在能源消费的部门配置上可以采取一些措施以引导能源的部门配置。从能源效率来看，韩国、日本同样走在前列。从能源的进口来看，中、日、韩都依赖地区外的能源生产，保障运输安全属于三国的共同利益。

首先，从终端能源消费的部门构成看，中日韩差距比较大。据日本能源经济研究所（The Institute of Energy Economics, IEEJ）提供的数据（如图2所示），2014年，也即中国能源革命说提出的这一年，在农业、交通、居民、工业四大类部门消费构成中，中国的占比依次是2.3%、13.0%、14.1%和65.5%，韩国依次是1.0%、19.0%、23.0%和55.0%，日本依次是1.0%、24.7%、28.3%和45.6%。三个国家的共同特征是工业部门占据第一，但中国在工业部门的消费占比显著高于韩日两国，三国的落差依次是10%左右。紧随其后的是居民消费占比，但中国这一项不到日本的一半。最后是交通运输的能源消耗，韩日较为接近，但中国明显偏低。三国能源消费占比最小的是农业部门，占比都在2%以下。因此，总体而言，由于经济结构，特别是发展阶段的差异，中日韩能源消费部门差距极大，日本的交通与居民耗能已经超过工业耗能，而韩国仍然以工业耗能为主，中国的工业耗能则占据压倒性地位。

从日本、韩国的经验来看，经济持续增长将伴随着经济结构的变化，能源的部门间消费比重从工业主导向居民交通部门主导转变，特别是居民消费占比上升，成为仅次于工业部门的能源消费用户。日本工业部门能源消费占总能源消费的比重，1970年为64.5%，此后逐步下滑，至1983年，占比首次低于50%。按照世界银行的数据，此

---

① Jae-Seung Lee, "Energy Security and Cooperation in Northeast Asia," *Korean Journal of Defense Analysis*, Vol. 22, No. 2, 2010, p. 266.

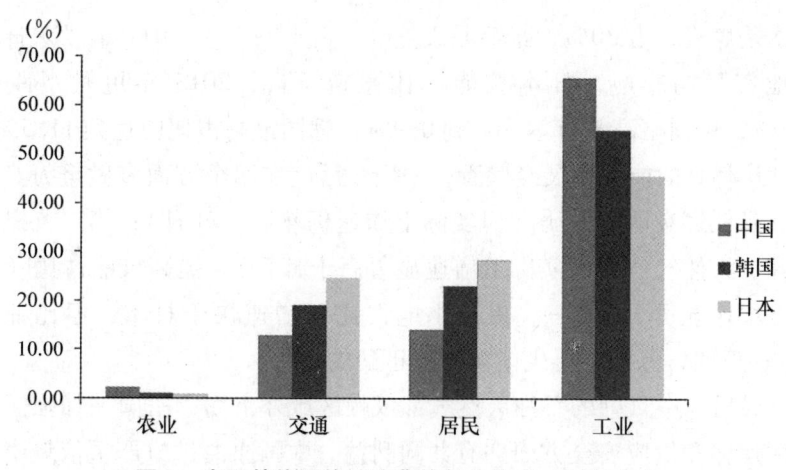

图 2 中日韩能源终端消费的部分构成（2014 年）

资料来源：IEEJ.

时日本的人均收入刚刚跨过 1 万美元，相当于美国的 65.6%。目前，在日本的能源消费部门构成中，居民、商业和交通的比重达到 53%。大致而言，韩国的工业化进程比日本晚了约 25 年，韩国的能源消费部门构成与日本略有差异，但在 20 世纪 90 年代后期工业化基本完成后，工业部门的能源消费增速仍然处于上升阶段，而居民和交通部门略有下降，两者合计占比从 20 世纪 90 年代前期的 50% 下降至 2014 年的 46%。因此，基于日本、韩国能源消费部门构成的发展历史，中国应该借鉴其经验，快速推进服务业的发展，降低能源消费增速。

其次，由于资源禀赋以及经济社会发展水平的差异，中日韩初级能源的构成呈现出显著差异，中国以煤炭为主，日本以石油为主、辅之以煤炭和天然气，而韩国也以石油为主，煤炭、天然气消费作为辅助。此外，三国的一个共同特征是，近年来可再生能源获得高速发展，2013 年，中、韩、日三国的年均增速分别达到 28%、18% 和 16%。但三国基本的能源消费结构却变化不大。煤炭在中国初级能源结构中占比达 67%，其次是原油消费占比为 18%，而天然气消费占比只有 5%。日本的原油消费占比达 44%、煤炭占比为 27%、天然气占比为 22%。韩国的能源消费构成中，第一位是原油，占到 40%，其次是煤炭，占30%，最后是天然气，占17%。受2011年"东日本大地震"的影响，日本核能占比急速下降，2013年更是下跌至0.6%，中国略高于日本，达到0.9%，韩国最高占比曾达到11.5%。

从韩日的能源发展经验看，中国今后应在四个方面多做努力。第一，降低煤炭消费占比（但实际上增速仍然高于韩日）；第二，提高原油、天然气消费（实际上增速显著高于韩日）；提高核能占比（实际上增速显著）；第三，提高水电占比（增速快于日本，但比韩国慢）；第四，保持可再生能源发展迅猛的势头。

最后，中日韩的石油天然气都依赖区域外市场，三国在加强区域能源运输和供应安全方面拥有共同利益。中国原油进口严重依赖中东地区，第二大进口来源地是非洲（特别是西非），第三大进口来源地是俄罗斯和中亚地区，2012年，从这三个地区的进口量分别为1.444亿吨、6300万吨、5970万吨。2013年来自中东的石油占中国总进口的45%。日本原油进口的来源地主要是中东。2012年总体上从中东进口原油占比达到83%，显著高于1986年的70%。受美国和欧盟制裁伊朗的影响，2012年从伊朗的进口下降至5%，两个百分点的缺口主要由卡塔尔和科威特作了弥补。据经济产业省数据，2013年，日本从中东进口的原油占比有所下降，占总进口的比重从83.4%下降到83.2%，来自欧洲的进口有所增加。2012年，韩国原油进口的主要来源地是中东（85%），其次是亚洲（9%）。因此，中日韩三国在原油进口上都非常依赖中东地区，尤其是韩日两国。

从这个意义上说，中、日、韩三国在确保中东地区的稳定以及保障原油运输路线的安全方面具有很强的合作基础。韩国和日本尤其依赖中东地区，这也是日本安倍政权近年来加强与中东地区合作的重要原因之一。安倍晋三谋求与中东国家建立超越石油、煤气领域，涉及整个经济、产业的范围，增强彼此的联系，将传统的由"能源"所系结的关系由全面的"协同作用"关系所替代，超越石油贸易这种传统的以资源和能源为中心的关系，建立一种广泛领域的经济合作以及进一步的政治、安全保障、文化等多层次的关系，这是自20世纪70年代以来日本中东战略的最大变革。

在天然气进口方面，中、日、韩同样依赖东南亚和中东市场，运输安全方面也存在着较大的合作基础。

中国自 2007 年成为天然气净进口国以来，目前大约 30% 的天然气需要进口，对外依存度逐年上升。据 BP 世界能源统计报告数据，2013 年，中国进口天然气 445 亿立方米，2015 年迅速上升至 598 亿立方米，随着中国经济结构的进一步调整，今后天然气进口预计还将继续扩大。在天然气进口来源方面，中国在亚太地区有几条重要的运输通道。第一条是中亚天然气输入通道。该线与西气东输二线相衔接，总长度超过 1 万公里，是世界上距离最长的油气输送管道，目前中国进口的管道天然气大多来自土库曼斯坦。第二条是缅甸天然气输入通道。该线不仅可以从缅甸进口，而且可以缩短从中东、非洲进口天然气的路程。第三条是俄罗斯天然气输入通道。第四条是液化天然气输入通道，主要涉及澳大利亚、东南亚及中东等地区。在液化天然气进口方面，2012 年，中国进口总量为 200 亿立方米，主要来自卡塔尔、澳大利亚、印度尼西亚和马来西亚，四国占中国总进口量的 87%。2013 年进口总量为 245 亿立方米，其中卡塔尔为 92 亿立方米，澳大利亚为 48 亿立方米，与 2012 年维持不变，从印度尼西亚和马来西亚的进口分别为 36 亿立方米和 33 亿立方米。

日本天然气进口主要来自中东和东南亚，因此至少与中国两条天然气进口线重叠。据美国能源署 2013 年的数据，2012 年，日本进口了全球 37% 的液化天然气，比 2011 年提高了 4 个百分点，2012 年的进口中大约 1/3 来源于东南亚。与 2000 年相比，2012 年天然气的进口量增加了 50%，其中 95% 都是以液化天然气的形式进口的。在天然气进口来源地上，澳大利亚（244 亿立方米）、卡塔尔（218 亿立方米）、马来西亚（203 亿立方米）、俄罗斯（116 亿立方米）和印度尼西亚（85 亿立方米）前五个国家提供了 73% 的天然气。自 2010 年以来，卡塔尔替代印度尼西亚、马来西亚成为日本第二大天然气进口来源地，第一位则始终是澳大利亚。

韩国主要的液化天然气进口来源地也是中东和东南亚。2013 年，韩国进口液化天然气 542 亿立方米，前五大进口来源国分别是卡塔尔

(183亿立方米)、印度尼西亚(77亿立方米)、阿曼(59亿立方米)、马来西亚(59亿立方米)、也门(49亿立方米),排名第六的是尼日利亚(38亿立方米),第七是俄罗斯(25亿立方米),比2012年有所下降。上述五个国家占韩国液化天然气总进口量的78.8%,加上尼日利亚和俄罗斯,那么前七个国家占比达到90.4%。

就区域而言,中、日、韩三国在天然气进口来源地上多有重合,但也有所侧重,比如日本高度依赖澳大利亚(占总进口量的20.5%)、卡塔尔(18.3%)和马来西亚(17.1%),但中国则高度依赖土库曼斯坦(占总进口量的47%)和卡塔尔(17.7%),而韩国主要的两个进口来源地分别是卡塔尔(33.8%)和印度尼西亚(14.2%)。如图3所示,中、日、韩三国在天然气进口来源地上差异较大,但液化天然气多数途经南海和东海,因此维护西太平洋区域的和平与稳定对三国的利益十分重要。

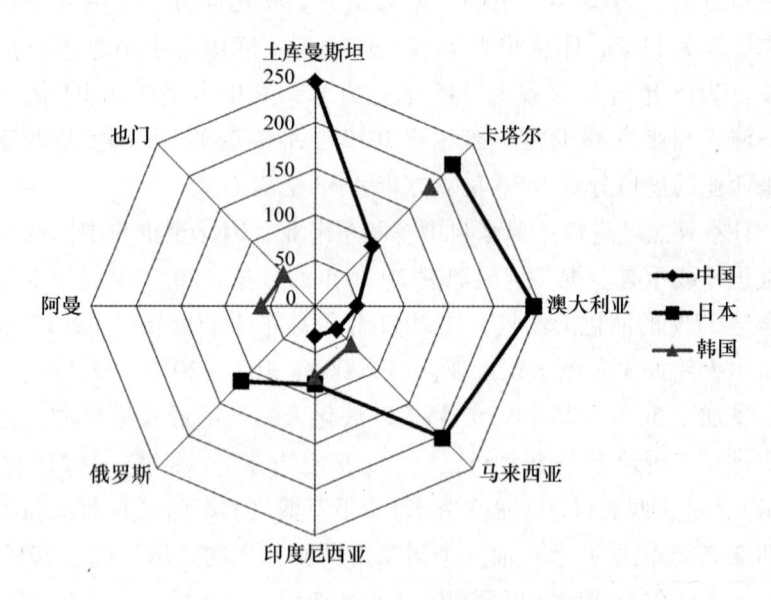

图3 中日韩三国天然气进口来源地

资料来源:BP。

从进口来源分散化角度看,日本和韩国的天然气进口要比中国安全，尤其是日本相对比较均衡，很可能是吸取了历次能源危机的教训。此外可能也与国际政治因素相关，比如同属于美国盟友的澳大利亚是日本最大的进口来源地。

四 推进"一带一路"建设中的东北亚能源安全

目前来看，官方对东北亚参与"一带一路"的定位缺失了能源合作这一块。例如，外交部经济司副司长刘劲松在 2015 年一次中韩会议上，列举了韩方参与"一带一路"的双边与三方合作项目内容，包括基础设施、互联互通、工业产能、产业园区方面，也有生态环保、海洋经济、电子商务等新兴领域。[①] 对中国周边很多国家而言，发展能源、交通基础设施以及电力等行业，是推动发展的第一步，而中国显然具有将国内经验进一步向周边推广的能力和经验。"一带一路"建设作为 21 世纪中国走向复兴的重要依托，进一步拓展和深化能源合作，是拉紧中国与周边国家关系，创建命运共同体的重要举措。

但从能源合作角度看，"一带一路"地缘经济合作新态势也会带来很大的挑战。就东北亚地区而言，人们早已认识到缺乏一种地区认同，尽管能源需求旺盛，但地区内国家源于历史、政治和安全竞争，却无法在地区合作上提出富有吸引力的构想。目前，一些学者提出，可以仿照欧洲逐步在东北亚地区构建液化天然气交易市场，但同时又慎重强调 2030 年前这种概率微乎其微。[②] 更为乐观一些的学者则认为，中俄两国作为全球天然气生产和消费大户，可率先探索天然气市场化定价机制。[③] 自"一带一路"倡议提出后，中国在能源外交和能源安全上已经有了较大的改变，不再只是聚焦于能源供应安全，也着

---

① 刘劲松：《"一带一路"对接韩国"欧亚倡议"，中韩如何利益共享?》，观察者网，2015 年 7 月 22 日，http：//www.guancha.cn/LiuJinsong/2015_07_22_327661_s.shtml。

② Shi Xunpeng, "Development of Europe's Gas Hubs: Implications for East Asia," Natural Gas Industry B, 2017, http：//dx.doi.org/10.1016/j.ngib.2016.11.001.

③ 石泽：《推动中俄能源合作迈上新历史高位》，《瞭望》2016 年 6 月 6 日，http：//news.xinhuanet.com/world/2016-06/06/c_129041476.htm。

手应对价格波动和技术创新等。因此,从未来发展态势看,中国还是应该重新认识东北亚在能源革命中的地位和作用,当然也需要深入思考东北亚地区能源合作的挑战。

需要注意的是,日方对"一带一路"倡议有着相当大的疑虑,中日能源供应安全的竞争性更为突出。从2012年的数据来看,日本从中东的原油进口每天要比中国多出近600桶,而2013年多出213桶。日本首相安倍晋三已遍访海湾六国,试图超越石油贸易的传统关系,与中东国家建立全面的经济产业合作关系,并加强政治、安全保障和文化等多层次的联系。此外,与韩国对"一带一路"的合作态度不同,日方不仅从战略上怀疑"一带一路"的目的,而且事实上也没有从"一带一路"中获得更多的好处。相反,日本对"一带一路"沿线国家的出口还大幅度下降了。依据国际货币基金组织(International Monetary Fund, IMF)的数据,2014年,日本货物出口减少249.5亿美元,主要是对"一带一路"沿线国家出口的减少(约占90%)。[①] 即便是"一带一路"沿线个别国家的增长也无法抵消整体上的下跌。因此,日本不会将"一带一路"看成是一个整体,至少在贸易行为上体现不出这一点。相反,韩国出口整体上却从"一带一路"沿线国家获得了好处,尤其是出口对象国比日本更为广泛,比如深入中亚、东欧和中东地区,这可能与韩国提倡的"欧亚合作倡议"有一定的关系。

长期来看,亚洲基础设施投资银行(Asian Infrastructure Investment Bank, AIIB)获得了巨大成功,意味着东北亚地区能源基础设施建设有可能获得新的融资。事实上,中国发起的丝路基金已经为巴基斯坦的能源项目提供了融资。20世纪90年代,日本曾有人提出在亚洲开发银行框架下为东北亚地区设施建设融资,现在中国碰上了这一新的历史机遇。据亚行2010年估算,亚洲地区存在着8万亿美元的建设资金缺口。如果亚洲国家不能在油气运输管网建设所需的融资方面寻求合作,加大地区能源金融合作,那么亚洲区域内的能源贸易

---

① 根据 IMF, Direction of Trade Statistics 计算整理所得。

推进速度就跟不上合作的步伐。从这个意义上说，中国应该进一步加大金融创新和外交努力，在东北亚地区开创能源合作新局面。

参考文献：

［1］石泽：《推动中俄能源合作迈上新历史高位》，《瞭望》2016 年 6 月 6 日，http：//news. xinhuanet. com/world/2016－06/06/c_ 129041476. htm。

［2］ Emma Chanlett-Avery, Rising Energy Competition and Energy Security in Northeast Asia: Issues for U. S. Policy, CRS Report for Congress, RL 32466, 2005.

［3］ G. M. Grossman and Aner B. Krueger, "Environmental Impacts of a North American Free Trade Agreement," NBER working paper, No. 3914, NBER, Cambridge, MA, 1991.

［4］ Jae-Seung Lee, "Energy Security and Cooperation in Northeast Asia," *Korean Journal of Defense Analysis*, Vol. 22, No. 2, 2010.

［5］ Jie He and Hua Wang, "Economic Structure, Development Policy and Environmental Quality: An Empirical Analysis of Environmental Kuznets Curves with Chinese Municipal Data," *Ecological Economics*, 76 (2012), 2012, pp. 49 – 59.

［6］ Susmita Dasgupta, Benoit Laplante, Hua Wang and David Wheeler, "Confronting the Environmental Kuznets Curve," *Journal of Economic Perspectives*, Vol. 16, No. 1, 2002.

［7］ Slin Ozokcu and Ozlem Ozdemir, "Economic Growth, Energy and Environment Kuznets Curve," *Renewable and Sustainable Energy Reviews*, 72 (2017), pp. 639 – 647.

［8］ Stephen P. A. Brown and Ian K. McDonough, "Using the Environmental Kuznets Curve to Evalute Energy Policy: Some Practical Considerations," *Energy Policy*, 98 (2016), 2016, pp. 453 – 458.

［9］ Vladimir I. Ivanov, ed., Energy Security and Sustainable Development in Northeast Asia: Prospects for Cooperative Policies, International Workshop at Tainai Park Hotel, Niigat, June 26 – 28, 2001, Organized by the Economic Research Institute for Northeast Asia.

［10］ Yi Jiang, Tun Lin, and Juzhong Zhuang, "Environmental Kuznets Curves in the People's Republic of China: Turning Points and Regional Differences," ADB Economics Working Papers Series, No. 141, December 2008.

俄罗斯"东向"能源战略与东北亚地区能源合作

富景筠[*]

内容提要：作为世界上最大的能源供给国之一，俄罗斯在全球能源市场上扮演着重要角色，其能源政策已成为影响地缘政治演变的关键因素。东北亚是世界上经济发展和能源需求增长最快，同时也是地缘政治形势最为复杂的地区之一。由于全球能源体系变革及欧洲地缘政治危机的双重影响，东北亚能源格局正处于关键的调整期。"页岩气革命"和乌克兰危机对俄罗斯在欧洲天然气市场上的传统垄断地位造成严重冲击。为了应对美国非常规天然气的挑战及欧盟的能源供给多元化趋势，俄罗斯将进一步加快向亚洲尤其是东北亚市场出口油气。俄罗斯对东北亚能源市场的战略转向、未来美国能源角色转变后天然气出口的巨大潜力将使得东北亚地缘政治博弈变得更加复杂。本文将首先回顾俄罗斯"东向"能源战略的演进过程，其次考察俄罗斯"东向"能源战略如何促进东北亚石油和天然气市场格局的演变，最后分析美国因素与俄罗斯"东向"能源战略的实施及对东北亚能源合作的未来影响。

关键词：俄罗斯能源"东向"，"页岩气革命"，乌克兰危机，东北亚能源合作

---

[*] 富景筠，中国社会科学院亚太与全球战略研究院副研究员。研究方向：区域经济一体化、东北亚和东亚地区合作。

作为世界上最大的能源供给国之一,俄罗斯在全球能源市场上扮演着重要角色,其能源政策已成为影响地缘政治演变的关键因素。[①] 东北亚是世界上经济发展和能源需求增长最快,同时也是地缘政治形势最为复杂的地区之一。由于全球能源体系变革及欧洲地缘政治危机的双重影响,东北亚能源格局正处于关键的调整期。"页岩气革命"和乌克兰危机对俄罗斯在欧洲天然气市场上的传统垄断地位造成严重冲击。为了应对美国非常规天然气的挑战及欧盟能源供给多元化趋势,俄罗斯将进一步加快向亚洲尤其是东北亚市场出口油气。俄罗斯对东北亚能源市场的战略转向、未来美国能源角色转变后天然气出口的巨大潜力将使得东北亚地缘政治博弈格局变得更加复杂。

学界关于地区能源关系的研究主要从三个视角展开。一是国际政治学者着重从罗伯特·基欧汉和约瑟夫·奈的非对称相互依赖视角分析双边能源关系中的能源安全问题。他们将非对称相互依赖视为行为体的权力来源,而敏感性相互依赖则可能提供强大的政治影响力。[②] 这意味着当双方"敏感度"不等、处于单方面依赖时,依赖方因"脆弱度"大而处于不安全境地,被依赖方则获得了权力。二是通过构建博弈论模型探讨天然气市场垂直供应链下生产国、过境国、消费国之间双方或三方讨价还价的行为。[③] 天然气管道通过第三国运输使得生产国与消费国之间的能源关系复杂化。作为寻租者的过境国试图从天然气贸易中攫取租金,它的寻租行为构成生产国和消费国之间天然气贸易的外部性。[④] 三是从国际政治经济学视角分析能源关系演

---

① Elena Kropatcheva, "He Who Has the Pipeline Calls the Tune? Russia's Energy Power against the Background of the Shale 'Revolutions'," *Energy Policy*, Vol. 66, 2014, p. 1.

② [美] 罗伯特·基欧汉、约瑟夫·奈:《权力与相互依赖》,门洪华译,北京大学出版社 2002 年版,第 19 页。

③ Wafik Grais and Kangbin Zheng, "Strategic Interdependence in European East-West Gas Trade: A Hierarchical Stackelberg Game Approach," *The Energy Journal*, Vol. 17, No. 3, 1996, p. 61; Christian von Hirschhausen, Berit Meinhart and Ferdinand Pavel, "Transporting Russian Gas to Western Europe—A Simulation Analysis," *The Energy Journal*, Vol. 26, No. 2, 2005, p. 66.

④ Yuri Yegorov and Franz Wirl, "Gas Transit, Geopolitics and Emergence of Games with Application to CIS Countries," USAEE-IAEE WP 10 – 044, 2010, p. 3.

变中市场结构对权力结构的影响,其中,苏珊·斯特兰奇提出的"结构性权力"概念奠定了分析能源市场与国家安全二者关系的研究基础。①

相对欧洲和中亚—里海地区而言,俄罗斯在亚洲能源市场上扮演着新兴出口国角色。受"页岩气革命"和乌克兰危机的双重冲击,俄罗斯开始积极推进"东向"能源战略,进而实现出口市场的地缘最优平衡。作为东北亚地区唯一的油气出口国,俄罗斯在亚洲市场上的结构性权力来自利用进口国间的相互竞争以实现出口市场多元化,同时依托油气管道布局提升其在亚洲的地缘政治地位。本文将首先回顾俄罗斯"东向"能源战略的演进过程,其次考察俄罗斯"东向"能源战略如何促进东北亚石油和天然气市场格局的演变,最后分析美国因素与俄罗斯"东向"能源战略的实施及对东北亚能源合作的未来影响。

一 俄罗斯"东向"能源战略的演进过程

对外能源政策在俄罗斯战略中具有特殊作用。俄罗斯对外能源政策的战略目标是在提高俄罗斯能源竞争力、促使出口地域和产品多元化以及提高出口产品质量的基础上,巩固俄罗斯在国外能源市场上的地位。俄罗斯能源政策的基本框架形成于20世纪90年代初期。继1992年通过《俄罗斯在新经济条件下能源政策的基本构想》后,1995年,俄罗斯联邦政府相继批准通过了《2010年前俄罗斯能源政策的主要方向》和《俄罗斯能源战略基本原则》。

直至2003年5月通过《2020年前俄罗斯能源战略》②,俄罗斯能源政策中的亚洲维度才得以被首次阐释。根据这一战略,至2020年,亚太地区在俄罗斯石油出口中的比重将从3%升至30%,它在俄罗斯

---

① [英]苏珊·斯特兰奇:《国家与市场》,杨宇光等译,上海世纪出版集团2006年版,第211—217页。
② Энергетическая стратегия России на период до 2020 года, Министерство энергетики России//minenergo. gov. ru.

天然气出口中的比重将升至15%。2003年，俄联邦政府批准通过了《开展有前景国际项目条件下东西伯利亚与远东油气开发的基本方向》，该文件是《2020年前俄罗斯能源战略》在东西伯利亚与远东地区的具体化。①

2008年全球金融危机，特别是美国"页岩气革命"和乌克兰危机后，亚洲维度在俄罗斯能源政策中的重要性迅速提升。根据2009年批准通过的《2030年前俄罗斯能源战略》，至2030年，亚太地区在俄罗斯石油出口中的比重将从6%增至20%—25%，它在俄罗斯天然气出口中的比重将增至19%—20%。这一时期，俄罗斯实施了一系列能源项目，包括建成东西伯利亚—太平洋石油管道、北流天然气管道、万科尔油气田和亚马尔凝析气田投产以及萨哈林2号项目LNG投产等。根据《2030年前俄罗斯能源战略》，俄罗斯计划在东西伯利亚和远东地区建立一套完整的石油和天然气提炼、运输和供给体系。②俄罗斯促进统一天然气管道系统的努力将有助于其成为连接东北亚天然气市场的地区内纽带。③

由于国际能源市场的变动以及俄罗斯在国际能源市场上地位的变化，俄罗斯着手修改能源战略。根据2014年发布的《2035年前俄罗斯能源战略草案》④，俄罗斯提出将能源行业由"资源—原料"发展模式转变为"资源—创新"发展模式，能源行业在国家经济中的角色

---

① Об основных направлениях развития нефтегазового комплекса Восточной Сибири и Дальнего Востока с учетом реализации перспективных международных проектов, материал представлен Министерством энергетики РФ к заседанию правительства РФ 13 марта 2003// www. gasforum. ru/concept/me_ atr_ 0303. shtml.

② Энергетическая стратегия России на период до 2030 года, утверждена распоряжением правительства Российской Федерации от 13 ноября 2009 г. No 1715-р// www. minprom. gov. ru；[俄] 日兹宁：《俄罗斯在东北亚地区的对外能源合作》，《俄罗斯研究》2010年第3期。

③ Elena Shadrina, "Russia's Natural Gas Policy toward Northeast Asia: Rationales, Objectives and Institutions," *Energy Policy*, Vol. 74, 2014, p. 65.

④ Энергетическая стратегия России на период до 2030 года, Основные положения проекта энергетической стратегии России на период до 2035 года, Министерство энергетики России//minenergo. gov. ru.

将由"发展的动力"变成"促进经济发展的基础",为俄罗斯经济发展创造条件,包括经济发展多元化、技术水平的提高、最大限度地减少基础设施的制约等。在俄罗斯对外能源政策方面,《2035年前俄罗斯能源战略草案》显著提高了亚太地区在俄罗斯油气出口中份额的预测值,也提高了液化天然气在天然气出口中所占份额的预测值。具体而言,2035年前,亚太地区市场在俄罗斯原油和成品油出口总量中的份额将从12%增至23%(其中原油增至32%),天然气总出口将从2010年的2230亿立方米增至2035年的3600亿立方米,其中,东向(出口中国、日本、韩国、印度等)份额在俄罗斯天然气总出口中的比重将从6%增至32.5%。

为了实现能源结构的变化,俄罗斯将推进一系列项目的实施,包括在俄罗斯东部地区形成石油天然气综合体,即石油天然气勘探开发、储运和加工的综合体系;开发北极地区和俄罗斯北部大陆架的资源潜力。在发展能源基础设施方面,俄罗斯将重视开发东西伯利亚和远东地区的电力,尤其是水电项目。根据《2035年前俄罗斯能源战略草案》,俄罗斯将完成与中国的天然气供应谈判,发展同亚洲各国的能源对话和能源关系体系。

二 俄罗斯"东向"能源战略与东北亚油气市场上的竞争与合作

由于亚洲能源市场的融合程度远远滞后于欧洲和北美,俄罗斯便具有了利用进口国之争寻求利益最大化的契机。俄罗斯对东北亚的油气出口与东北亚国家降低对中东油气进口依赖的迫切需求相吻合。随着俄罗斯"东向"能源战略的推进,东北亚石油和天然气贸易的相互依赖程度不断加深。

(一) 石油领域

就石油管道而言,21世纪初,中国与日本分别就各自支持的"安大线"与"安纳线"展开激烈竞争。俄罗斯于2004年提出第三方案"泰纳线"。该方案将输油管道的起点和终点分别定在伊尔库茨克州的泰舍特和太平洋沿岸的纳霍德卡。"泰纳线"对"安大线"和"安纳线"的折中本质上是对日本"安纳线"建设方案的认可和支持。但在中日关于管线建设次序的争夺中，由于中俄于2009年签署了"贷款换石油"的合作协议①，俄罗斯决定先行建设泰舍特—斯科沃罗季诺一期工程及斯科沃罗季诺—大庆的中国支线。② 东西伯利亚—太平洋输油管道③的开通极大地扩展了俄罗斯与东北亚国家的石油贸易规模，并提升了俄罗斯在东北亚能源市场上的地位。由于同时控制管道的出入口，该管线的贯通助推了俄罗斯对日本、朝鲜半岛及其他亚太国家的石油外交。

就俄罗斯与东北亚国家的石油贸易依赖而言，2009—2015年，俄罗斯对东北亚地区的石油出口占其石油总出口的比重从10.45%升至26.79%，其中，俄罗斯对中国、日本和韩国的石油出口占其石油总出口的比重分别从5.37%、2.37%和2.72%增至15.78%、5.96%和5.05%。就对俄罗斯石油的进口依赖而言，俄罗斯于2014年分别成为中国、日本和韩国的第三大、第四大和第七大石油进口来源国，俄罗斯石油占该年三国石油总进口的比重分别为11%、8%和4%。④

---

①　根据该协议，中国国家开发银行将对俄罗斯国家石油管道运输公司和俄罗斯石油公司分别提供100亿美元和150亿美元的长期贷款用于资助东西伯利亚油田开发和管道建设。俄罗斯以石油作为抵押，以供油偿还贷款。2010年底前，俄罗斯将修建至中国大庆的一条石油管道。2011—2030年，俄罗斯每年按1500万吨规模向中国供应3亿吨石油。

②　徐建伟、葛岳静：《俄罗斯太平洋石油管道建设的地缘政治分析》，《东北亚论坛》2011年第4期。

③　该管道西起泰舍特，东至俄罗斯太平洋沿岸的科济米诺湾。一期和二期工程分别于2009年和2012年正式投入运营。

④　2014年，中国主要石油进口来源国为沙特阿拉伯（16%）、安哥拉（13%）、俄罗斯（11%）、阿曼（10%）、伊拉克（9%）和伊朗（9%）；日本主要石油进口来源国为沙特阿拉伯（34%）、阿联酋（24%）、卡塔尔（11%）、俄罗斯（8%）、科威特（7%）和伊朗（5%）；韩国主要石油进口来源国为沙特阿拉伯（34%）、科威特（16%）、阿联酋（11%）、卡塔尔（10%）、伊拉克（8%）、伊朗（5%）和俄罗斯（4%）（U. S. Energy Information Administration, China, Japan, South Korea, International Energy Data and Analysis, 2015）。

(二) 天然气领域

俄罗斯对东北亚天然气出口采用管道气和液化气同时推进的方式。东西伯利亚的克拉斯诺亚尔斯克、伊尔库茨克天然气田和远东地区的萨哈（雅库特）、萨哈林天然气田将成为向东北亚出口的主要气源。随着2009年萨哈林2号项目下南萨哈林岛普里戈罗德诺耶端口开始出口液化天然气，俄罗斯实现了对东北亚地区的液化天然气出口。至今，液化天然气仍是俄罗斯向东北亚国家供给天然气的唯一形式。[①] 2009—2015年，俄罗斯对东北亚的天然气出口占其天然气总出口的比重从2.89%增至6.85%，其中，对日本和韩国的天然气出口比重分别从2.02%和0.74%增至5.04%和1.69%，而对中国的天然气出口比重则从0.14%降至0.12%。就对俄罗斯天然气的进口依赖而言，2016年，俄罗斯分别成为日本和韩国的第四大和第五大液化天然气进口来源国，俄罗斯液化气占该年两国液化气总进口的比重分别为8.86%和8.03%。该年，俄罗斯液化气占中国液化气总进口的比重仅为0.95%。[②]

在管道天然气方面，俄罗斯对东北亚的天然气出口将主要依靠雅库特恰扬金斯基—哈巴罗夫斯克的东西管道线和阿尔泰管道线。东线管道将萨哈（雅库特）天然气经俄罗斯远东地区输送到中国东北，而西线管道将西西伯利亚天然气经阿尔泰共和国输入中国新疆并与西气东输管道相连，这无疑打开了从世界最大天然气区亚马尔—涅涅茨自治区向中国出口天然气的通道。随着2014年5月《中俄东线供气购销合同》的签署，历时20年的中俄天然气"马拉松谈判"最终取

[①] Elena Shadrina, "Russia's Natural Gas Policy toward Northeast Asia: Rationales, Objectives and Institutions," *Energy Policy*, Vol. 74, 2014, p. 58.
[②] 2016年，日本主要液化气进口来源国为澳大利亚（21.76%）、马来西亚（18.21%）、卡塔尔（17.12%）、俄罗斯（8.86%）和阿联酋（6.25%）；韩国主要液化气进口来源国为卡塔尔（37.39%）、阿曼（11.85%）、印度尼西亚（11.32%）、马来西亚（11.04%）和俄罗斯（8.03%）。中国同时进口管道气和液化气，其主要液化气进口来源国为澳大利亚（27.62%）、卡塔尔（24.82%）、马来西亚（16.82%）、印度尼西亚（14.89%）和新几内亚（8.15%）（BP, BP Statistical Review of World Energy, 2016, p. 28）。

得实质性突破。① 11 月，中俄再次签署《西线天然气供气协议》。②考虑到中俄东西线管道的供气规模，两条管线开通后中国将超过德国成为俄罗斯最大的天然气买家。

在跨朝鲜半岛天然气管道方面，尽管俄韩于 2011 年达成了从符拉迪沃斯托克（海参崴）经朝鲜至韩国的管道天然气项目路线图，③但来自潜在过境国朝鲜方面的政治风险直接影响到该项目的实现可能。④ 就俄日合作而言，2011 年福山核泄漏事件后，天然气被日本认为是替代核能、克服能源危机的最可行方式。2012 年，日本同意与"俄气"就天然气管道项目展开共同研究。对日本而言，俄罗斯是稳定的油气供给国，而提升对俄能源关系将相对降低对中东的进口依赖并提升自身的能源安全。⑤

（三）俄罗斯"东向"能源战略的地缘政治效应

在"页岩气革命"和乌克兰危机的双重冲击下，俄罗斯保证自身能源安全的重要出路是通过推进"东向"能源战略实现油气出口市场的地缘最优平衡。作为世界上最大的常规天然气生产国和出口国，俄罗斯扩大东向天然气出口将改变东北亚天然气市场的供给结构并产生不容忽视的地缘政治效应。

首先，俄罗斯的天然气出口将加速东北亚天然气供求格局从以液化气贸易为主转变为液化气与管道气并重，随之而来的是东北亚与管

---

① 根据《中俄东线供气购销合同》，俄方从 2018 年起向中国供气，最终达到每年 380 亿立方米，合同期为 30 年。东线方案从东西伯利亚、远东和萨哈林岛（库页岛）向中国出口天然气。它将天然气从萨哈共和国运至太平洋口岸，在此汇入来自萨哈林的天然气，经符拉迪沃斯托克（海参崴）输往中国。

② 该协议规定，未来俄罗斯通过中俄西线天然气管道向中国供气的基本技术经济条款，供气规模为每年 300 亿立方米，供气期限为 30 年。

③ Youn Seek Lee, "The Gas Pipeline Connecting South Korea, North Korea, and Russia: Effects, Points of Contention, and Tasks," *KINU Policy Study* 11-05, 2011, p. 1.

④ Miroslav Mares, Martin Larys, "Oil and Natural Gas in Russia's Eastern Energy Strategy: Dream or Reality?" *Energy Policy*, Vol. 50, 2012, p. 445.

⑤ Masumi Motomura, "Japan's Need for Russian Oil and Gas: A Shift in Energy Flows to the Far East," *Energy Policy*, Vol. 74, 2014, pp. 75, 78.

道运输和过境相关的地缘政治博弈将可能加剧。具体来看，蒙古国一直希望成为中俄天然气管道的过境国，并提出了经该国铺设管道具有安全、距离短和途经地为草原等优势的"草原路线"倡议。俄罗斯和韩国力推跨朝鲜半岛天然气管道项目，而韩国的地理位置决定了俄、韩管道天然气合作无法绕开朝鲜，这意味着朝鲜可能成为东北亚天然气市场的潜在过境国。随着中俄积极推进西线天然气管道合作项目，俄罗斯与印度的天然气管道项目也被提上日程。由于该管道将跨越中国新疆，中国将可能成为连接东北亚与南亚的管道过境国。由此，管道天然气垂直贸易链条下生产国、消费国与过境国之间的利益博弈将成为未来东北亚天然气地缘政治的焦点问题之一。

其次，随着俄罗斯未来对东北亚天然气市场的深度融入，管道天然气合约的特殊性将有利于俄罗斯成为整合被分割的东北亚天然气市场的地区内纽带。[1] 这自然会给予俄罗斯领导新的能源联盟一种选择权，而这一联盟将提升俄罗斯在东北亚天然气市场上的地位和权力。[2] 具体而言，随着对跨朝鲜半岛天然气管道项目的积极推进，俄罗斯实际上已取得了朝、韩两国中间协调人的优势地位。而纵贯朝鲜半岛天然气管道一旦建成并运行，俄罗斯无疑将因掌控"能源"这一朝鲜半岛生命线而提升它在朝鲜半岛力量结构中的影响力。[3] 此外，蒙古国和哈萨克斯坦围绕中俄西线天然气管道的过境运输权展开争夺，而俄罗斯在决定管道的未来走向上无疑起着关键性作用。显然，作为未来东北亚天然气市场上举足轻重的供给国和能源枢纽，俄罗斯对东北亚地缘政治的影响力将有所增强。

最后，"页岩气革命"和乌克兰危机后俄罗斯对东北亚的能源外

---

[1] Elena Shadrina, "Russia's Natural Gas Policy toward Northeast Asia: Rationales, Objectives and Institutions," *Energy Policy*, Vol. 74, 2014, p. 65.

[2] Rafael Fernandez and Enrique Palazuelos, "The Future of Russian Gas Exports to East Asia: Feasibility and Market Implications," *Futures*, Vol. 43, Issue 10, 2011, pp. 1069, 1072.

[3] 2011 年 11 月，俄韩两国达成关于从海参崴经朝鲜到韩国的管道天然气项目路线图。双方计划从 2013 年 9 月开始进行天然气管道建设，并从 2017 年 1 月开始供应天然气（Youn Seek Lee, "The Gas Pipeline Connecting South Korea, North Korea, and Russia: Effects, Points of Contention, and Tasks," *KINU Policy Study* 11 - 05, 2011, p. 1）。

交战略从以前在中日之间摇摆转向与中国建立"战略能源联盟"。长期以来，日本一直与中国为争夺俄罗斯远东油气资源而展开激烈竞争。凭借资金、技术及市场规模优势，日本在俄罗斯的"东向"能源战略中占据着重要地位。在推进出口市场多元化的过程中，俄罗斯通过在中日两国之间寻求战略平衡以谋求出口利益最大化。然而，乌克兰危机后日本追随美国和欧盟对俄罗斯采取经济制裁，这导致曾经发展迅速的日俄天然气合作陷入困境。与此相对，由于天然气自给率有限、供求缺口增大，中国成为俄罗斯签署天然气出口协议的重要伙伴国。而中俄天然气贸易水平的提升、能源相互依赖的增强将使得双方经济利益与地缘政治利益被更加紧密地捆绑在一起。

三　美国因素与俄罗斯"东向"能源战略的实施

"页岩气革命"和乌克兰危机后俄罗斯能源出口战略的东向调整，使得东北亚天然气的市场供给出现了新变量。同时，美国未来在全球天然气市场上能源角色的转变，意味着它可能会成为东北亚天然气市场的潜在供给国。考虑到东北亚现有地缘政治关系对地区天然气市场演变的影响，俄罗斯和美国参与东北亚天然气市场的利益博弈，无疑将使该地区的地缘政治形势变得更加复杂。

美国在全球天然气市场上的角色将从净进口国转变成净出口国，这是因为其页岩气产量的爆发式增长大大提高了能源自给率。根据美国能源信息署（Energy Information Administration，EIA）预测，2016年，美国将成为液化天然气净出口国，而2018年则完全从天然气净进口国变为净出口国。[①] 美国天然气市场处于供过于求和高库存状态，这使得北美发展液化天然气的空间缩小，由此迫使一些液化天然气出口商将目标转向国外市场。如果用于进口液化天然气的再气化设施被成功改造成液化天然气出口终端，美国将于2018年成为仅次于卡塔

---

① U. S. Energy Informational Administration, Annual Energy Outlook 2014 Early Release Overview, 2014, p. 13.

尔和澳大利亚的第三大液化天然气出口国。①

　　取代俄罗斯成为全球最大的天然气生产国，自然会增加美国能源博弈的筹码，提升其对天然气市场及全球能源格局的影响力。就东北亚天然气地缘政治版图而言，首先，由于"页岩气革命"将加快全球天然气生产重心西移、消费重心东移的趋势②，亚洲天然气市场"溢价"格局下的东北亚将成为未来美国天然气出口的重要目标市场。由此，以美洲取代中东为内容的世界新油气生产中心的更迭式转变，意味着美国未来的能源利益将从争夺资源转向争夺市场。随着美国"能源独立"助推其"重返亚太"的进程，③ 美国势必会寻求将能源市场与政治外交相结合的战略"支点"。

　　其次，以非常规天然气与常规天然气为代表的美国和俄罗斯在东北亚天然气市场上的利益博弈将会加剧。乌克兰危机后俄罗斯寻求通过向东北亚市场出口天然气来缓解其在欧洲传统能源市场上的压力。为了进一步挤压俄罗斯的外部市场空间、防止其在亚洲市场上扩张能源主导权，美国对俄罗斯能源外交的遏制范围将从欧洲扩大到亚洲市场。具体而言，美国有目的地阻止俄罗斯通过能源贸易加强日本对其能源依赖。其结果是，尽管日本能通过在萨哈林岛开掘天然气获利，也对此保持兴趣，但是美日同盟关系使得俄日两国发展管道天然气项目的可能性微乎其微。与此同时，通过签署液化天然气供应协议，美国在对日、韩的传统安全贸易同盟关系中增加了能源安全板块，进而巩固和强化美日、美韩的盟友关系。④ 显然，随着美国天然气出口潜

---

　　① Seksun Moryadee, Steven A. Gabriel and Hakob G. Avetisyan, "Investigating the Potential Effects of U. S. LNG Exports on Global Natural Gas Markets," *Energy Strategy Reviews*, Vol. 2, Issue 3－4, 2014, p. 273.
　　② 由于美国页岩气和加拿大油砂的迅速发展，至21世纪20年代，世界油气中心预计将转移至西半球。美国、巴西、加拿大和委内瑞拉等国将成为世界最重要的能源生产国和出口国（Amy Myers Jaffe, "The Americas, Not the Middle East, Will Be the World Capital of Energy", *Foreign Policy*, September/October, 2011, p. 86）。
　　③ 武正弯：《美国"能源独立"的地缘政治影响分析》，《国际论坛》2014年第4期。
　　④ 2012年和2013年，美国分别与韩国和日本签署了液化天然气出口协议，预计将于2017年底向日本供应1002万吨液化天然气，向韩国供应570万吨液化天然气，这分别相当于2013年日本和韩国天然气消费量的9.5%和12%（白桦等：《美国LNG出口前景分析》，《天然气技术与经济》2014年第6期；BP, BP Statistical Review of World Energy, 2014, p. 25）。

力被转化为地缘政治优势,美国因素的掣肘将使得东北亚天然气市场的利益博弈更趋复杂化。

再次,美国"页岩气革命"提升了全球天然气市场化程度,而东北亚天然气市场的进口多元化趋势无疑为该地区天然气进口国增加自身议价能力、改变亚洲天然气市场的"溢价"局面提供了重要机遇。实际上,"页岩气革命"后全球天然气供给的再平衡已使原本运往美国的中东和北非液化天然气部分转向了东北亚市场。除美国和俄罗斯外,卡塔尔、加拿大、澳大利亚等天然气出口国也将东北亚作为其重要的目标市场。资源生产国之间、常规与非常规天然气生产国之间对市场和价格博弈主动权的争夺,将对与油价挂钩的天然气长期合约形成压力①,进而引发亚洲天然气市场定价机制的变革。② 目前,日本正在稳步推进以美元计价的液化天然气期货目标。全球首个液化天然气期货交易将在东京工业品交易所推出,并由此确定液化天然气的基准价格。然而,由于日本和韩国天然气消费完全依赖进口,中国天然气的对外依存度超过30%,基于对天然气供给安全的考虑,中日韩三国不可能单纯选择天然气现货交易方式。③ 因此,在未来一段时间内,东北亚天然气的长期合同定价方式与交易中心定价方式将同时存在且相互作用。

最后,通过将天然气出口纳入自由贸易协定谈判,比如奥巴马时期的"跨太平洋战略经济伙伴关系协定"(Trans-Pacific Partnership Agreement,TPP)谈判,美国正在积极利用"页岩气革命"的能源优势,助推其实现重塑国际经济新规则,进而在东北亚乃至亚太钳制中国崛起的目的。根据美国《天然气法》,美国能源部可自动批准向自

---

① 不同地区天然气市场的成熟程度和供求结构决定了差异性的地区定价方式。北美、欧洲和亚洲是世界上三大天然气市场,彼此价格互不关联。北美天然气价格由市场竞争决定,欧洲市场是净回值定价和油气挂钩两者兼有,亚洲市场的液化天然气进口价格与日本进口原油综合价格(JCC)挂钩。

② 具体包括加快亚洲市场天然气价格与油价脱钩,转而采用现货市场价或基于交易中心的枢纽定价机制。

③ Elena Shadrina, "Russia's Natural Gas Policy toward Northeast Asia: Rationales, Objectives and Institutions," *Energy Policy*, Vol. 74, 2014, p. 65.

贸伙伴国出口天然气，但对于非自贸伙伴国则须通过严格的"公众利益审核"，评估其对美国能源安全、经济贸易、消费者、产业界和环境等各方面的影响。①《美韩自由贸易协定》给予韩国进口美国天然气以特殊准入，而作为世界上最大天然气进口国的日本则积极游说以获取进口天然气的权利。因此，在与潜在天然气进口国进行贸易谈判时，天然气出口的杠杆作用无疑加强了美国贸易谈判的主导权，进而为其推进贸易政策和重塑国际经济新规则提供了重要平台。②考虑到日本同时是中国和美国在亚太推进自贸区战略的核心对象国，天然气贸易很可能成为美国与中国竞争亚太经济事务主导权、在亚太牵制和围堵中国推进地区合作的经济筹码。③

四　结语

石油和天然气具有经济和政治的双重属性，因此考察俄罗斯"东向"能源战略与东北亚能源格局的演变，需要同时分析市场层面与地缘政治层面的影响变量，特别是市场与权力互动下的大国博弈。一方面，俄罗斯在"页岩气革命"和乌克兰危机双重冲击下对东北亚能源市场的战略转向、未来美国能源角色转变后天然气出口的巨大潜力，将使得东北亚地区的地缘政治博弈格局更趋复杂化。另一方面，考虑到东北亚现有地缘政治关系对油气市场结构演变的作用，俄罗斯在东北亚的油气出口多元化不可避免地会受到朝鲜半岛局势和美日、美韩同盟关系的影响。同时，为了阻止俄罗斯对日韩扩张能源主导权，牵制和围堵中国崛起，美国将借助天然气出口的杠杆作用加强对

---

① Kenneth B. Medlock, Amy Myers Jaffe and Meghan O'sullivan, "The Global Gas Market, LNG Exports and the Shifting US Geopolitical Presence," *Energy Strategy Reviews*, Vol. 5, 2014, p. 14.

② Michael Levi, "A Strategy for U. S. Natural Gas Exports," The Hamilton Project Report, Council on Foreign Relations, June 2012, pp. 6, 22.

③ 曹嘉涵：《美国液化天然气出口：国内博弈及其战略影响》，《国际关系研究》2014年第4期。

东北亚潜在天然气进口国的贸易谈判主导权。① 资源生产国之间、常规与非常规天然气生产国之间对市场和价格博弈主动权的争夺，无疑将增强东北亚天然气市场的进口多元化趋势并引发亚洲天然气市场定价机制的深刻变革。

从某种意义上讲，东北亚天然气新格局下的中国能源安全取决于其在该地区天然气市场及地缘政治权力结构中的定位。由于天然气进口同时包括管道气和液化气，中国在东北亚天然气市场上兼具消费国和潜在过境国的双重角色。中国正在成为天然气消费大国，天然气对外依存度越来越高②；因此，需要与周边天然气生产国及消费国建立起相应的协调机制，进而有效参与和构建东北亚地区的天然气市场规则和能源治理机制。③ 特别是在未来一段时期内，全球能源市场仍将明显供过于求④，这自然为东北亚天然气进口国增加自身议价能力、改变亚洲天然气市场的"溢价"局面提供了重要机遇。中国有必要根据全球能源格局变化及自身能源安全的特点，通过提供地区性和全球性公共产品，提升其在地区能源机制和全球能源治理体系中的话语权。

参考文献：

[1] 曹嘉涵：《美国液化天然气出口：国内博弈及其战略影响》，《国际关系研究》2014年第4期。

---

① Nick Cunningham, "The Geopolitical Implications of U. S. Natural Gas Exports," American Security Project, March 2013, p. 2.

② 中国的天然气需求将从2010年的980亿立方米增至2035年的5570亿立方米，其天然气自给率将在2035年降至54%（Yuhji Matsuo, Akira Yanagisawa and Yukari Yamashita, "A Global Energy Outlook to 2035 with Strategic Considerations for Asia and Middle East Energy Supply and Demand Interdependencies," *Energy Strategy Review*, Vol. 2, Issue 1, 2013, pp. 85 - 86）。

③ 徐斌：《市场失灵、机制设计与全球能源治理》，《世界经济与政治》2013年第11期。

④ 目前，世界能源市场上以沙特为首的传统产油国为捍卫市场份额与美国页岩气展开了激烈的价格战。2014年底，美国打破了长达40年的原油出口禁令，批准轻质原油出口申请。

[2] 武正弯:《美国"能源独立"的地缘政治影响分析》,《国际论坛》2014年第4期。

[3] 徐斌:《市场失灵、机制设计与全球能源治理》,《世界经济与政治》2013年第11期。

[4] 徐建伟、葛岳静:《俄罗斯太平洋石油管道建设的地缘政治分析》,《东北亚论坛》2011年第4期。

[5] [俄]日兹宁:《俄罗斯在东北亚地区的对外能源合作》,《俄罗斯研究》2010年第3期。

[6] [美]罗伯特·基欧汉、约瑟夫·奈:《权力与相互依赖》,门洪华译,北京大学出版社2002年版,第19页。

[7] [英]苏珊·斯特兰奇:《国家与市场》,杨宇光等译,上海世纪出版集团2006年版。

[8] Elena Kropatcheva, "He Who Has the Pipeline Calls the Tune? Russia's Energy Power Against the Background of the Shale 'Revolutions'," *Energy Policy*, Vol. 66, 2014.

[9] Elena Shadrina, "Russia's Natural Gas Policy toward Northeast Asia: Rationales, Objectives and Institutions," *Energy Policy*, Vol. 74, 2014.

[10] Kenneth B. Medlock, Amy Myers Jaffe and Meghan O'sullivan, "The Global Gas Market, LNG Exports and the Shifting US Geopolitical Presence," *Energy Strategy Review*, Vol. 5, 2014.

[11] Masumi Motomura, "Japan's Need for Russian Oil and Gas: A Shift in Energy Flows to the Far East," *Energy Policy*, Vol. 74, 2014.

[12] Nick Cunningham, "The Geopolitical Implications of U. S. Natural Gas Exports," American Security Project, March 2013.

[13] Miroslav Mares, Martin Larys, "Oil and Natural Gas in Russia's Eastern Energy Strategy: Dream or Reality?" *Energy Policy*, Vol. 50, 2012.

[14] Rafael Fernandez and Enrique Palazuelos, "The Future of Russian Gas Exports to East Asia: Feasibility and Market Implications," *Futures*, Vol. 43, Issue 10, 2011.

[15] Youn Seek Lee, "The Gas Pipeline Connecting South Korea, North Korea, and Russia: Effects, Points of Contention, and Tasks," *KINU Policy Study* 11 – 05, 2011.

第三编

国际合作新形势对"中蒙俄经济走廊"建设的影响

范丽君[*]

内容提要：21世纪以来"经济全球化、金融国际化、区域一体化、贸易自由化、文化多元化、信息网络化"已经成为当今世界发展的主流。近年来，欧盟、非盟、东盟、上合组织等地区组织在全球政治、安全、经济等领域的作用显著上升，使全球治理主体更为多元，结构层次更加分明。2014年9月，中蒙俄三国元首在杜尚别召开的上合组织元首峰会上实现了三国首脑的首次会晤，并提出促成三方多边合作的"中蒙俄经济走廊"建设倡议。这是三国在复杂多变的国际和地区形势下，根据各自发展战略的共同选择。中蒙俄三国关系未来走向对东北亚乃至中亚、东亚具有深远意义，而且中蒙俄区域经济合作对东北亚地区国际经济合作具有引导意义。

关键词："中蒙俄经济走廊"，国际合作新趋势，中蒙俄区域经济合作，中蒙俄战略协调

20世纪90年代初，冷战结束打破了第二次世界大战以来世界格局的"二分制"原则。国际社会由美苏对峙的两极世界向多极化趋势发展，地区界限被打破，摒弃传统区域经济合作封闭式形成模式，借助地域、资源、技术诸要素的优势，建立形成一种新型的区域合作关系。特别是21世纪以后，"经济全球化、金融国际化、区域一体

---

[*] 范丽君，内蒙古社会科学院俄罗斯与蒙古国研究所副所长，主要从事蒙古问题研究。

化、贸易自由化、文化多元化、信息网络化"已经成为当今世界发展的主流,各国均不能置身其外,参与国际区域经济合作不仅是发达国家的发展需要,而且是发展中国家的夙愿。

一 21世纪以来国际区域经济合作模式及其特点

国际区域经济合作,顾名思义,是一个跨国家或地区的经济往来活动,即各主权国家(或地区)、国家集团、国际组织在平等自愿互利的基础上,根据各自的实际情况,主要是自然资源、资本、技术、管理、劳务等领域所进行的各种经济往来活动。根据参与国家(或地区)的情况,可以是双边的,也可以是多边的;可以是开放的,也可以是封闭的;可以是大区域的合作,也可以是小区域的合作。角度不同,合作的模式和种类也各具特色,但"互利"的前提不变,目的不变,即实现区域资源的优化组合,提高区域的经济福利,形式灵活多样。

从合作的性质划分,国际区域经济合作分为功能性、制度性和过渡性三种形式。[1] 从合作程度上看,分为"多边互惠安排""自由贸易区""关税同盟""共同市场""经济货币联盟"和"完全经济一体化"六种。[2] 从形式上划分,分为跨国经济共同体、共同市场、贸易区和跨国联盟几种。目前,我们最常见到的建构较为成熟、运作机制较为完善、合作效果较为突出的国际区域经济合作模式有欧盟、东盟、"亚太经济合作组织"和北美自由贸易区等。其中,有些是20世纪中叶就已经构建起来的,历史较长;有些是在冷战结束以后随着地区经济合作不断密切构建而成的,形成时间较短。无论是哪一种国际区域合作,其中既有共性,也有个性。这些对推动"中蒙俄经济走廊"建设具有一定的借鉴意义。

---

[1] 崔颖:《上海合作组织区域经济合作——共同发展的新实践》,经济科学出版社2007年版,第36页。
[2] 秦放鸣:《中国与中亚国家区域经济合作研究》,科学出版社2010年版,第5页。

(一) 国际区域经济合作组织的共性特点

就目前形成的国际区域合作组织来看，经济要素基本上实现了全球流动，推动世界经济呈现出多极化发展趋势，引导国际区域合作形式也呈现出多样化趋势。从较为成熟的国际区域经济合作组织来看，其共性包括以下几点。

1. 动因相同或者相近

区域内各国家内部在资源禀赋诸多自然和非自然因素方面的差异导致生产要素在国家间、地区间的分布不平衡，使各国的生产和流通必须走出国门，创造一种适宜的国际经济结构，以保证产品生产要素的自由流动，从而形成一种跨国界的合作，这便是国际区域经济合作的雏形。

纵观国际区域经济合作不难发现，无论是哪一种国际区域经济合作，其主要的动因是借助地缘优势，发挥地缘优势，促进产品和经济各要素在区域内的流动，实现资源的有效配置，其构建宗旨不仅强调生产领域的合作，同时还强调生产要素在区域内自由流动的程度，重视区域福利的增进。所以，"共同利益""互利互惠"是国际区域合作的基础之一。国际区域经济合作是国际社会在全球范围内相互联动，经济全球化发展的必然结果。

2. 合作内容与时俱进，组织结构和合作机制不断完善

无论哪一种国际经济合作形式都是在其主要职能不变的情况下不断发展、变化的。欧盟的前身是1952年成立的"欧洲煤钢共同体"，历经70年的发展，中间经历了"欧洲经济共同体"和"欧洲原子能共同体"的合并过程，又经历了以关税同盟为主要交流合作形式的"欧洲共同体"。冷战结束后，20世纪90年代初，在"欧洲共同体"的基础上成立了"欧洲联盟"（简称"欧盟"）。随着欧洲地区经济规模的不断扩大，"欧盟"国家数量也不断增加。截至2015年底，"欧盟"成员国达到28个。

"上海合作组织"是由20世纪90年代的"上海合作五国"经过20多年的发展，由一个以安全、打击恐怖组织为主要职能的国际合

作组织发展成为今天的集政治、经济、安全于一体的区域合作组织。尽管其合作模式、形式与欧盟有很大区别,但其合作内容在不断调整、充实,组织结构和架构日趋完善。每一份文件的签署都标志着这个合作组织的变化和调整,使其在地区合作中发挥着更好的引领性作用。

3. 国际区域经济合作组织的开放程度加强

1997年的亚洲金融风暴,2001年的"9·11"事件,2003年开始发生在中东地区的"颜色革命"以及2008年国际金融危机等一系列事件的出现,促使国际社会重新审视和反思战后区域一体化进程中所存在的问题,更新区域合作理念和观念,打破以往的单一合作模式和形式,以更加开放和"共容"的理念整合区域合作资源,使其向多领域发展。欧盟通过地中海联盟扩大了区域合作的边界,并且加强了军事领域的合作。东非共同体、东南非共同市场和南部非洲发展共同体(南共体)摈弃种族不平等政策,开始加强合作,成立"非洲联盟"。上海合作组织也从过去以侧重安全为主的合作,向安全、经济和文化并行融合的多领域发展,且成员国、"朋友圈"也在不断扩大。1997年的亚洲金融风暴催生的"东盟"和中日韩("10+3")合作从经济向更多领域发展,经过近20年的发展,东盟"10+3"国际区域合作组织在全球事务中的地位今非昔比,不仅是地区经济发展,而且是世界经济发展的重要引擎。经济要素基本上实现了全球流动,同时推动世界经济呈现出多极化发展趋势,从而要求国际区域合作必须在理念上有所突破,重视地区合作的地域开放性以及合作领域之间的协调性,突破传统"中心—周边"理论的封闭性弱点,以更加开放、包容的理念接受开放的区域合作理念,既承认发达国家与发展中国家之间的经济技术差距,也看到它们之间内在的客观联系,以经济因素为主带动区域经济合作。发达国家构建的区域经济合作组织积极吸纳发展中国家参与其经济合作,发展中国家构建的区域合作组织也积极参与发达国家的经济活动,东盟"10+3",世界贸易组织(World Trade Organization,WTO)"扩编"都是国际区域经济合作组织开放性的体现。

4. 区域合作正在影响地区秩序的构建

无论是发展中国家还是发达国家都在采取有利于自身发展的地区主义合作模式，打破过去发展中国家与发达国家、新型经济体与老牌发达国家之间的界限。中国、印度、巴西等新型经济体以其不断增长的经济实力和综合国力，逐渐成为推动地区合作的引领者，推动了地区之间的合作，从而整体上提升了发展中国家在全球事务中的作用和地位，参与西方发达国家主导的地区合作机制，取代单纯大国之间的双边、多边合作治理全球的体系，并成为全球治理体系中的重要力量，使国际区域合作更加多元化，同时成为地区秩序构建的重要基础。"金砖国家"就像一股清泉喷洒出来，吸引周边国家和地区与这些国家建立经济合作关系，从而形成以这些国家为中心带动周边国家的"中心—周边"地区合作模式。地区新合作机制的构建必然影响地区秩序的构建。"上合组织"打击"三股势力"为非传统安全领域的国际合作作出积极贡献，中亚五国与中国的积极合作也悄然影响着中亚地区的经济合作模式、地区秩序构建。

（二）国际区域合作组织的差异性和不稳定

由于地域内国家历史、文化、政治体制、经济发展各不相同，所形成的区域合作组织形式各异，既有低级的互惠贸易区、自由贸易区，也有较为高级的关税同盟、共同市场、经济同盟、完全经济一体化组织；既有比邻国家建立的双边经济合作组织，也有跨地区多边的经济合作组织，且这些国际区域合作不是按照由低到高呈阶梯式发展，而是根据区域内经济合作的程度和协作内容而形成的。例如，北美自由贸易区、欧盟、东盟"10＋3"等就是根据毗邻地区市场、资源配置等经济要素构建的不同模式的区域经济合作组织。

受主导国家内政外交以及区域经济环境的影响，区域合作组织实现功能多样化或者多边化完善发展趋势，有以安全为主的区域合作组织，例如"上合组织"；有以经济为主的区域合作组织，例如"北美自由贸易区"；也有以军事为主的区域合作组织，例如"北大西洋公约组织"；也有像"欧盟"这样全方位的合作组织。

国际合作组织的构建是时代的产物，是现代国际关系体系下的产物，随着国际关系的发展，当事国对国际合作组织的要求也会随着国内、国际环境的变化而有所调整，有所变化。这是国际区域合作组织不稳定性的体现，有时一个区域合作组织还没有诞生就会"胎死腹中"，例如，美国奥巴马政府主导倡议的 TPP 合作，随着美国新总统特朗普的上任而停止。有些可能会因主导国家战略政策的变化而面临"寿终正寝"的局面，例如，已经运行多年的北美自贸区，在新总统特朗普上台以后面临着解散的局面。而有些区域经济合作组织则呈现出不断发展壮大的趋势，例如亚太经合组织、东盟等。国际区域合作组织不断调整变化以适应国家和地区发展的需要，既要兼顾提倡国家的国家利益，又要符合地区以及国际社会的发展趋势。

二　国际政治经济新格局对中蒙俄参与区域合作的影响

苏联解体后，世界政治经济格局发生了翻天覆地的变化，两极世界崩塌，美国主导的单极化政策破产，世界迅速向多极化方向发展，并被国际社会逐渐接受、认同。在经济利益驱动下，两大阵营内的国家开始打破冷战意识形态的樊篱，在互利互惠的基础上形成不同制度、不同意识形态、不同文化、不同经济体之间借助地理临近优势、经济技术高低差异等经济要素需求而展开合作，区域合作如雨后春笋一般蓬勃发展起来，且合作去掉文化、历史背景的歧视性特点，变得更加开放和灵活。

（一）21 世纪国际格局变化的新特点

21 世纪后，国际格局变化呈现出一些具有规律性的特点和趋势。

1. 世界格局多极化、文化格局多元化被广泛认可和接受

苏联解体标志着两极世界的结束，无论是两大阵营内部国家，还是因苏联解体而出现的新的主体国家，都依据其国内现实，在国际社会寻找自身的定位，以实现国家的根本利益。新主权国家的诞生推动

着新国际关系的产生,催生出世界政治经济新秩序。主权国家的全球化在一定程度上实现了国家文化的国际化,世界格局呈现出多极化和文化多元化的发展趋势。主权国家所留存的各种文明、文化交相映衬构成一个丰富多彩的国际社会。

2. 国际政治格局与经济格局重叠发展

全球化是在市场化和信息化条件下,伴随着经济一体化和经济自由化应运而生的。两极世界的结束,迫使旧体制下封闭经济圈的结束,发达国家开始在发展中国家寻求市场,发展中国家实行开放政策,向发达国家寻求技术和资金。放弃旧有的经济合作思维方式,打破以往的合作模式,成为世界经济发展的原动力,并促进了经济区域化和全球化,构成类似欧盟、东盟"10 + 3"、北美自由贸易区等以经济为纽带的国际关系网。换言之,国际社会呈现出政治格局与经济格局重叠发展的趋势。

3. 和平与发展的主题受到挑战

20 世纪上半叶的两次世界大战给人类留下了惨痛的教训。人们渴望在平衡、稳定、民主和不对抗的和平环境中生活与发展。"和平与发展"成为第二次世界大战以后的时代主题。但是,几年来,经济全球化所带来的经济社会发展不平衡和文化差异所产生的人权意识分歧,以及国家利益多元化的驱动,导致国际社会矛盾加大,非传统安全中不确定因素的增多为地区矛盾、冲突增加了变数。而一些大国采取的单边行动不仅使地缘政治环境日趋复杂,而且是对"和平与发展"这一时代主题的挑战。例如,2014 年以来,俄罗斯、欧盟、美国因乌克兰危机和北约东扩而关系紧张,中日美因东海和南海争端而引发对立,中美韩因朝鲜核问题而引发矛盾,欧盟因穆斯林移民问题而产生分歧等都破坏着国际社会一直倡导的和平与发展主题。尽管没有发生真正大规模的冲突,但是局部的"星星之火"已经开始蔓延。

4. 大国关系走向出现不确定性

国际社会的多极化发展导致多中心国际秩序的出现,世界权力结构随之发生变化。传统西方国家经济实力集体下沉,新型国家群体性崛起，其中金砖国家的表现最为抢眼，强劲的增长态势推动了世界权力中心的转移。世界权力结构的变化加速了国际政治经济秩序的重组，而原有国际机制的受益者并不愿意接受由此带来的权力变化，对新型国家融入国际体系加以排斥并制造矛盾，使得国际体系出现对抗性风险，由此导致大国关系的走向出现不确定性。

总之，在国际政治经济秩序重新组合的过程中，既存在守成国家与新型崛起国家之间的权力之争，又有大国之间的重新定位。2016年6月英国脱欧公决可以说是守成大国权力再分配的开始。中国和俄罗斯是新型经济体的代表，又是联合国常任理事国，是影响国际格局发展的主要国家之一。在国家政治经济秩序重新组合的过程中，既要与以美欧为首的守成国家构建新型关系，也要在地区问题和区域经济发展过程中协调彼此的利益，构建经济体之间的新型关系。

（二）世界经济新形势下中蒙俄的选择

近两年来，欧盟、非盟、东盟、上合组织等地区组织在全球政治、安全、经济等领域的作用显著上升，使全球治理主体更为多元，结构层次更加分明。区域内国家以相互依赖关系为基础，以尊重主权为原则，通过政府部门以及地区组织推动区域内合作机制的构建。世界政治经济正走向"以小调整，促大整合"新格局的构建过程中。在新格局的构建过程中，地区合作机制与大国的双边和多边协同仍然是全球治理体系的基础，中国、俄罗斯既是新型经济体，又是地区内大国，蒙古国在经济上不比中、俄两国，但其东联东北亚西接中亚的地理位置，使其在地区经济合作中扮演着重要角色。三国都在世界经济区域化、一体化潮流中选择着自己的定位。

1. 中、俄是世界政治经济新格局构建的积极参与者和构建者

中国、俄罗斯作为主导国际事务的新型经济体，自然不会成为世界政治经济新格局构建的旁观者。不仅如此，中俄都成为新格局构建的积极参与者、倡议者与主导者。"一国在国际社会中究竟能够扮演

什么样的国际角色，归根到底还是由该国的综合国力决定的。"① 冷战结束后，随着意识形态在国际关系中地位的下降，冷战时期所形成的具有对抗意识的合作模式也随之退出世界经济舞台。作为发展中大国，改革开放后的中国经济实力得到迅猛发展，地区影响力逐渐提升。最明显的例证是，1998年亚洲金融风暴并没有把中国的经济击垮，香港作为"金融之都"的地位没有被撼动，"蝴蝶效应"之风被中国庞大的经济体挡在外面。这些都充分说明中国经济体制改革是成功的，具备融入世界经济的能力。进入21世纪，中国经济遍布全世界，2010年，中国成为世界第二大经济体，是世界上100余个国家的重要贸易伙伴。这种你中有我、我中有你的贸易往来和经济合作局面决定了中国无法成为国际经济合作的旁观者，而必须是参与者，甚至是主导者。

截至目前，中国主导的区域合作组织包括"上合""博鳌亚洲论坛"和"亚投行"，参与的区域合作组织主要有东盟、"亚洲与太平洋经济合作组织"（简称亚太经合组织），"世界贸易组织"和"上海自贸区"等。中国经济的崛起，不仅改变着周边地区的区域合作模式和规则，同时也影响到世界政治、经济格局的变化。

在新国际关系结构建构过程中，继承苏联政治、经济遗产的俄罗斯尽管经济体量大幅缩水，综合国力严重萎缩，但在现在和可见的未来，它仍将是唯一有可能与美国相比的核力量国家。换言之，在地区和国际事务中，俄罗斯的影响力和掌控力并未因其经济实力的暂时"倒退"而消失殆尽。跻身G20、G8集团就充分说明国际社会在众多问题上离不开俄罗斯的参与。俄罗斯的外交传统也决定其必须是地区和国际事务的参与者和主导者。近东、远东、苏联的"盟友"都是俄罗斯外交振兴的战略支点和地缘空间以及区域经济合作拓展的重点。

"欧亚经济联盟"是俄罗斯主导的以"独联体"国家为主的最大区域经济合作组织。此外，借助传统关系，俄罗斯积极搭建与"远

---

① 胡键：《结构性互动：中国国际角色转换与国际体系转型》，《当代国际关系体系转型：中国与俄罗斯的应对与抉择》，上海人民出版社2010年版。

邻"国家的自由贸易区、跨境贸易区等跨地区国际经济合作形式。俄罗斯以划定"地缘空间"为目的的区域经济合作是俄罗斯外交战略的重要形式。俄罗斯主导的"欧亚经济联盟",与越南、蒙古国、古巴等国家签署跨境自由贸易区协定、构建跨境自由贸易区等,无不体现出"区域合作+地缘政治"的双功能特点。

2. 蒙古国是地区事务和局势稳定的参与者

蒙古国是冷战结束后的转型、转轨国家。蒙古国借助其连接东北亚和中亚的地缘优势,积极参与国际区域合作组织,提升其国际地位。1992年,参与联合国开发署倡导的"大图们江区域经济合作"项目是蒙古国参与地区事务的开始。1994年提出"第三邻国"外交政策到2011年正式将此写入《国家安全构想》和《蒙古国外交政策构想》的一系列举措足以证明,蒙古国想通过扩展外交"朋友圈"提升其在地区乃至国际社会的影响力。2013年,蒙古国总统额勒贝格道尔吉提出"东北亚安全乌兰巴托对话机制"倡议,2014年提出"中蒙俄首脑会晤机制"倡议以及2015年提出"永久中立国"思想无不体现出蒙古国参与地区事务的积极性和能动性。

几年来,蒙古国借助其在区域内与周边其他国家没有任何边界、领土纠纷等历史遗留问题,且均保持着良好关系的政治地缘优势,扮演着"协调人"角色,在参与地区经济合作的同时,提升外交协调能力。尽管蒙古国的经济在世界矿产能源价格下降的压力下一直在低水平上徘徊,但这并没有影响其在地区事务中发挥"中立"作用。

总而言之,在国际格局多极化,区域经济日趋全球化的大趋势下,世界各国,尤其是大国,都在不断调整其内政外交,整合自身资源优势,积极参与区域经济合作,使其成为区域合作组织的主导者和重要的参与者。

三 "中蒙俄经济走廊"建设——中蒙俄区域发展的共同选择

2013年,"一带一路"重大倡议是中国顺应世界多极化、经济全球化发展趋势的应市选择。与其他区域合作组织最大的不同是,这是一个"开放、包容、均衡、普惠"的区域合作框架,以双边合作为主带动周边国家和地区共同参与,以此促进经济要素在地区内有序自由流动,以实现资源高效配置和市场的深度融合。正因如此,"一带一路"倡议受到沿线国家,尤其是蒙古国和俄罗斯的高度关注和响应。2014年9月,在塔吉克斯坦首都杜尚别召开的上合组织元首峰会上实现了中蒙俄三国首脑的首次会晤,三国元首提出促成三方多边合作的"中蒙俄经济走廊"建设倡议。这是三国在复杂多变的国际和地区形势下,根据各自发展战略的共同选择。

(一)"中蒙俄经济走廊"建设:东北亚地区第一个中国主导的多边合作平台

东北亚区域经济合作始于20世纪90年代初,但是,由于政治体制不同,经济发展水平高低不同以及历史遗留问题等因素的影响,东北亚各国的区域合作一直滞后于其他国家和地方。地区内的合作以双边合作为主,且经济合作受政治关系影响严重,至今没有形成较为成熟的多边合作机制。中日韩自贸区是最为看好的区域经济合作模式,但是受日本右翼政治势力抬头的影响,不得不处在"进行时"中,中韩自贸区谈判也因2016年美国"萨德"反导系统进驻韩国而停滞。正如专家所言:"东北亚区域合作步履艰难的最大的障碍因素就是历史关系复杂、大国利益交错、地区性甚至是全球性的热点问题太多。"[1] 朝鲜一次又一次"义无反顾"的核试验,以及韩美军事关系的不断升级,美国"萨德"反导系统进驻韩国,使得朝鲜半岛的火药味越来越浓。以安倍为首的日本右翼势力对周边国家肆无忌惮的态度以及美国与区域内六个国家之间盘根错节的关系,尤其与日本、韩国的军事同盟关系,严重破坏了东北亚区域内的政治、经济和人文环境,严重阻碍了区域内的经济合作进程。

---

[1] 刘清才、高科:《东北亚地缘政治与中国地缘战略》,天津人民出版社2007年版,第8页。

2014年9月，三方首脑首次会晤就习近平总书记提出的"中蒙俄经济走廊"建设达成共识，并"分别责成各自有关部门落实三国元首达成共识，研究有关合作建议，及时向三国元首汇报。建立三国副外长级磋商机制，统筹三国合作"①。2015年7月，中、蒙、俄三国首脑在俄罗斯乌发会晤时，签署《关于建设中蒙俄经济走廊规划纲要的谅解备忘录》和《中期发展路线图》，以文件形式对接三国发展战略。2016年9月，中蒙俄三方根据该备忘录和《中期发展路线图》的要求，以平等、互利、共赢原则为指导，制定了《中蒙俄经济走廊建设规划纲要》。三年三个台阶，把三方合作的政治磋商机制、经济合作的内容、路线图全部落实到了实处。正如普京在塔什干会议上所言："重要的是，政治、经济、国际事务和文化人文领域的三边接触发展路线图已经开始执行，启动了政治磋商的机制，这是协调对地区议程中迫切问题立场的好机会。"②"中蒙俄经济走廊"建设所搭建的三方合作平台为僵化的东北亚地区形势注入了新鲜血液，再次开辟了东北亚区域多边合作的模式探索。

（二）"中蒙俄经济走廊"开展三边经济合作的优劣势

无论是传统的区域经济学理论，还是新国际劳动地域分工理论，对于区域经济合作的定义都是要实现资本、市场、技术、人才合理、有效、低成本运转，从而实现区域国家经济效益最大化、利益最大化。区域经济合作率先在临近周边国家开始实施，通过低成本的运输、自由流动的人才、高度互补的技术差异，通过相互取消贸易壁垒、贸易关税以实现经济福利的不断增加。中蒙俄开展区域经济合作既存在优势，也有需要克服和解决的瓶颈问题，需要协商共进，采取更为有利于三国发展的合作模式，促进三边合作，构建符合东北亚区域经济发展的地区合作模式。

---

① 《习近平出席中蒙俄三国元首会晤》，新华网，2014-09-12。
② 《普京与中国及蒙古国首脑共同批准通过了建立经济走廊的计划》，外交部网，2016-06-23。

1. 中蒙俄开展三边合作的优势

第一，相互比邻而居提供了区域合作的地理便利条件。中蒙俄三国是欧亚大陆最东端面积最大的三个国家。俄罗斯东连太平洋，西接大西洋，东西长9000多公里，横跨11个时区，南北宽4000多公里，其领土面积的70%在亚洲部分，分别与蒙古国和中国接壤。蒙古国夹在中国和俄罗斯之间，没有独立出海口。但蒙古国既是俄罗斯远东和中国东北地区进入中亚最近的陆路通道，又是连接东北亚经济圈与欧洲经济圈最近的陆路通道。"中蒙俄经济走廊"建设正是看中其连通东北亚、中亚和欧洲经济圈的"陆桥"意义。

2015年1月，经国务院批准，中国把建设"中蒙俄经济走廊"正式纳入国际级战略版图。国家发改委确定"中蒙俄经济走廊"分为两条：一是从华北京津冀经内蒙古呼和浩特，再经蒙古国与俄罗斯西伯利亚大铁路并轨进入西欧；二是由东北地区大连向北经沈阳、长春、哈尔滨通过内蒙古的满洲里口岸进入俄罗斯外贝加尔的赤塔与俄罗斯"欧亚大通道"并轨，进入欧洲地区。两条走廊互动互补形成一个新的开放开发经济带，被统称为"中蒙俄经济走廊"，并将其列入"一带一路"六大国际经济合作走廊。中蒙俄相互接壤比邻而居的地理现实为开展区域经济合作提供了低运输成本。

第二，良好的三边关系是区域合作的政治保障。在东北亚错综复杂的国家关系和地区格局中，只有中蒙俄三国的双边、三边关系最为稳定，且处在历史最好时期。2014年5月普京总统访问中国时，两国首脑签署了《中华人民共和国与俄罗斯联邦关于全面战略协作伙伴关系新阶段的联合声明》，两国关系从全面战略伙伴关系再次提升到"新阶段"。2015年11月，蒙古国总统额勒贝格道尔吉应邀访问中国，两国元首就深化双边关系达成共识，并签署《中华人民共和国和蒙古国关于深化发展全面战略伙伴关系的联合声明》。2009年，俄罗斯与蒙古国签署《战略伙伴关系联合声明》。尽管2014年9月俄罗斯总统普京访问蒙古国时，双方没有签署提升两国关系为"全面战略伙伴"的联合声明或者宣言，但是普京在蒙古国发表的署名文章《帐篷靠支杆撑，生活靠朋友帮》(《В юрте опора-шест. В жизни опора-друг》)中说:"我相信,未来会构建多层级的战略伙伴关系,把俄蒙两国人民的光荣传统发扬光大。"①两国签署包括《关于俄蒙两国公民互免签证的协议》在内的15个涉及政治、经济、文化、教育、军事等领域的务实合作协议,从一个方面反映了俄罗斯与蒙古国战略关系的实质。中俄蒙三方互为"战略协作伙伴关系"说明三国政治互信基础在不断加深、夯实,是三国开展区域经济合作的政治保障。

在蒙古国总统穿针引线和积极斡旋下,中蒙俄首脑实现了2014年9月的杜尚别首次会晤,催生了"中蒙俄经济走廊"建设构想,再次搭建了继联合国开发署牵头的"图们江国际次区域经济合作"后东北亚区域内多边经济合作的平台。

第三,中蒙俄已经构建起来的双边合作模式是推动多边合作的经验基础。俄罗斯与蒙古国的双边贸易以及合作传统可追溯到苏联和蒙古国时期。中俄、中蒙贸易经济合作始于20世纪90年代的边境贸易,经过近30年的发展,三国的双边经贸合作日趋成熟。三国将国内区域经济合作与周边国家比邻地区结合起来,出台了开展边境地区对外经济合作的发展规划。三国互为贸易投资重要伙伴国家的发展现实也是中蒙俄开展区域合作的主要推动力。2014年6月22日,蒙古国与俄罗斯启动阿拉坦布拉格自由贸易区,中俄正在进行在满洲里、绥芬河、黑河等口岸建立跨境贸易合作区的谈判,中蒙也在进行二连浩特和蒙古国札门乌德跨境合作区的谈判。合作与发展不仅带动了两国边境地区的经济繁荣,而且可以发挥以点带面的联动效应,把双边合作提升到三边合作,进而达到提升中国在东北亚区域内经济主导地位的作用。

第四,三国的资源禀赋和资金、技术互补性是推进区域经济合作的物质基础和资金保障。众所周知,俄罗斯远东是世界"资源宝库",蒙古国境内的煤炭、矿产资源位居亚洲、世界前列。中国的西北、华北和东北地区也是中国重要的资源富集区。东北三省既有中国

---

① 普京:《В юрте опора-шест. В жизни опора-друг》, 4 сентября, ru. montsame. mn http://asiarussia.ru/news/4142/ (2014-09-06)。

"粮仓之称"，也是工业、产业基地，内蒙古既是中国六大畜牧业基地之一，也是中国稀土之乡。资源禀赋的同质性反映出三国在能源开发以及生产领域具有很大的合作空间。在中蒙俄三个国家中，中俄工业产业部门齐全，产业结构相对合理，产业基础相对厚实，技术相对先进，有些技术处在世界先进水平，不仅具备产业能源合作的技术要求，也具有在技术升级方面的合作空间。此外，中蒙俄都是WTO和APEC以及亚洲银行等国际经贸、银行合作组织成员，这些都是发展三国区域合作的积极因素。

第五，"亚投行"和"丝路基金"提供了中蒙俄区域经济合作的资金保障。除了世界银行、世界货币基金组织、亚洲银行等国际金融组织能为中蒙俄区域合作提供必要资金外，成立于2015年的"亚投行"和"丝路基金"则是由中国倡导组建的专门针对中国"一带一路"战略而设立的金融机构，主要是为"一带一路"沿线国家的基础设施、资源开发、产业合作和金融合作等与"互联互通"有关的项目提供投融资支持的金融机构。作为"一带一路"战略的重要国际合作走廊，"中蒙俄经济走廊"在投融资方面享有优先使用权。

2. 中蒙俄区域合作的制约性因素

尽管"中蒙俄经济走廊"建设已经为中蒙俄三边合作搭建了平台，中蒙俄三国首脑就三方合作制定了"顶层设计"，但是，这毕竟是东北亚地区三个不同种族、民族、文化、宗教的国家进行合作。尽管中国倡导的包括"中蒙俄经济走廊"建设在内的"一带一路"战略不限国别范围，不搞封闭机制，秉承共商、共享和共建原则，但是，由于三国的历史、文化、宗教和国家体制存在差异，在三方合作过程中存在着一些瓶颈和制约性因素，主要体现在以下几个方面。

第一，中蒙俄三边不对称关系制约着"中蒙俄经济走廊"建设。尽管中蒙俄双边关系处在历史最好阶段、最稳定阶段，但是，仔细比较不难发现，尽管中俄、中蒙政治关系高于俄蒙关系，但是，在中俄、中蒙和俄蒙之间的相互信任程度上，俄蒙关系高于中俄、中蒙关系。俄罗斯和蒙古国民间对中国的友好程度、认同程度远远低于中国对上述两个国家的认同程度。换言之，中国与俄罗斯和蒙古国双边关系中普遍存在的"上热下冷,官热民冷"的局面虽有所改善,但没有得到根本改变。其中比较明显的例证就是,俄罗斯与蒙古国已经签署互免签证协议,双方人员往来进入无障碍的"绿色通道"。但上述两个国家始终没有与中国签署互免签证的政治性文件。中俄、中蒙的互免签证仅局限在公务人员和边境旅游人员上,并没有普惠到普通民众。尽管中俄、中蒙经贸总额、总量高于蒙俄,但是,俄罗斯与蒙古国的历史关系和两国的互认程度都略高于中俄、中蒙关系。这种不对称关系必然体现在"中蒙俄经济走廊"建设中,如何处理这一问题,需要进行评估和考证。这在一定程度上难以实现中蒙俄在区域合作上人员和技术的自由流动。

第二,历史纠结情结仍然是阻碍三国经济深入合作的因素。尽管中蒙俄三边政治关系逐步稳定并升高,但是民间的互信程度始终没有达到预期的目标。俄罗斯与蒙古国对"中国威胁论"的认识内涵不同,但结果一样,即担心中国强大后,会提出"领土"要求。冷战时期,中国与苏联以及蒙古国党和政府为了离间民间、疏远民间关系,彼此伤害,一个大肆宣扬"中国威胁论",一个大力推行"不平等条约情结",都犯了意识形态上的极端性错误,其后遗症成为当今中蒙俄开展区域合作的制约性因素。俄罗斯与蒙古国一方面想搭乘中国经济发展的"顺风车"以发展自身经济,另一方面又担心中国崛起后觊觎他们的领土。而中国境内一些民族主义者也逆潮流而动,在俄罗斯和蒙古国进行经贸合作时,时不时暴露出对不平等条约的愤懑情绪。这就需要中蒙俄三方多角度、全方位进行人文合作,用文化的软力量打开彼此的心结,寻找共同的利益点,推动三方合作深入进行。

第三,俄蒙双边关系也是"中蒙俄经济走廊"建设不可忽视的因素。"中蒙俄经济走廊"建设是一个涉及三方的国际合作平台。它不仅是一个经济政策或者经济合作项目,而且是一个基于共同利益的举措,未来将全面覆盖三方的政治、经济、文化、安全等领域。尽管三方签署了《中期合作路线图》和《建设中蒙俄经济走廊规划纲要》,但俄罗斯与蒙古国处在中国经济走廊建设的信任度、能源、资源储备的"上游",中国处在下游。蒙古国是俄罗斯"欧亚经济联盟"的亚洲主要伙伴。2015年1月作为"欧亚联盟"主要经济前提的"欧亚经济联盟"启动。按照俄罗斯的规划,蒙古国应在2016年加入"欧亚经济联盟"。[①] 2015年6月,蒙古国总理在访问俄罗斯时与欧亚经济委员会签署备忘录,蒙古国成立专门工作组,负责与欧亚经济委员会商讨有关事宜。如果蒙古国加入"欧亚经济联盟",进入俄罗斯主导的"统一经济空间",享受在关税、物流、海关等方面的优惠,那么"中蒙俄经济走廊"建设就是一个没有任何条款约束的开放性合作平台;如果中国不加入"欧亚经济联盟",与蒙古国、俄罗斯不在同一个"朋友圈"里,那么,中国的"共商、共建、共享"原则就会流于空谈。此外,中俄力量倾斜必然会影响"中蒙俄经济走廊"区域合作进程。如果蒙古国与中国的合作超出俄罗斯在蒙古国的利益底线,那么俄罗斯必然会插手,就像2012年春天俄罗斯给蒙古国"断气"一样。如何与蒙古国合作,也是一个技术性问题,需要一定的外交技巧。如果把蒙古国推到俄罗斯一边,对"经济走廊"建设的利弊是不言而喻的。尽管中俄都不是蒙古国以西方势力为主的"第三邻国"进入的拥护者,但在蒙古国与中国的关系上,俄罗斯也有底线,那就是要争取这个传统伙伴国家加入"欧亚经济联盟",使其成为"联盟"的亚太国家。

第四,蒙古国自身的体制、制度及外交经验也是影响中蒙俄区域合作的重要因素。蒙古国自身既不是一个国际游戏的老手,也不是一个对国家治理有着长远战略和丰富经验的国家。自20世纪90年代转型以来,议会—总统制的政治体制导致政府始终无法稳定持续地工作。从政府总理到部长的任职像"铁打的营盘流水的兵",政府更迭如换衣服一样频繁,而人民党执政时期则没有出现此类现象,每一次民主党执政或以民主党为主的联合政府执政,政府都是在内讧中运作的。2014年11月,任职时间最长的阿勒坦呼亚格被

---

① 范丽君:《俄罗斯"欧亚经济联盟"与"中蒙俄经济走廊"构建》,张洁主编:《中国周边安全形势评估:"一带一路"与周边战略》,社会科学文献出版社2015年版。

弹劾下台。不到一年,又更换了副总理和五个部长。新联合政府因内讧一直是"忙忙碌碌",而又"无所作为"。2016年6月,蒙古国完成新一届议会选举。蒙古国传统大党——人民党获得63/76绝对多数席位。蒙古人民党是与中俄有着传统关系,执政经验较为丰富的老党。在蒙古国内政外交重大决策上"位高权重,话语掷地有声",终于稳定了蒙古国议会党派纷争局面,确定了蒙古国新一届政府总理和部长人选,并顺利召开蒙古国秋季议会。2017年是蒙古国总统选举年。人民党当选新总统的概率几乎是100%。人民党在获得执政权力后,如何发展与中、俄的关系,仍是一个值得关注的热点和焦点问题。人民党关于中俄以及与"第三邻国"关系的远近亲疏和蒙古国国内亲俄派、亲华派、亲西方派的力量角逐还在进行中,这对于"中蒙俄经济走廊"的未来建设有多大影响还有待于观察。

3. "中蒙俄经济走廊"建设的推进思路

针对"中蒙俄经济走廊"建设中所存在的制约性因素,笔者认为,应从以下几个方面推进中蒙俄区域合作:

第一,将"一带一路"互联互通建设中的"民心相通"放在首位。鉴于中蒙俄三国文化历史、宗教历史、国家历史等人文差异较大以及冷战时期意识形态主导下所造成的民族、文化、理念等方面认同差异的现实,应从夯实民意基础方面构筑互联互通这张大网。只有民心相通,才能缩小认同上的差异,形成共同的认识观,进而构筑共同的利益观,打造命运共同体。"国之相交在于民相亲",不断推进三国的文明、文化交流与互鉴,才能为构筑"中蒙俄经济走廊"提供良好的民意基础。在"互联互通"的大工程中率先实现"民心相通",平等、包容、尊重中蒙俄三国历史遗留的东西方文化差异,以及斯拉夫文明、游牧文化和农耕文化、东正教文化、萨满教、儒释道文化之间的优点和缺点,求同存异,共谋合作大计。切忌以"高傲、大国、以人为上"的硬思维推动人文领域的软实力合作,为"中蒙俄国际合作寻求文化对话意义上的最大公约数,消除误解与分歧,促进理解、互信与合作,为'中蒙俄经济走廊'建设创造良好的人文基础"[1]。从国际合作的视角加强与俄罗斯和蒙古国在人文领域的交流与合作及文化认同。

第二,中蒙俄区域经济合作中需要统筹俄蒙政治经济关系的特殊性。从俄罗斯角度讲,俄罗斯越来越清楚地意识到,蒙古国的政治地缘、资源以及地理优势是俄罗斯远东发展战略、亚太战略中不可忽视的伙伴和盟友,是俄罗斯实现"欧亚经济联盟"以及"欧亚联盟"战略构想的重要参与者。蒙古国需要在中俄两个国家之间保持一种优先认同俄罗斯的"平衡"关系。中蒙区域合作需要三方平等参与合作。尽管"中蒙俄经济走廊"坚持"开放、包容、市场运作和互利共赢"的原则,但鉴于俄蒙已经构建起来的双边合作机制和模式,中国与俄蒙合作时必然要与俄罗斯在蒙古国构成"合作的竞争关系"。如何不让俄罗斯与蒙古国在捆绑后再与中国合作是需要中国政府通盘考虑的问题。蒙古国的传统产业,尤其是在铁路基础设施建设方面与俄罗斯的关系密切,中国资金、技术若要参与其中,合作的对象不是蒙古国而是俄罗斯与蒙古国的"合体"。这种合作也是东北亚国家合作未曾有的先例,需要运用多边平台,弱化俄蒙两国对中国投入资金的"捆绑"。

第三,针对蒙古国政党缺少应对东北亚、东亚地区新局势变化的经验,中国有必要加强与蒙古国各主要党派的接触与交流。尽管转型、转轨20多年来,蒙古国各党派的执政能力有所提高,治理国家的经验日趋丰富,内政外交理念日趋成熟,但与中国和俄罗斯比较,还缺少执政经验和历练。蒙古国在民主主义、国家利益和国家安全三大平衡发展关系方面摇摆不定,既想实现国家利益最大化,又对与中俄合作保持警惕心理,缩手缩脚;既想维护国家安全,又想把第三邻国引入外交战略构想平衡安全中;既想成为美国赋予的"亚洲民主化国家典范"的楷模,又担心民族主义思潮逆潮流发展。这就导致其"治国理念"左右摇摆,政策多变,招商引资环境被破坏。中国共产

---

[1] 孙玉华、彭文钊、刘宏:《中蒙俄经济走廊人文合作中的文化认同问题》,《东北亚论坛》2015年第6期。

党和政府应该加强与蒙古国和俄罗斯党派之间的交流与合作,讲好中国发展故事,让理性的合作认同观念走进蒙古国,让"亲华派"更信任中国发展道路,让"非亲华派"在实践中感受到中国的发展,转变他们的观念。

第四,积极扶持地方智库、民间智库和社科类单位对俄蒙比邻地区社会经济等地方法律政策的研究。"中蒙俄经济走廊"建设始于地方区域,首先要了解俄罗斯与蒙古国边境地区的社会经济发展状况以及对外合作需求,这样才能找到合作的契合点。中国沿边九省区共接壤14个陆地国家。向北开放就只有俄罗斯和蒙古国两个国家,多年来,一直重视与其进行双边经贸合作,但缺少对比邻地区的系统研究,造成"一省区对两国,一国对多省区"交叉的碎片化研究,缺少系统性和整体性,使走出去的企业、对外合作的部门难以实现"同一口径"的合作政策,降低了对俄蒙开展区域合作的话语力度。

中蒙俄三国关系的未来走向对东北亚乃至中亚、东亚具有深远意义,中蒙俄区域经济合作对东北亚地区国际经济合作具有引导意义。正如习近平主席在出席杜尚别首届"中蒙俄元首会晤"时所言:"在当前复杂多变的国际和地区形势下,三国元首首次举行会晤,就彼此关切的合作问题进行沟通,可以增进三方互信,促进互利共赢合作,实现优势互补,共同发展,推动东北亚区域合作进程,很有必要,也具有重要意义。"[1] "平衡是国际关系的黄金法则,是国际战略稳定的重要基础。"[2] 这句话不仅适应于国际关系,也适用于国际区域经济合作。无论何种合作,"自觉自愿",或者说"你情我愿"是合作的重要基础和条件。而这个"自觉自愿"就包含着"平等、互利、互惠",只有具备共同的"刚性"需求,才会形成共同的利益和共同的市场。三国领导人已经为中蒙俄区域合作做好顶层设计,如何落实到位,惠及三国百姓,不是一句话就能解决的问题,需要三国从地方到

---

[1] 《习近平出席中蒙俄三国元首会晤》,新华网,2014-09-12。
[2] 赵华胜:《国际格局视角下的中俄国际合作》,《当代国际关系体系转型:中国与俄罗斯的应对与抉择》,上海人民出版社2010年版。

部门共同认识到合作的重要性,树立彼此尊重、理解、包容的新合作理念,实现高层提出的在"相互尊重、平等互助、睦邻友好、互不干涉内政的原则上进一步扩大全面合作"的愿景。

参考文献:

[1] 崔颖:《上海合作组织区域经济合作——共同发展的新实践》,经济科学出版社 2007 年版。

[2] 秦放鸣:《中国与中亚国家区域经济合作研究》,科学出版社 2010 年版。

[3] 胡键:《结构性互动:中国国际角色转换与国际体系转型》,《当代国际关系体系转型:中国与俄罗斯的应对与抉择》,上海人民出版社 2010 年版。

[4] 刘清才、高科:《东北亚地缘政治与中国地缘战略》,天津人民出版社 2007 年版。

[5] 范丽君:《俄罗斯"欧亚经济联盟"与"中蒙俄经济走廊"构建》,主编张洁:《中国周边安全形势评估:"一带一路"与周边战略》,社会科学文献出版社 2015 年版。

[6] 孙玉华、彭文钊、刘宏:《中蒙俄经济走廊人文合作中的文化认同问题》,《东北亚论坛》2015 年第 6 期。

[7] 赵华胜:《国际格局视角下的中俄国际合作》,《当代国际关系体系转型:中国与俄罗斯的应对与抉择》,上海人民出版社 2010 年版。

"一带一路"倡议下的中蒙俄能源合作路径研究

郑 伟[*]

内容提要：从中国、蒙古国、俄罗斯的能源情况来看，中国的能源进口依存度很高，是能源净进口国，特别是油气资源在总体能源进口中所占的比例逐年提升。而蒙、俄两国能源储备丰富，是能源净出口国，因此在世界政治经济形势深刻变化，"一带一路"倡议提出构建"中蒙俄经济走廊"的大背景下，中蒙俄三国深化能源领域合作符合时代的要求和各自的关切。

关键词：中蒙俄，"一带一路"，能源合作

中国、蒙古国、俄罗斯三国是山水相依的近邻，近年来，三国政治关系良好，在各领域的沟通合作不断加强，特别是在中国提出构建"中蒙俄经济走廊"之后，三国在能源领域的合作前景更为广阔。随着中国经济的不断发展，中国对能源资源类产品的需求大幅度上升，目前，中国已经成为继美国之后的世界第二大能源进口国。而蒙古国和俄罗斯矿产及油气资源储备丰沛，在世界能源出口贸易中占据着较大的比重。特别是俄罗斯，其天然气储量世界第一，产量世界第二，石油产量也稳居世界首位。因此，三国之间的能源结构具有较强的互补性，也是三国深化能源合作的前提条件。此外，随着世界政治经济

---

[*] 郑伟，中国社会科学院亚太与全球战略研究院博士后。研究方向：国际政治经济关系。

形势的深刻变化,三国也相继提出符合自身发展需要的中长期国家战略,包括中国提出的"一带一路"倡议、俄罗斯提出的远东地区"东向发展"战略、蒙古国"草原之路"计划等。这些国家发展战略都将三国囊括其中,是各自发展战略的重要组成部分,这就为三国进一步加强能源领域的合作提供了国家战略层面的支持。因此,不论从能源贸易层面还是国家战略层面来看,中蒙俄三国加强能源合作是符合各自发展需要并满足各自关切的。

本文从中蒙俄三国能源合作的现状及存在的瓶颈入手,通过分析中蒙俄三国加强能源合作的战略意义,提出加强三国能源合作的具体路径和政策建议。

一 中蒙俄能源合作的现状及瓶颈

(一) 中蒙能源合作的现状及瓶颈

1. 中蒙能源合作的现状

自 1990 年以来,中国一直是蒙古国第一大贸易伙伴和第一大投资国。中蒙经贸规模 20 年间增长 50 倍。商务部数据显示,1994 年,中蒙双边贸易额仅有 1.2 亿美元;到了 2014 年,两国贸易额已升至 67.03 亿美元,占蒙古国对外贸易总额的 62.3%,其主要原因在于两国产业结构互补性极强。蒙古国资源丰富但经济发展相对落后,而中国的工业制造,特别是轻工业制造,发展态势良好,有较强的竞争力,但资源欠缺,人均资源占有量较低。因此,中蒙贸易的强互补性表现在两国贸易结构较为稳定上,蒙古国出口到中国的商品主要有煤炭、铜矿石及精粉、原油等;蒙古国自中国进口的商品主要有建材、钢材、货车、高新技术产品等。①

从两国能源贸易角度看,2010 年之前,铜精矿是蒙古国的第一大出口商品;2011 年,煤炭超过铜精矿,成为蒙古国第一大出口商品,煤炭出口量突破 2000 万吨大关,达到 2015.5 万吨;2012 年,蒙

---

① 《中国海关统计年鉴》(2015)。

表1 2000—2014年中国与蒙古国贸易额 （亿美元）

年份	贸易总额	出口额	进口额	贸易差额
2000	3.23	1.11	2.12	-1.02
2001	3.62	1.23	2.39	-1.17
2002	3.63	1.40	2.23	-0.83
2003	4.40	1.56	2.84	-1.28
2004	6.94	2.33	4.60	-2.27
2005	8.60	3.19	5.41	-2.22
2006	15.81	4.34	11.47	-7.14
2007	20.30	6.83	13.47	-6.64
2008	24.38	9.06	15.31	-6.25
2009	23.97	10.58	13.39	-2.81
2010	39.84	14.50	25.34	-10.84
2011	64.30	27.30	37.00	-9.70
2012	65.96	26.53	39.42	-12.89
2013	55.21	22.67	32.54	-9.87
2014	67.03	20.33	46.70	-26.37

资料来源：《中国商务年鉴》（2015）。

古国煤炭出口量为2212万吨，创历史最高；2013年，受价格下降和需求减少的影响，蒙古国煤炭出口量下降至1748万吨。2012年，中国进口蒙古国煤炭2212万吨，煤炭贸易额达到17亿美元，占双边贸易额的25.76%。2014年，蒙古国煤炭出口量比上年减少464万吨，煤炭出口贸易额也下降至11.87亿美元，但仍占中蒙双边贸易额的20%。

从两国能源投资合作角度看，中国是蒙古国第一大投资国。据蒙古国外国投资局统计数据，1990—2012年共有来自全球的110个国家和地区对蒙古国进行了直接投资，投资额达到98.26亿美元，共设立外资企业11624家，其中，中资企业5737家，直接投资额超过34.83亿美元。① 可以看出，中资企业无论在企业数量还是投资金额

---

① 《中国企业并购年鉴》（2013）。

上都已经占据蒙古国吸引外商投资总额的半壁江山。中国对蒙古国的投资领域相对较为集中,主要集中在以矿产为代表的能源资源类领域。在对蒙古国投资较为活跃的1000多家中资企业中,445家在蒙古国从事矿产领域的投资经营。蒙古国实行的"矿业兴国"战略是中资企业对蒙古国投资行业集中的重要原因。中资企业在资本、技术、设施等领域的比较优势明显,加上中蒙地缘相邻,未来两国在能源领域的投资合作还有很大潜力可挖。

2. 中蒙能源合作的瓶颈

中蒙能源合作的瓶颈主要存在以下三个方面:

第一,中蒙两国能源运输基础设施较差。蒙古国矿产资源地到中蒙口岸的路况条件比较差,策克口岸就多次发生煤车碰撞、翻车,司机严重死伤等事故,原煤运输车辆的司机甚至为此而专门组织了罢工以抗议政府不及时修理路政设施。公路条件差以及铁路轨道的标准不同,已经严重影响中蒙俄之间货物贸易的通关效率。

第二,蒙古国投资政策多变。2008年蒙古国的《外国投资法》要求所有外国投资者必须在蒙古国的外国投资和外贸署进行注册。此外还提高了投资门槛,对外国投资的最低资本要求从1000美元提高到10万美元。2012年,蒙古国议会再度修改《外商投资法》,限制对三大战略性行业矿业、金融业和通信业的外国投资。在战略性行业里,若外国投资比例超过49%、投资额超过1000亿图格里克(约合6000万美元),须由政府提交议会决定。正是根据此次《外国投资法》,2012年,蒙古国对中国铝业收购其南戈壁矿业展开调查,最终导致停产数月,中国铝业放弃收购,并导致中铝与蒙古国ETT公司于2013年因预付款合同价格调整而再次诉诸公堂。外商投资政策的多变和摇摆,已经成为中蒙开展能源合作的重要障碍。

第三,两国政治互信还有待进一步加强。2014年,中蒙两国建立全面战略伙伴关系,随着蒙古国外交战略的调整以及双边经贸往来的不断深入,双方政治互信程度逐年提高。但由于历史原因,部分蒙古国民众还存在冷战思维,担心与中国在能源领域展开合作会危及国家安全。政治互信度不高,也成为阻碍中蒙能源合作的绊脚石。

（二）中俄能源合作的现状及瓶颈

1. 中俄能源合作的现状

从贸易方面来看，2000—2014年中俄贸易额年均增长率达到23.4%。除2009年受金融危机影响中俄贸易出现负增长外，基本上保持了快速增长态势。2012年，中俄两国贸易额创历史新高，达881.6亿美元，同比增长11.2%，其中，中国对俄出口441.1亿美元，同比增长13.4%，进口440.5亿美元，同比增长9.9%。中国已成为俄罗斯第一大贸易伙伴，是俄罗斯第三大出口市场和第一大进口来源地。需要指出的是，2013年受国际政治经济形势的影响，中俄双边贸易涨幅只有1.1%，其中出口同比减少10.2%（见表2），这与两国建立长期全面战略协作伙伴关系的目标不相匹配，但这一现象在2014年有所缓解。

表2　　　　2000—2014年中国对俄贸易状况　　　　（亿美元;%）

年份	贸易额	同比增长	出口	同比增长	进口	同比增长
2000	80.0		22.3		57.7	
2002	119.3	11.8	35.2	29.9	84.1	5.6
2003	157.6	32.1	60.3	71.4	97.3	15.7
2004	212.3	34.7	91	51	121.3	24.7
2005	291	37.1	132.1	45.2	158.9	31.0
2006	333.9	14.7	158.3	19.8	175.6	10.5
2007	481.7	44.3	284.9	79.9	196.8	12.1
2008	568.3	18.0	330	15.9	238.3	21.1
2009	388	-31.8	175.1	-46.9	212.9	-10.7
2010	554.5	42.9	296.1	69.0	258.4	21.7
2011	792.5	42.9	389	31.4	403.5	55.6
2012	881.6	11.2	441.1	13.4	440.5	9.9
2013	892.6	1.1	396.7	-10.2	495.9	12.6
2014	952.8	6.8	536.8	8.2	416	-4.9

资料来源：UN Comtrade数据库。

从能源合作方面来看，在乌克兰危机后，俄罗斯为摆脱对欧洲能源进口市场的依赖，正积极拓展亚太能源出口市场。中国作为地处东北亚的俄罗斯最大邻国和第一大贸易伙伴国，在与俄罗斯能源合作方面取得了突破性进展。2014年3月，俄罗斯宣布将增加投资开发东西伯利亚油气田，目的是扩大对亚洲国家的油气出口，其中位于东西伯利亚北部的万科尔油气田的开发，则主要针对中国市场。中俄东线天然气合作项目经历了十年谈判后，2014年5月，中俄两国签署《中俄东线天然气合作项目备忘录》，中国石油天然气集团公司和俄罗斯天然气工业股份公司签订了《中俄东线供气购销合同》，期限为30年，金额达4000亿美元。据此，中国将获得可靠的天然气供应，俄罗斯产品也将获得稳定的出口大市场。中俄天然气协议是中国天然气进口多元化的重要一环，基本上完成了中国天然气通道的"四角战略"（西北、西南、东北及海上通道）。四大通道将保障中国天然气来源的多元化，并能在较短时间内提高天然气在能源消费总量中的比重。同时，能源通道布局的形成有利于保障中国的能源安全，使能源进口的渠道、来源和种类多元化。此外，中俄能源合作将会进一步扩展到其他能源领域。在该协议之后，另一条规划中的输送能力达300亿立方米/年的中俄天然气管道可能也会尽快得到落实。天然气合作将会成为未来中俄能源合作的重要方面。除了油气外，两国能源合作将会扩展到其他能源领域，包括电力、煤炭、核电甚至能源设备等各个方面。

2. 中俄能源合作的瓶颈

第一，中俄双方关于天然气管道铺设线路的问题争执多年。俄罗斯希望在给中国东线输气的同时，能够利用分支将气输送到东北亚地区的日本、韩国，以形成中日韩三方的制衡，并利用这种制衡关系获得更大的经济利益。而中国则希望能够建立东西两条稳定的输气管线，获得稳定的气源，以实现供应的多元化，在一定程度上降低对外依存度过高所带来的风险。双方的战略目标分歧是导致天然气管道建设进展缓慢的根本原因。

第二，中俄能源合作矛盾的关键还体现为价格之争。天然气价格因素一直以来都是中俄天然气合作的主要障碍。俄罗斯希望能够以出口欧洲的价格卖给中国，而中国方面坚持较低的价格的态度也很强硬。除了天然气之外，双方在电力出口价格方面也一直存在分歧。由于利益所在，这个问题不可避免，但通过两国的充分协商，并非不能解决。

第三，双方都避免过度依赖对方。俄罗斯不希望对中国能源消费市场有过强的依赖，而中国与俄罗斯合作在某种程度上也是为了解决能源进口过于集中的风险，与俄罗斯的合作同样面临对外依存的风险。

第四，企业决策与国家战略在一定程度上出现错配。对于双方国家战略作出的决策没有执行激励，这是由企业和国家的根本利益不一致所造成的。企业更关心合作所带来的利益，而双方国家关注更多的是能源政策所带来的经济和社会的好处。此外，中俄在能源方面的合作多集中在传统油气能源领域，在新能源方面双方缺乏合作的火花。

综上所述，除了价格问题外，两国企业间的有效合作模式尚不成熟。因此，中俄都需要加强并创新合作模式以应对未来国际能源供应格局的可能变化。

二　加强中蒙俄能源合作的战略意义

加强中蒙俄之间的能源合作，对于三方来讲可谓互利共赢。随着中国经济的不断发展，能源需求急剧上升，俄罗斯的油气资源、蒙古国的煤炭资源将在很大程度上缓解中国的能源安全困境；从另一方面来看，随着俄罗斯与西方国家在乌克兰、叙利亚等问题上的交恶，可以预见，西方国家对俄罗斯的制裁还将持续，俄罗斯发展重心东移将成为必然。中国作为俄罗斯东部近邻将成为其未来发展的重要推动力量；蒙古国因资源能源储备丰富，改革开放之后便制定了"矿业兴国"战略。而随着中国不断转变经济发展方式，煤炭进口呈现逐年上升趋势，单从进口量上看，中国进口占据了蒙古国焦煤总产量的2/3，目前，中国是蒙古国煤炭最大的消费市场。因此，加强中蒙能源合作对于蒙古国来说也大有裨益。

（一）有利于破解中国能源安全之困

随着中国快速成为世界能源进口大国，中国的能源安全问题也逐渐成为人们关注的焦点。目前，中国的能源安全问题主要集中在以下几个方面：

第一，能源结构不合理，依然以煤为主。中国是世界上唯一以煤为主的能源消费大国。在中国现有的能源消费结构中，煤占68%。根据国际能源机构的预测，到2030年，煤仍将占中国能源消费总量的60%。

第二，石油资源对外依存度过大。由于中国原油产量的增长大大低于石油消费量的增长，造成中国石油供应短缺，进口依存度飙升。按照国际能源机构的预测，2020年，中国石油对外依存度将达到68%。

第三，石油进口来源过于集中。目前，中国原油进口的60%以上来自于局势动荡的中东和北非，中国进口石油主要采取海上集中运输，原油运输约4/5通过马六甲海峡，形成了制约中国能源安全的"马六甲困局"。

第四，天然气需求量激增，进口来源地过于集中。2014年，中国天然气消费量达到1700亿立方米，预计将在2020年进一步提升至4200亿立方米。按照向中国输入天然气数量的比例来说，依次为土库曼斯坦（43.72%）、卡塔尔（15.71%）、澳大利亚（5.96%）、马来西亚（6.98%）、印度尼西亚（5.96%）、乌兹别克斯坦（4.17%）。这六个国家占进口总量的82.50%。[①]

因此，加强中蒙俄之间的能源合作，将使得中国的能源安全问题大为缓解。在煤炭方面，随着中国转变经济发展模式和产业结构调整，煤炭在中国的能源消费中所占的比重呈下降趋势。同时，为保护生态环境，优质煤炭的进口量将大幅提升。蒙古国最大的煤矿——塔

---

① 国际能源机构数据库。

温陶勒盖煤矿距中国不到 200 公里，其出产的优质原煤将成为未来中国煤炭消费中的重要组成部分。在石油方面，中国的原油进口集中在中东和北非地区，并大量依靠海运，航海线路不可避免地要经过霍尔木兹海峡和马六甲海峡，而该地区的动荡局势经常直接影响到中国的能源安全。俄罗斯的远东地区石油储量丰富，又与中国的黑龙江省隔界而望，若能加大自俄罗斯的石油进口量，将实现石油运输从海上运输到管道运输的突破，大大提升中国的能源安全等级。在天然气方面，中国的天然气来源过度依赖中亚地区，进口来源过于集中使得天然气消费存在很大隐患，若能加大自俄罗斯天然气进口量，将会大大缓解这一瓶颈问题。

（二）有利于带动"中蒙俄经济走廊"建设

2013 年，习近平主席在访问中亚和东南亚国家时先后提出了共建"丝绸之路经济带"和"21 世纪海上丝绸之路"的倡议（合称"一带一路"倡议），为中国与周边国家进一步扩大互利共赢、提升合作潜力提供了新的契机。随后，依托"一带一路"沿线国家所规划的六条经济走廊应运而生，"中蒙俄经济走廊"便是其中的重要组成部分。

在蒙古国方面，中蒙能源合作集中在煤炭领域，而煤炭资源的自然属性决定了其陆路的运输方式。目前，中蒙之间的口岸虽已经实现公路和铁路联通，但相对于快速增长的双边物流量而言，仍然显得较为滞后，特别是不同的铁路轨道标准和低等级公路已经严重阻碍中蒙之间的物流效率。因此，加强中蒙之间的能源合作，将倒逼两国政府加快基础设施建设的步伐，实现中蒙口岸基础设施互联互通。而依照"一带一路"倡议所提出的"五通"原则，设施联通正是"中蒙俄经济走廊"建设的重点所在。

在俄罗斯方面，中俄能源合作也已展开，特别是油气领域的合作前景广阔。目前，两国已正式启动中俄东线天然气管道中国境内段的修建工程，该项目最终将达到每年向中国输送 380 亿立方米的俄罗斯天然气。由此可见，中俄能源领域基础设施的互联互通建设已经开启,中俄能源走廊将成为"中蒙俄经济走廊"的重要组成部分。

(三)有利于俄罗斯"东向"战略的实施

自乌克兰危机爆发以来,俄罗斯指责美国利用乌克兰问题对俄实施孤立政策,美国则指责俄罗斯干涉乌克兰内政,并同其他西方国家一道对俄实施制裁,且制裁措施不断升级。在随后的叙利亚问题上,俄罗斯与西方国家的态度再度发生分歧,双方紧张关系升级。而突如其来的土耳其击毁俄罗斯战机事件,更是让俄罗斯与北约关系降至冰点。一方面,尽管俄罗斯也对美欧的这些定向打击采取了反制裁措施,但来自西方国家的压力使得俄罗斯国内资本外逃,卢布大幅度贬值,经济面临严重衰退局面,再加上国际石油价格趋于下降,俄罗斯外汇储备减少,迫使俄罗斯开发欧美之外的新兴市场,俄罗斯将更为倚重中国市场,俄罗斯"东向"战略势在必行。另一方面,俄罗斯是能源出口大国,其国内经济增长在很大程度上依赖石油和天然气出口。远东地区作为俄罗斯的"能源库",已经被规划为重点开发地区。而远东地区与中国大面积接壤,这直接导致了该地区对中国出口能源资源类产品具有区位优势。因此,不论从国际形势还是从俄罗斯自身发展需要上看,它对加强与中国的能源合作都具有强烈的主观意愿,中国将成为俄罗斯实现其"东向"战略的重要依托。

(四)有利于蒙古国"草原之路"计划和"第三邻国"计划的实施

一方面,为对接"一带一路"倡议,并结合自身发展的需要,蒙古国提出"草原之路"计划,该计划的主线是其国内东西向铁路基础设施建设。从该计划的目的来看,在以投资带动国内经济发展的同时,以东西向铁路连接塔温陶勒盖、奥云陶拉盖等煤矿和铜矿资源,并利用东方省省会乔巴山作为中转枢纽,对接多条南北向与中国连接的铁路。中蒙能源合作的深入开展,将有助于蒙古国"草原之路"计划的实施。此外,在蒙古国的出口结构中,能源资源类产品占据绝对优势,中国作为世界上主要的新兴市场国家,能源资源类产品需求量很大。中蒙两国大面积接壤,"中蒙俄经济走廊"建设将大大降低其出口成本,提升出口效率,使其能源资源产品更具价格优势,中国作为蒙古国煤炭的主要进口国,也将成为蒙古国"矿业兴国"战略实施的重要砝码。

另一方面,蒙古国是典型的内陆国家,独特的地理位置决定了它只有两个邻国——中国和俄罗斯。近年来,蒙古国为振兴国内经济,相继提出"第三邻国计划"和"外交中立政策",旨在摆脱对中俄两国的依赖。但其内陆国家属性导致蒙古国不得不依赖俄罗斯及中国的运输网络和出海口将其产品销往海外。因此,中蒙两国基础设施的互联互通建设将为蒙古国的出口便利化提供帮助,其参与意愿自然非常强烈。

三 新时期中蒙俄能源合作的路径选择

通过上述分析不难看出,中蒙俄能源合作是以互利共赢为基础的,并且三国的能源结构决定了深化三国能源合作是具有广阔前景的。因此,在世界政治经济格局不断变化、"中蒙俄经济走廊"建设逐渐展开的大背景下,加强中蒙俄能源合作,对于三方来讲都具有重大的战略意义。

(一)借助"一带一路"倡议,全面提升中蒙俄能源合作水平

"一带一路"倡议的提出,为中蒙俄三国的能源合作在政策指导、资金支持、政治互信等方面提供了广阔的平台。反之,三国以能源合作为先导,也为"中蒙俄经济走廊"的建立提供了有力的支撑。

应该看到,提升中蒙俄能源合作水平对充实三国务实合作内容、提升整体合作水平、实现经济互补和地区共同繁荣有着重要的现实作用和深远影响,受到中蒙俄三国领导人的高度重视。尽管如此,就目前而言,中蒙俄三国能源合作还没有达到最佳状态,主要表现在中俄、中蒙能源合作缺乏长远规划,短期性、盲目性、单一性、片面性较强;能源贸易方式落后,带动区域经济发展的作用非常有限,能源

结构互补性体现得不够明显；边境口岸基础设施不够发达，瓶颈较多，货物和人员出入境速度较慢；中俄、中蒙边境口岸管理制度不协调、服务效率较低等方面。

推进中蒙俄能源合作水平，首先，需要中俄蒙三国增强开放意识，彼此扩大市场开放，只有打开国门参与国际合作与竞争，才能不断提高国家和企业的竞争力。其次，努力创造便利的能源贸易和投资条件。中俄蒙三国在能源领域的投资情况不尽如人意，这有三国经济发展水平、经济结构、企业经营等方面的原因，也存在不少人为的贸易和投资壁垒。三国政府应努力为对方企业和公民开展贸易和投资合作创造良好的法律、政策环境，特别是要在消除投资壁垒、扩大投资合作方面下功夫。再次，三国中央和地方政府要努力推动跨境公路、铁路、桥梁、口岸、油气管道等基础设施建设，为三国的能源合作创造更好的条件。最后，充分利用"一带一路"倡议所提供的优惠政策和便利条件，利用好丝路基金、亚投行、金砖国家开放银行等机构的资金支持，保证融资渠道多元化，提高中蒙俄能源贸易、投资便利化水平。

总之，利用好"一带一路"倡议所提供的难得历史机遇，加强和提升中蒙俄能源合作水平，事关三国总体经济合作的全局。这不仅是现实的需要，而且是边境区域经济长远发展的需要，只有解决好三国能源合作中所出现的诸多问题，充分发挥能源合作在区域经济合作中的重要作用，才能最大限度地实现中蒙俄三国经济的快速健康发展。

(二) 加强基础设施互联互通，促进中蒙能源合作升级

目前，制约中蒙两国能源合作的关键问题是两国口岸交通基础设施不够完善。在未来一段时间里，应着重加强两国基础设施互联互通建设，提升两国能源合作的水平和效率。

在铁路方面，应完善铁路网络，加快形成路网主骨架，扩大路网覆盖面，提高沿边铁路运输能力，逐步形成紧密连接蒙古国的高效顺畅的沿边铁路通道网络。加快建设跨境铁路运输通道，形成口岸直接

通往蒙古国重点能源区域的便捷铁路通道。畅通口岸地区至经济腹地的铁路运输通道，提升进口资源落地加工的效率。

在公路方面，重点建设口岸通道、沿边地区至腹地的高等级公路、沿边地区农村牧区公路和边防公路。积极与蒙古国对接，加快建设与蒙古国相邻地区连接的跨境公路，实施口岸公路改扩建工程，加快形成直接通往蒙古国重点区域的便捷公路通道，提升前往蒙古国公路的通行能力和服务水平。

此外，还应明确中蒙口岸的功能定位，避免功能重复和无序竞争。例如，策克口岸，在完善煤炭进口的基础上，适度发展以洗、选煤为重点的循环经济产业；甘其毛都口岸，继续扩大能源资源性产品进口，推动资源过埠转化，打造国家重要的进口和利用境外资源的基地；珠恩嘎达布其口岸，将其建设成为外连蒙古、内接沿海的"中蒙俄经济走廊"关键节点和外贸进出口的重要基地等。

（三）以油气合作为依托，带动中俄能源合作的深入发展

第一，积极开展天然气领域的合作。中俄能源合作已经取得了长足的进步，但天然气领域的投资合作依然较为薄弱，2014年，俄罗斯对华出口天然气仅占中国进口天然气总量的0.3%，这与两国的能源互补结构严重背离。因此，在未来一段时期里，中俄两国应以天然气合作为先导，以中俄东线天然气管道为基础，全面拓展中俄油气管道建设。此外，应充分发挥中俄两国同为上合组织成员国和战略协作伙伴关系的作用，提升中俄与中亚和东北亚地区国家能源合作水平，加强中俄两国互信互利建设，建立合理的价格机制。

第二，加大对俄罗斯能源领域的投资。必须把中俄能源合作方式由政府主导向市场合作转变，从而推动两国能源合作进入新的发展阶段。这既是国家战略，也是企业战略。从政府层面来看，不仅要鼓励能源企业加大对俄罗斯的投资力度，而且要引导企业依靠市场机制来发展其海外战略；从企业层面来看，对外投资策略是决定投资成败的关键。因此，能源企业在实际运作中可以采取先贸易后投资，先合资后独资，先利用后开发的模式，做到循序渐进，步步为营。

第三，探索两国能源合作新模式。一方面，中国国有大型企业在国际能源合作中不仅要选择与俄罗斯国有控股的油气公司合作，还要与非公有企业进行功能互补。另一方面，除单一的油气贸易外，中俄应全方位开展能源合作。例如，中国企业可参与俄罗斯上游的勘探、开发、投资、建设工作，同时通过建设中俄天然气管道项目来换取资源；俄罗斯企业亦可参与到中国能源的加工和销售之中，通过合资的形式，使俄罗斯企业获得一定的自主权限，包括石油进出口贸易以及开发中国市场等。

第四，加强两国新能源领域的合作。中俄两国的能源合作不能只局限在石油领域，还需要大力发展天然气、页岩气、电力等领域的合作，尤其是新能源领域的合作。目前，俄罗斯在开发油气资源、节能技术、核能技术、油气储备技术等方面有很强的优势，专业化程度较高；同时，中国在光伏、清洁能源开发等产业方面的优势明显。因此，两国在新能源开发领域和技术方面的互补性较强，合作前景广阔。

参考文献：

[1] 王胜今：《蒙古国经济发展与东北亚国际区域合作》，长春出版社2009年版。

[2] 葛尚公：《当代国际政治与跨界民族研究》，民族出版社2006年版。

[3] 李铁立：《边界效应与跨边界次区域经济合作研究》，中国金融出版社2005年版。

[4] 张兴堂：《跨界民族与我国周边外交》，中央民族大学出版社2009年版。

[5] 戚文海、赵传君：《东北亚经贸合作全方位研究》，社会科学文献出版社2005年版。

[6] 刘清才、高科：《东北亚地缘政治与中国地缘战略》，天津人民出版社2007年版。

[7] 魏景赋、邱成利：《大湄公河区域经济研究》，上海文汇出版社2010年版。

[8] 任民：《中国铁路重点口岸与对外贸易》，中央民族大学出版社2007年版。

［9］陆南泉：《中俄经贸关系现状与前景》，中国社会科学出版社 2011 年版。

［10］王永新、齐杰：《呼伦贝尔市边境贸易发展现状及对策研究》，《内蒙古金融研究》2012 年第 6 期。

地区安全视角下"一带一路"建设与中蒙俄能源合作

朴光姬 李 芳[*]

内容提要：本文主要从中蒙俄所面临的地区安全形势出发，立足于"一带一路"建设的框架，从双边和多边层次，运用较为翔实的数据，对中蒙俄能源合作的基础、机遇、现状与挑战等方面进行分析。基本结论如下：中蒙俄相互毗邻的优势和能源互补性为三国能源合作奠定了基础。复杂多变的地区安全形势以及蒙俄对接中国"一带一路"倡议，为中蒙俄能源合作迎来了前所未有的机遇期，中蒙俄能源合作正在形成宽领域、多层次、多样化的局面。中国必须抓好这一战略机遇期，从构建合作机制、完善基础设施、增强互信、促进东北亚能源有序竞争等方面入手，加快推进中蒙俄能源合作，为"一带一路"建设打造示范工程。

关键词：地区安全，"一带一路"建设，中蒙俄，能源合作

"中俄蒙经济走廊"是"一带一路"建设的重要组成部分，能源合作在"一带一路"建设中居于重要地位。2014年，中蒙俄三国领导人首次会晤，中国"一带一路"、蒙古国"草原之路"与俄罗斯的"跨欧亚大铁路"实现官方对接，给中蒙俄能源合作带来前所未有的机遇。在中蒙俄所面临的地区安全环境复杂多变的形势下，中蒙俄三

---

[*] 朴光姬，中国社会科学院亚太与全球战略研究院研究员，主要从事区域经济、能源研究。李芳，中国社会科学院研究生院（亚太系）博士研究生，研究方向：亚太能源。

国的能源合作对于助推"一带一路"建设,巩固中国能源安全和地区安全具有重要意义。

首先,近年来中蒙俄周边地区安全形势错综复杂,地区对峙与冲突的可能性不断增加,主要表现在三个方面:(1)乌克兰、叙利亚局势联动激化了俄美欧的战略博弈。乌克兰危机爆发后,针对俄罗斯对乌克兰的立场,美欧已对俄罗斯进行了多轮制裁,企图从政治、经济上孤立、打压俄罗斯。俄罗斯为了打破僵局,巩固自身在中东地区的利益,于2015年9月以迅雷不及掩耳之势空袭叙利亚。俄罗斯强势介入叙利亚动乱,虽然打破了与美国僵持一年多的冰冻局面,但是,在短期内令美欧取消制裁的可能性依然不大。而伊拉克、伊朗、叙利亚等中东地区什叶派对俄罗斯的支持,又触动了以美国为首的逊尼派的地缘政治利益。在未来的一段时期内,乌克兰、叙利亚局势联动将进一步加剧俄、美、欧等大国在中东、东欧地区的博弈。(2)朝鲜半岛局势威胁着东北亚的安全。2016年伊始,朝鲜半岛局势急剧恶化,面临联合国以及相关国家的单边制裁,朝鲜的动向尚难以预料,朝鲜半岛安全的不稳定性增加。美国强势介入,并要在朝鲜半岛部署"萨德"导弹系统,美日韩在东海地区举行声势浩大的联合军演,严重威胁着东北亚安全。朝鲜的执意和美日韩同盟的步步紧逼,使得东北亚安全岌岌可危。(3)南海问题困扰着中国的能源安全。在美国特朗普政策不甚明朗、中国经济强劲增长的局势下,美国的一些东南亚盟国在美中之间摇摆,最典型的当属菲律宾对华态度由敌对向友好的转变。然而,中菲关系暂时向好并不足以消除南海问题的根源,菲律宾、越南等国挑衅中国南海主权的行为仍将不可避免。中国石油进口均需通过位于东南亚的马六甲海峡,与东南亚各国,尤其是新加坡、马来西亚和印度尼西亚的关系将直接关系到中国能源运输通道的安全。因此,在错综复杂的周边安全环境下,中俄蒙能源合作具有特殊重要的意义。

其次,"中蒙俄经济走廊"建设是"一带一路"的重要组成部分,在"一带一路"背景下推动中蒙俄能源合作,具有现实性与可行性。"一带一路"沿线涉及众多国家区域,人文自然风貌各不相同,经济发展阶段和政治形势各异,因而"一带一路"将是一个复杂的系统工程。世界各国对中国的和平崛起尚存疑虑,加之西方一直以来渲染的中国"威胁论","一带一路"沿线各国对中国的倡议和诚意仍心存戒备或认同障碍。因而,"一带一路"又注定是一个长期的工程。"一带一路"沿线途经了当前世界上能源禀赋最为富裕的中亚、中东、俄罗斯、非洲等地区,然而,鉴于中国周边地区的安全形势,中蒙俄三国的能源合作成本和风险都低于中东、中亚和非洲地区,中国应该在"一带一路"背景下推动中蒙俄能源合作。

最后,中蒙俄能源合作具有重要意义。(1)中蒙俄能源合作的顺利推进,将有助于打造"一带一路"能源合作的示范基地。自中国"一带一路"倡议提出以来,虽然中国单方面已经作出了诸多承诺和实践,然而,面对持观望态度的众多国家,中国孤掌难鸣。因而,中国继续推动"一带一路"前行,迫切需要打造系列成功案例,做实中国的诚意和"一带一路"的共赢共享性。(2)打造巩固东北亚安全的坚强后盾。东北亚安全的主要影响因素在于朝鲜半岛局势,在韩国、美国、日本纷纷对朝鲜采取制裁和威胁的情形下,中蒙俄三国的团结协作将成为东北亚安全的坚强后盾。中蒙俄三国的能源合作将增加三国经济的相互依存度,因而也将增进三国安全合作的协调程度。(3)解困中国能源进口的马六甲之忧。中、日、韩从中东地区进口的石油都必经"马六甲海峡",而此航道常年充斥着多国纷争、海盗猖獗等问题。虽然中日韩在合作应对马六甲咽喉的收益大于成本,然而,由于缺乏互信,多年来,中日韩在能源通道运输安全的合作上采取的实质性行动甚少。因此,中国通过加强与俄蒙两国的合作,加大从俄蒙的能源进口,将在很大程度上缓解马六甲海峡对中国能源安全的遏制作用。

一 中蒙俄能源合作的文献述评

从 20 世纪 90 年代开始,中国经济增长对能源需求不断增加,蒙古国和俄罗斯的能源供给与中国的能源需求互补性越来越高,有关中蒙俄能源合作的探讨也日益增多。随着东北亚一体化的推进,以及中国"一带一路"倡议的提出,中蒙俄能源合作在东北亚区域和"一带一路"框架下都被赋予重要意义。越来越多的学者从不同的视角展开对中蒙俄能源合作的分析，本文主要从双边和多边层次对相关文献进行梳理。

（一）中蒙俄双边能源合作文献述评

1. 中俄能源合作文献述评

有关中俄能源合作问题的研究大致始于 20 世纪 90 年代，在进入 21 世纪以后开始大量涌现。中国 1993 年成为石油净进口国，自此以后，对中俄能源合作的前景和对策的文献研究开始增多。例如，孙永祥（1996）[①] 提出了加强中俄两国天然气工业合作的几点建议；宋魁（1999）[②] 提出中俄合作开发西伯利亚与远东石油天然气的"亚太能源桥构想"；李国玉（2001）[③] 论证了伊尔库茨克—萨哈油气区应被作为中俄油气合作的首选目标。21 世纪开局之年，中俄能源合作势头向好，对中俄能源合作的研究也大量增加，然而 2002 年出现的中俄石油管道"安大线"与"安纳线"之争表明，地缘因素对中俄能源合作有重要影响，普京执政以来实行的"能源外交"更加大了地缘因素的影响权重。学者们对中俄能源合作的研究开始大量引入地缘战略视角。比如，冯玉军（2004）[④] 在分析国际石油战略格局的基础上，得出中俄能源合作前景看好；郎一环等（2007）[⑤] 分析了俄罗斯的地缘政治战略特征，并指出中国应当加强对俄能源、国情的研究，利用上合组织和国际规则推动中俄能源合作，规范中俄能源合作行

[①] 孙永祥：《加强中俄两国天然气工业合作的几点建议》，《中国能源》1996 年第 12 期。

[②] 宋魁：《亚太能源桥构想——对中俄合作开发西伯利亚与远东石油天然气的思考》，《西伯利亚研究》1999 年第 5 期。

[③] 李国玉：《油气南下工程——中俄合作开发伊尔库茨克—萨哈油气区的设想》，《国际贸易》2001 年第 6 期。

[④] 冯玉军：《国际石油战略格局与中俄能源合作前景》，《现代国际关系》2004 年第 5 期。

[⑤] 郎一环、王礼茂：《俄罗斯能源地缘政治战略及中俄能源合作前景》，《资源科学》2007 年第 5 期。

为;Leonty Eder（2009）[①]指出,俄方能源政策多变,导致中俄双边油气合作进展缓慢,这迫使中国不断寻求将中亚作为油气资源进口的另一重要来源;张恒龙等（2015）[②]通过演化博弈模型分析得出,中俄能源合作博弈不仅对双边政治经济关系产生了重要影响,也对东北亚、中亚、欧洲等相关利益地区的地缘政治经济格局产生了深刻影响。此外,还有一些学者从合作机制和实证角度对中俄能源合作进行了有益的探讨。比如王铭剑（2012）[③]提出了构建中国与俄罗斯能源合作法律机制的设想。中俄能源合作的长远发展离不开完善的合作机制,因此,在推进中俄能源合作的同时,应加大对中俄能源合作机制的探索。

2. 中蒙能源合作文献述评

相比于对中俄能源合作研究的热度,国内外对中蒙能源合作的研究较少,而且多被置于中蒙矿产资源的合作框架下。娜琳（2001）[④],张秀杰（2005）[⑤],李靖宇、雷杨（2010）[⑥],安可玛（2013）[⑦]等对蒙古国的矿产资源分布情况和不同时期中蒙矿产资源合作开发的条件进行了分析,并提出了扩展中蒙矿产资源合作的政策建议。任晓娟（2009）[⑧]论述了中蒙矿产、石油资源合作开发现状以及在实践中遇

[①] Leonty Eder, Philip Andrews-Speed, Andrey Korzhubaev, "Russia's Evolving Energy Policy for its Eastern Regions, and Implications for Oil and Gas Cooperation between Russia and China," *Journal of World Energy Law & Business*, 2009, 2（3）: 219 - 242.

[②] 张恒龙、秦鹏亮:《中俄能源合作博弈及其地缘政治经济影响》,《上海大学学报》（社会科学版）2015 年第 1 期。

[③] 王铭剑:《中国与俄罗斯能源合作法律机制构建研究》,学位论文,新疆大学,2012 年。

[④] 娜琳:《中蒙矿产资源的态势及双边经贸关系》,《东北亚论坛》2001 年第 2 期。

[⑤] 张秀杰:《蒙古矿产资源开发状况及中蒙资源合作前景》,《东北亚论坛》2005 年第 4 期。

[⑥] 李靖宇、雷杨:《蒙古国矿产资源分布与中蒙两国合作开发前景论证》,《世界地理研究》2010 年第 1 期。

[⑦] 安可玛:《蒙古国矿产资源开发利用与中蒙矿产资源合作研究》,学位论文,吉林大学,2013 年。

[⑧] 任晓娟:《论中蒙矿产、石油资源合作开发现状与对策》,《内蒙古财经学院学报》2009 年第 5 期。

到的问题,并给出了一些建议。崔健(2010)[①] 分析了中蒙能源合作的背景、优势条件、影响因素和基本原则,并在此基础上提出中蒙能源合作开发中的战略对策。Khurelbaatar Uyanga(2013)[②] 指出,蒙中两国资源结构存在互补性,蒙古国在能源领域吸收中国投资,不仅能满足中国的能源需求,也有利于蒙古国能源持续稳定的发展。巴德玛(2014)[③] 指出,蒙古国可以在石油勘探和开采活动上同中国合作,利用中国的资金和技术优势。萨仁(2015)[④] 分析了蒙古国对华煤炭出口贸易情况。蒙古国未来的能源开发拥有很大的潜力,因此,应当加大对蒙古国能源合作的研究,争取对蒙能源合作的有利时机。

3. 蒙俄能源合作文献述评

中国学者对蒙俄能源合作的研究较少,在苏联解体以前,蒙古国一直紧随苏联,属于社会主义阵营的一部分。1993年开始,蒙俄关系在经历了苏联解体之初的冷却后,开始重修旧好。娜琳(2002)[⑤] 对蒙俄两国积极修复双边关系的国内外背景进行了剖析,同时指出,直至21世纪初期,蒙古国的全部石油产品、20%的电力依靠俄罗斯;为了扭转俄罗斯对蒙古主导产业的能源供给及铁路、矿业的控制力和影响力,蒙古国也开始加强与中国企业的合作。N. I. Voropai 等人(2013)[⑥] 认为,尽管俄罗斯是蒙古的第二大贸易伙伴,但双方在能源领域合作有限,未来在煤炭、石油、天然气和电力领域的合作潜力巨大,双方应当加强产能合作和基础设施建设,为深化能源合作提供便利。为推进中蒙俄能源合作,中国学者应该加大对蒙俄合作动向的

[①] 崔健:《中俄蒙能源合作开发研究》,学位论文,吉林大学,2010年。

[②] Khurelbaatar Uyanga(吴燕歌):《蒙古国吸收中国能源投资问题研究》,学位论文,首都经济贸易大学,2013年。

[③] 巴德玛:《蒙古国的石油开发与蒙中石油开发合作问题研究》,学位论文,吉林大学,2014年。

[④] 萨仁:《蒙古国对华煤炭出口贸易的问题与对策研究》,学位论文,北京理工大学,2015年。

[⑤] 娜琳:《蒙俄积极修复双边关系的背景剖析》,《当代亚太》2002年第12期。

[⑥] N. I. Voropai, B. G. Saneev, S. Batkhuyag, K. Enkhjargal, "Energy Cooperation between Mongolia and Russia: Current State and Strategic Directions," *Spatial Economics*, 20133(35): 108 – 122.

研究，为推进中蒙俄能源合作谈判提供更充分的信息依据。

（二）中蒙俄多边能源合作文献综述

中蒙俄三国毗邻，能源合作具有先在的地理因素，然而，单纯从中蒙俄三边层面论述能源合作的文献很少。同时，中蒙俄均位于东北亚区域，一些文献在东北亚能源合作议题下，对中蒙俄能源合作有所述及。另外，随着中国"一带一路"倡议的提出，中蒙俄能源合作的战略意义正日益凸显，越来越多的学者开始在"一带一路"视角下对中蒙俄能源合作进行分析。

1. 中蒙俄能源合作文献述评

李国玉（2006）[①] 在中俄蒙边境区域合作论坛上探讨了中俄蒙油气合作的前景。王楠等（2009）[②] 在分析中俄蒙三国矿产资源合作的条件基础上，总结出政府主导型、大型国有企业合作型和民营企业境外拓展型三种跨边界矿产资源合作开发模式，为进一步拓展中俄蒙三国能源合作提供了有益借鉴。王绍媛（2010）[③] 从中国、俄罗斯、蒙古三国的油气资源互补性、地理位置、现有合作机制以及未来发展战略角度分析了三国油气资源合作的基础、现实条件与存在的问题，并提出了拓展中俄蒙油气合作的一些建议。

2. 东北亚框架下中蒙俄能源合作文献述评

娜琳、恩和（1992）[④] 指出，蒙古国的煤炭和石油储量及其分布都为中蒙在矿业开发领域的合作提供了有利条件。张斌（2007）[⑤] 指出，中日韩在竞争俄罗斯能源中的无序状态导致了实际利益的"共

[①] 李国玉：《中俄蒙油气合作的前景》，中俄蒙边境区域合作论坛（会议论文），2006年6月26日。
[②] 王楠、张本明：《中俄蒙跨边界此区域矿产合作开发机制与模式研究》，《世界地理研究》2009年第3期。
[③] 王绍媛：《中、俄、蒙三国的油气合作》，《东北亚论坛》2010年第6期。
[④] 娜琳、恩和：《东北亚区域合作与中蒙经济合作的构想》，《当代世界社会主义问题》1992年第3期。
[⑤] 张斌：《由分散竞争到合作共赢——建构东北亚能源合作机制论析》，《社会科学战线》2007年第4期。

损",只有建立东北亚能源合作机制才能实现共赢。Kang Wu 等（2009）[①]指出,到目前（2009年）为止,蒙古国在东北亚能源合作中的地位并不突出,然而,随着东北亚区域能源合作需求的增加,蒙古国也将有机会参与东北亚能源合作项目。

3. "一带一路"框架下中蒙俄能源合作文献述评

于洪洋等（2015）[②]指出,中蒙俄能源供需格局使得三国经济结构互补性强,这构成了"中蒙俄经济走廊"建设的基础之一。王晶超（2015）[③]认为,"中蒙俄经济走廊"建设为三国能源合作提供了更大的机遇,对扩大三国能源合作既有推动作用,也具有保障作用。朱晓俊等（2015）[④]指出,蒙俄发展战略环境的变化为内蒙古推进"中蒙俄经济走廊"创造了条件,中俄能源合作步伐加快,蒙古国可以利用区位优势,积极参与中蒙俄能源贸易合作。作为"一带一路"的起点,"中蒙俄经济走廊"下的能源合作的战略意义日益凸显,未来应当鼓励加大对中国参与中蒙俄能源合作的研究,利用"一带一路"建设的契机,推动中蒙俄能源合作。

通过对以上文献的梳理发现,关于中蒙俄能源合作问题,尽管在双边和多边层次上均有研究文献,但有关中俄能源合作的文献卷帙浩繁,中蒙和蒙俄能源合作文献却门可罗雀。这在一定程度上反映出,在中蒙俄能源合作中,中俄能源合作更受关注,且中蒙俄能源合作主要通过双边渠道展开。然而,在当前中蒙俄所面临的地区安全新形势下,中蒙俄能源合作重要性凸显。在"中蒙俄经济走廊"建设中,中蒙俄三方作为平等的利益主体,直接决定着中蒙俄能源合作的成败,因此,需要加大对蒙古国参与能源合作的研究,为中蒙俄能源合

[①] K. Wu, Batsaikhan Usukh, Bulganmurun Tsevegjav, Energy Cooperation in Northeast Asia: The Role of Mongolia, CiNii, 2009（12）：83 – 98.

[②] 于洪洋、[蒙]欧德卡、巴殿君：《试论"中蒙俄经济走廊"的基础与障碍》,《东北亚论坛》2015 年第 1 期。

[③] 王晶超：《中蒙俄经济走廊建设对扩大三国能源合作的作用》,《大庆社会科学》2015 年第 6 期。

[④] 朱晓俊、赵秀清：《俄蒙发展战略环境变化及对内蒙古与俄蒙合作的影响》,《前沿》2015 年第 2 期。

作提供更多的参考和借鉴。

二　中蒙俄能源合作的基础与机遇

中、蒙、俄三国在地理位置、合作互补性和共赢性方面优势明显，这是开展中蒙俄能源合作的基础条件。近年来，中蒙俄地区安全形势多变，中蒙俄外交关系不断改善，为中蒙俄能源合作提供了天时、地利、人和的优势，中蒙俄能源合作面临着前所未有的机遇期。

（一）中俄蒙能源合作的基础

中国能源进口需求的持续攀升为蒙俄能源提供了广阔的出口市场；蒙古国、俄罗斯丰富的资源及其日益提升的开采能力使三国能源互补性不断增强；加之三国相互毗邻的地理优势，使得中蒙俄能源贸易与投资的条件不断成熟。

1. 中国能源对外依存度持续攀升

中国的能源供给缺口不断增大。改革开放以来，随着中国经济的快速发展，中国对能源的消费量与日俱增。中国能源生产总量位列世界前茅，然而，由于能源需求增长迅猛，中国能源供给缺口不断加大。从表1和图1可以看出，中国的能源总量缺口从2000年的8214万吨标准煤上升至2014年的66000万吨标准煤。其中，原油缺口最大，其次是原煤缺口，分别占2014年能源总缺口的64.6%和26.7%。随着中国能源消费结构向清洁化转型，天然气从2007年开始出现缺口97.2万吨标准煤，并呈迅速扩大之势，2014年缺口达7002万吨标准煤，占能源缺口的10.6%。电力在2000—2014年15年中有12个年份处于供给缺口状态。由此可以看出，中国能源供给基本上呈现出全面告急的状态。不断扩大的供给缺口使中国能源对外依存度持续攀升，2015年，中国石油对外依存度已经达到60%，天然气达到20%。根据IEA的预测，到2035年，这两个数字将会达到

80%和40%。① 因此,能源进口稳定对中国能源供给安全越来越重要。

表1　1978—2014年中国能源生产和消费量对比　　（万吨标准煤;%）

	1978	2000	2013	2014	1978—2014平均增速	2000—2014平均增速
能源生产	62770	138750	358784	360000	5.0	7.1
能源消费	57144	146964	416913	426000	5.7	7.9
供给缺口	5626	-8214	-58129	-66000	—	16.05

资料来源:中国统计局。

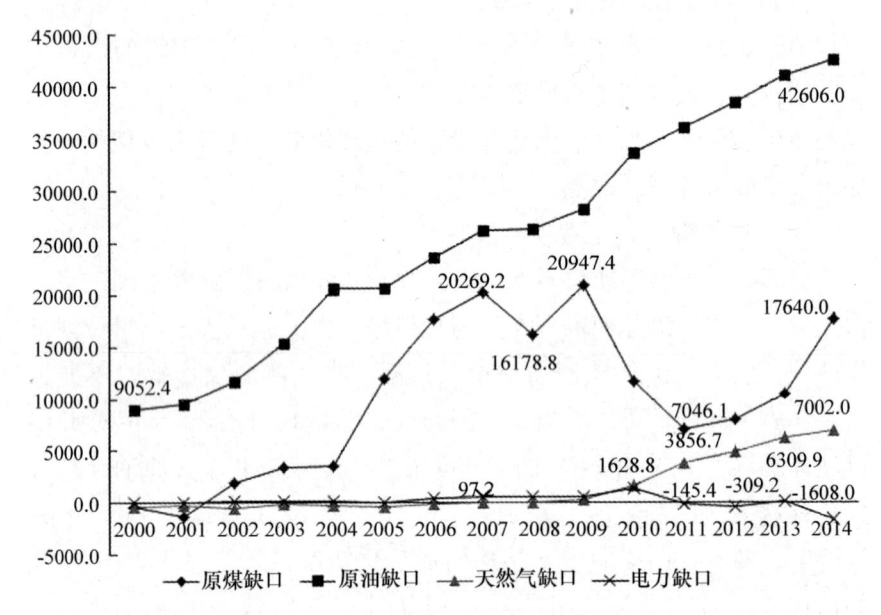

图1　2000—2014年中国能源缺口（单位:万吨标准煤）
资料来源:联合国贸发会议（UNCTAD）统计数据。

另外,由于中国能源进口品种和来源地相对集中,特别是集中于

---

① http://finance.sina.com.cn/chanjing/cyxw/20150703/005922576868.shtml.

中东、非洲地区，这导致中国能源进口运输安全的重要性不断提升。当前中国能源进口中尤以原煤、原油和天然气为主，根据中国统计局的数据，2014年，这三类一次能源进口分别占到同期能源进口总额的6.0%、72.1%、7.5%。从进口来源上看，2014年，中东地区占中国原油进口总量的52.1%；其次是非洲地区，占比22.1%。由于从中东、北非进口的原油均需通过马六甲海峡运输，马六甲海峡运输的原油占中国原油进口总量的74.2%，因此，马六甲航道的安全对中国原油进口安全至关重要。

2. 蒙古国能源储量可观且开发潜力大

蒙古国能源储量丰富，已探明的煤、石油、天然气储量可观，并且受地理条件的影响，蒙古国许多能源资源分布在蒙中边界地区，是中蒙能源合作开发的基础。蒙古国素有"煤矿业的沙特阿拉伯"之称，根据蒙古国能源局的统计，蒙古国的煤炭总储量约为1623亿吨，主要分布在东部、西南部和北部地区。现已发现250多个矿床，储量在500亿—1520亿吨，而现在蒙古国煤的开采总量还不到500万吨，因此未来蒙古国的煤炭产出仍然具有相当大的潜力。另外，蒙古国拥有比较丰富的油气资源。苏联解体后，蒙古国恢复了停止20多年的石油勘探和开采，石油探明储量也不断增加，目前，初步探明石油储量约为60亿—80亿桶，而且大多位于与中国接壤的东、南各省，仅与中国接壤的东、南、西部地区就有13个较大的石油盆地，储量约30亿桶。根据《蒙古国21世纪可持续发展纲要》计划，蒙古从2000年开始年生产原油20万—40万桶，2000—2010年生产450万—3000万桶，到2020年可达6200万桶。蒙古国北面与俄罗斯接壤，东、南、西三面分别与中国接壤，蒙中边境线长4676.8公里，蒙俄边境线长3543公里。因此，蒙古国具备与中国和俄罗斯开展能源合作的先在条件，并且中俄在能源开采技术和资金上所具有的优势，也将为蒙古国的能源开发和经济发展带来广阔前景。

3. 俄罗斯是世界能源储量和生产大国

俄罗斯拥有丰富的能源资源，是世界第三大化石燃料生产国（位于中国和美国之后），2015年，俄罗斯生产了世界上12.4%的石油、

16.1%的天然气和4.5%的煤，分别居世界第二位、第二位、和第六位；然而，消费量却相对较少。由表2可以看出，俄罗斯的主要能源存在巨大的需求缺口，有很大的能源出口潜力。据BP最新统计数据，2015年，俄罗斯成为世界第一大石油出口国，且依旧保持了世界第一大天然气出口国的地位。俄罗斯石油、天然气、煤炭出口分别占相应产出的74.9%、33.7%和41.7%，能源出口在俄罗斯内政外交中占有重要地位。一方面，油气出口收入占据着俄罗斯财政收入的半壁江山。2014年，俄罗斯联邦财政收入约为13.57万亿卢布，占GDP的18.5%。[①] 从收入的构成来看，与石油和天然气相关的收入约为6.5万亿卢布，占财政收入的48%（占GDP的8.9%）。鉴于油气资源收入的重要性，俄罗斯非常重视对油气资源的勘探与开采。另一方面，能源作为重要的战略性资源，丰裕的能源供应为俄罗斯领导人开展能源外交提供了坚实的后盾。随着俄罗斯能源出口战略的东移，中国有更多的机会扩大对俄罗斯能源的进口。

表2　　　　2014—2015年俄罗斯能源生产与消费情况　　（百万吨标油）

	原油		天然气		煤炭	
	2014	2015	2014	2015	2014	2015
生产量	534.1	540.7	523.6	516.0	176.6	184.5
消费量	150.8	143.0	370.7	352.3	87.6	88.7
需求缺口	383.3	397.7	152.9	163.7	89.0	95.8

资料来源：BP能源统计数据（2016）。

能源禀赋决定了中蒙俄三国开展能源合作的互利基础，中蒙俄经济转型的需要使得三国在能源合作领域具有非常高的互补性。蒙古国、俄罗斯正处于经济转型时期，俄蒙双方均需借助自身的资源优势，特别是能源资源这一重要战略物资来获取发展所需的资金和与外

---

① 俄罗斯联邦审计院2013年10月10日发布的《2014年联邦预算和2015年、2016年预算计划结论》中的数据。

国达成合作意向。而中国正处于经济结构优化升级和能源结构转型的关键时期,转移过剩产能、保证能源供给安全是中国经济实现成功转型和稳定发展的关键。中国有实力为蒙俄两国提供发展所需的资金、人力和技术支持,因而,三国在中蒙俄经济带下开展能源合作符合三方的长远利益。

(二)中蒙俄能源合作的战略机遇

2014年8月,习近平总书记先后出访俄、蒙,举行了首次中俄蒙三国元首会晤,达成了一系列合作协议,特别是提出三国要在"丝绸之路经济带""草原之路"和跨欧亚大铁路建设上密切合作、有机结合。在动荡的周边安全环境下,中国的"丝路经济带"倡议、蒙古国的"草原之路"倡议、俄罗斯的"跨欧亚大铁路"倡议实现了战略对接发展,天时、地利、人和推动着中蒙俄能源合作进入前所未有的战略机遇期。

1. 中国"一带一路"倡议的提出与实施

2013年,习近平主席提出的"一带一路"构想表达了中国参与对外合作的积极愿望。中国经济经过30多年的快速增长与积累,已经具备了实施"一带一路"倡议、带动沿线各国共同富裕的能力。"一带一路"建设给"中蒙俄经济走廊"下的能源合作带来了机遇,中国强大的资金、技术、人力优势将为蒙俄能源和经济发展注入新活力。据估算,中国政府的"一带一路"倡议可能为中蒙俄三国在2020年带来高达2500亿美元以上的贸易额,这为三国努力推进合作提供了潜在动力。同时,"中蒙俄经济走廊"的成功运行,也将为"一带一路"全局工程发挥示范效应。错综复杂的地区安全形势增加了中国企业在中亚、中东等地区参与能源合作的难度和不确定性,中蒙俄能源合作政治经济环境优于其他国家,有利于打造"中俄蒙经济走廊",为"一带一路"建设增加成功案例、提供经验。

2. 蒙古国"草原之路"对接中国"一带一路"

一方面,2015年5月,蒙古国驻华大使策登扎布—苏赫巴特尔表示,为了对接把握中国"一带一路"战略所带来的机遇,蒙古国拟打造"中俄蒙经济走廊",这一倡议被称为"草原之路"。"草原之路"计划由5个项目组成,总投资约500亿美元,项目包括连接中俄的997公里高速公路、1100公里电气化铁路、扩展跨蒙古国铁路以及天然气和石油管道等。另一方面,2010年,俄罗斯与蒙古国正式达成了天然气亚洲过境协议,俄蒙两国又形成了能源与电力输送的能源经济走廊。油气管线畅通、畅行有助于俄罗斯大力发挥其能源资源优势,带动蒙古国基础设施投资的增加,增加中国能源通道的运输安全。

3. 俄罗斯加快能源"东向"战略

中俄两国能源战略导向高度契合,俄罗斯《2035年能源战略》指出,扩大对亚太市场的出口规模,实现能源产品出口多元化。而中国《能源发展战略行动计划(2014—2020年)》指出,要加强同俄罗斯、中亚国家的能源合作区域建设,着力打造"一带一路"框架下区域性能源交易市场。由此可见,中俄两国区域能源合作政策不谋而合,合作空间广阔。不仅如此,中国缺油、少气的资源禀赋决定了必须做好油气进口的长远计划。而油气资源丰富的俄罗斯是中国的近邻,修建油气管道不受第三方影响。因此,中俄能源合作的互补性很强。

4. 动荡的地区安全形势需要中蒙俄携手与共

自从美国"重返亚太"以来,中俄蒙三国周边的地区安全形势越发不容乐观,中蒙俄三国唇齿相依,需要通过加强合作来提高共同应对周边安全挑战的能力。中蒙俄三国能源领域的互补性决定了三国在能源领域的合作最符合各方当下的利益关切,也是最易达成意向的领域。就中国而言,南海问题多发变故、朝鲜半岛局势多生事端,不但增加中国的外交成本,也困扰着中国的能源安全。就俄罗斯而言,乌克兰局势和叙利亚动乱的联动让俄罗斯陷入被制裁的泥潭,俄罗斯卢布大幅贬值,油价下跌更使俄罗斯经济雪上加霜;加之朝鲜半岛事端频生,俄罗斯东西两线安全形势堪忧,俄罗斯经济增长和周边安全受到拖累。中俄开展油气贸易与合作,不仅有助于俄罗斯度过寒冬,也能缓解中国的能源安全风险。就蒙古国而言,随着蒙古国经济与中俄两国依存度日益加强，中俄两国面临的经济、安全因素也会使蒙古国的发展遭受损失，因此，一如既往地加强与中俄的合作不仅有助于振兴蒙古国经济，也将增强中蒙俄走廊上的凝聚力和抗风险能力。

三 中蒙俄能源合作的现状及挑战

在当前的新形势下，中蒙俄三国能源合作达成了前所未有的默契，三国能源合作在贸易、投资多个方面进入蜜月期。然而，作为战略资源，能源合作所涉及的问题非常复杂。在国内外政治、经济、文化等多重因素的影响下，中蒙俄能源合作仍面临着诸多挑战。

（一）中蒙俄能源合作的现状

1. 中俄能源合作的现状

金融危机以后，俄罗斯正式把对东线的能源出口方案提到国家战略层面，俄罗斯能源企业加速了对亚洲市场尤其是中国市场的拓展步伐，俄罗斯在中国能源进口中的地位不断上升。2014年，俄罗斯在中国煤炭进口[①]和原油进口[②]中均排第三位，中国自俄罗斯进口的天然气和电力也呈现出大幅上升趋势。根据联合国贸易和发展会议（United Nations Conference on Trade and Development，UNCTAD）的统计数据，俄罗斯对中国出口的能源中，石油占比超出97.8%，其次是电力，占比约1%，煤炭占比呈下降趋势，2014年仅占0.6个百分点，天然气进口量虽然在上升，但占比仅为0.03个百分点[③]左右徘徊。由于中俄两国能源禀赋相差悬殊，中国对俄罗斯的能源出口以石油制品为主，2009—2014年，均占到中国对俄能源出口的99.9%以上。因此，石油出口在俄罗斯对中国能源出口中占有重要地位。

近年来，中俄正在煤炭、油气、电力等多个领域开展合作。

[①] 参见《2014年我国煤炭进口的主要特点分析》，http://www.chinabgao.com/freereport/64919.html，2015-02-02。
[②] 中国海关总署。
[③] 2013年数据。

（1）在煤炭领域，中国在能源转型压力下对煤炭进口的质量和数量规定了更高标准，俄罗斯和蒙古国的煤炭资源质量较好，有望成为中国煤炭企业更为合适的合作伙伴。2014年10月，中俄两国签署的《中俄煤炭领域合作路线图》规定，中国大公司可以参与俄罗斯的境内项目。由此，中国神华能源股份有限公司、中国中煤能源股份有限公司得以与俄罗斯多家煤炭企业在开发、基础设施建设等方面达成多项合作。（2）在油气领域，中俄双方在油气贸易、管道建设、投资合作等方面进展顺利。2013年，俄罗斯国有石油公司Rosneft与中石油集团签订协议，商定在未来25年里每天多输油30万桶。[①] 2015年6月，中俄东线天然气管道中国境内段正式开工，建成后年输气量达380亿立方米，这是继中俄原油管道之后两国间的第二条能源战略通道。此外，双方还就推进西线天然气管道项目达成共识，未来东西两线输气量合计将达680亿立方米，这将使得中国超过德国成为俄罗斯最大的天然气出口市场。同时，俄罗斯在油气领域引入中国企业和战略投资。2015年12月到2016年3月间，中国丝路基金以10.87亿欧元价格获得"亚马尔液化天然气"项目9.9%的股权。（3）在电力合作方面，2013年以来，中俄双方电力合作机制日趋完善，电力贸易稳定，火电、水电及输电合作项目取得积极进展，企业间交流更加密切，合作领域也不断扩展。[②] 2014年，中国对俄购电突破136亿千瓦时。2014年11月，中国华电集团公司与俄罗斯第二地区发电公司在北京签署并购阿尔汉格尔斯克项目框架协议；中国长江三峡集团公司、中国电力建设集团有限公司分别与俄罗斯水电集团就水电站建设达成合作协议。2014年11月13—17日，中俄联合成功完成500千伏黑河换流站俄方稳控装置指令传输时间测试，这是两国为维护能源合作运行安全所做的一次共同努力。两国形成了贸易、勘探、炼化、装备各领域并进，合资、合作、股权并购多模式发展的全方位能源合作

[①]《俄罗斯能源战略：一路向东》，财经杂志网，http：//business.sohu.com/20140630/n401571396.shtml（2014-06-30）。

[②]《中俄电力合作22年累计进口俄电136亿千瓦时》，http：//gb.cri.cn/42071/2014/10/24/5931s4739826.htm（2014-10-24）。

格局。

2. 中蒙能源合作的现状

蒙古国与中俄两国毗邻，受地理位置因素的影响，蒙古国绝大部分能源资源出口到俄罗斯和中国，根据 UNCTAD 的统计数据，自 2002 年以后，蒙古国对中俄两国的能源出口总额占其能源对外出口总额的比例均在 95% 以上。从 1998 年开始，中国超越俄罗斯，成为蒙古国的主要能源出口国。2004 年以后，中国占蒙古国能源出口的比例均在 91% 以上。煤炭是中蒙双方第一大贸易产品，中国也是蒙古国煤炭的唯一出口国。其次是石油，截至 2014 年，蒙古国对中国能源出口中原煤占比约 57.0%，原油占比达 42.9%，此外还有少量的石油制品，但占比不足 1%。中国对蒙古出口的能源产品主要以电力和石油制品为主，2014 年，中国对蒙古国的能源出口中，电力占 64.2%，石油制品占 35.3%。[①]

中蒙双方在煤炭、石油、燃气、电力等矿产资源领域里的产业投资规模、质量不断提升，其中煤化工、坑口电厂、煤制天然气、矿产品深加工等领域是未来中蒙两国合作的重点领域。[②]（1）在煤炭领域，蒙古国积极引入外资并努力扩大铁路运力。2014 年，中国神华能源股份有限公司与蒙古矿业公司、日本住友商事公司共同竞标开发蒙古国塔本陶乐盖的大型煤炭项目。同时，蒙古国对中国的互联互通倡议响应积极。2014 年 4 月，蒙古国的"新铁路计划"议案提出，应在连接塔本陶乐盖煤矿与中国约 280 公里的铁路上使用标轨，修建从蒙古国噶顺苏海图到中国甘其毛都的 18 公里口岸铁路。（2）中蒙在石油领域的合作也将进一步加强，比如加强塔木察格油田、宗巴音油田项目的开发合作。中方也支持本国企业对蒙古国建设国内炼油厂提供协助，支持中蒙双方企业在互利共赢的基础上，按市场化原则开展成品油贸易。（3）在电力合作领域，中国企业同蒙方一些大型矿

[①] 根据联合国贸发会议（UNCTAD）统计数据计算得出，其中石油制品包含 SITC（Rev3）编码 334 和 335 两项的数额。

[②] 王晶超：《中蒙俄经济走廊建设对扩大三国能源合作的作用》，《大庆社会科学》2015 年第 6 期。

采产业签订了供电合同项目，比如中方为蒙奥尤陶勒盖铜矿等项目建设的供电。未来双方将积极研究在蒙合作建设煤矿坑口电厂，并向中国出口电力的事宜，中方企业也将参与蒙古现有电厂的现代化改造和新建电力项目建设。此外，两国企业在风能、太阳能、核能等清洁能源领域的合作也将陆续展开。

3. 蒙俄能源合作现状

自蒙古国建国伊始，俄罗斯与蒙古国就建立了紧密的外交关系。苏联解体以前，蒙古国的能源勘探、开采均由苏联提供支持，蒙古国开采的一次能源资源大部分出口到俄罗斯，而蒙古国所需的绝大部分燃油和相当一部分电力均需从俄罗斯进口。能源部门的合作一直是蒙俄合作的重要内容，蒙古国虽然正努力降低能源部门对俄罗斯的依赖，但是在1998年以前，蒙古国对俄罗斯的能源出口总额始终占蒙古国能源出口总额的90%以上。[①] 从1998年开始，中国开始取代俄罗斯，成为蒙古国能源出口的主要市场。然而，由于俄罗斯继承了苏联时期对蒙古国矿产资源的勘探资料数据，并且较早参与了蒙古国能源资源的开发，加之俄罗斯对蒙古传统的政治影响力，俄罗斯企业在蒙古国的能源领域仍然拥有先占优势。早在2007年，俄罗斯企业就在石油、核能、电力、铁路等领域与蒙古开展了广泛的交流与合作；俄蒙双方能源企业的合作模式与合作机制也相对成熟，俄罗斯天然气工业银行在2007年组织了俄罗斯—蒙古商业论坛，专门研究与蒙古国在能源领域的合作。N. I. Voropai（2013）[②] 指出，蒙古国与俄罗斯未来能源战略合作方向之一是贝加尔湖地区的天然气分销网络的开发，蒙古国可以利用中俄油气资源跨境国的地位，加强同俄罗斯油气供应企业的分销合作。

4. 中蒙俄多边能源合作

随着"中蒙俄经济走廊"建设的逐步推进，中蒙俄多边能源合

---

① 根据联合国贸发会议（UNCTAD）资料整理。
② N. I. Voropai, B. G. Saneev, S. Batkhuyag, K. Enkhjargal, "Energy Cooperation between Mongolia and Russia: Current State and Strategic Directions," *Spatial Economics*, 2013, 3 (35): 108 – 122.

作领域的项目也逐步推进。蒙古国总统提出建设经由蒙古国的中俄油气管线,大致从俄罗斯经蒙古国至中国的二连浩特、北京,管线总长为2188公里,相当于俄罗斯中国天然气管道东线[①]长度的近一半距离。途经蒙古国的油气管线若能建成,不但能够节约成本,带动沿线基础设施投资和经济发展,也为俄罗斯能源出口增加了渠道,同时将进一步保障中国能源进口通道的安全。此外,中蒙俄三国开展多边合作将是一步多赢的棋局,由于蒙古国特殊的地理位置,蒙古国通道的安全性高于任何一个第三过境国,因而无论是从政治安全还是从经济成本角度考虑,中蒙俄应该在能源勘探、开采、加工、运输等领域打造多层次的中蒙俄多边合作项目,开拓中蒙俄能源合作的利润空间。

双边能源合作是中蒙俄多边合作的基础,而未来多边合作也有助于双边能源合作向着更深入、更优化的方向发展。在"一带一路"倡议的推动下,"中蒙俄经济走廊"中的能源合作将呈现出全方位、多层次的合作模式。中蒙俄能源合作也将打造"一带一路"互利、合作、共赢的示范版本,为"一带一路"建设注入新的动力。

(二) 中蒙俄能源合作面临的挑战

然而,也应看到"中俄蒙经济走廊"建设刚刚起步,在东北亚区域能源竞争日趋激烈的环境下,中蒙俄能源合作仍面临着诸多挑战。随着中蒙俄能源合作的逐步推进,中蒙俄能源合作在机制构建、基础设施完善、政治互信、地缘政治方面也将面临严峻考验。

1. 能源合作机制建设滞后不利于合作的长远发展

中蒙俄能源合作近年来虽有较大发展,但中蒙俄能源合作机制建设才刚刚起步,所取得的成果也屈指可数。目前,中国与蒙俄的能源

[①] 俄罗斯至中国的天然气东线管道经由科维克金气田、恰扬金气田—别洛戈尔斯克—黑河—北京。境外管线长2680公里,境内1600公里,总长4280公里。

合作机制分为多边和双边两个层次：中俄蒙能源合作仅有上海合作组织[1]这一个多边合作平台，且蒙古国是以观察员身份参加的；在双边层次上，中蒙俄在国家层面以签署合作备忘录[2]的形式构建双边高层互访机制，这也是中蒙俄能源领域合作的主要形式。在次国家级的双边层面，2014年，在中国—俄罗斯博览会期间成立东北亚矿业分会[3]；2015年，在中国—蒙古博览会期间举行了中蒙矿产资源开发洽谈会。[4] 可见，中蒙俄能源合作机制建设滞后于政治关系改善的步伐，这制约着中蒙俄三国政治关系优势、地缘毗邻优势和经济互补优势向务实合作优势转化的效率，不利于规范中蒙俄能源合作的行为，制约着中蒙俄能源合作的长远发展。

2. 基础设施落后制约着能源合作的速度

能源资源的开采和运输以基础设施建设为基础，然而，俄、蒙两国基础设施建设限制着中蒙俄能源步伐的加快。一方面，蒙古国境内以及俄罗斯远东地区虽然资源丰富，但是能源基础设施落后、资金缺乏，俄罗斯远东地区还存在着劳动力不足的问题，这些因素制约着能源资源的开发。另一方面，油气管线稀少，铁路、公路运力不足制约了能源贸易的发展。俄罗斯《2035年能源战略》指出，开拓能源市场与保障出口安全的基本前提是能源基础设施建设与出口路线多元化。但是，相对于支撑俄罗斯与欧洲能源贸易的诸多管网，亚太地区落后的基础设施远不足以支撑俄罗斯雄心勃勃的能源出口计划。此外，两国交接口岸存在设施落后、高素质人员配备不足、互联网使用

---

[1] 2014年，由中国外交部支持，国土资源部、中国地质调查局批准，依托中国地质调查局西安地调查中心组建了"国土资源部中国—上海合作组织地学合作研究中心"，致力于成员国地学领域的合作交流与人才联合培养，促进地球科学理论与技术进步，为上海合作组织成员国矿业经济发展助力。

[2] 2013年和2014年，中俄、中蒙领导人在会晤期间签署了多个合作备忘录，这些备忘录构建了双边高层互访机制，推动了国土资源管理经验交流、信息共享和双边互利合作。

[3] 东北矿业分会就东北亚地区地质找矿理论研究、找矿前景和潜力分析、矿业经济发展趋势、加强矿产资源开发国际合作等方面进行学术交流；对国内外拟寻求合作的矿业项目进行推介，商讨交流与合作相关事宜。

[4] 中蒙矿产资源开发洽谈会搭建合作平台，立足矿产资源开发与合作，推动政府与企业间的交往，借助矿产资源投资开发，增进互助友谊。

和信息管理置后等问题，贸易便利化程度低下制约着通关效率和能源贸易的扩大。由于基础设施建设往往耗资巨大，资金投入周期长、见效慢，中蒙俄能源合作前期需要投入大量资金在基础设施建设方面，因而迟缓了能源合作的步伐。

3. 互信不足增加了能源合作风险

国际形势的变化催生了中蒙俄关系发展的良好势头，然而，中蒙俄政治互信、合作认同度依然不足，增加了中蒙俄能源合作的倒退风险。对俄罗斯而言，中国崛起在很大程度上挑战了俄罗斯作为地区大国的姿态和利益，俄罗斯难以释怀。俄罗斯国内一些人士甚至认为，中国借俄罗斯遭受制裁之机，在对俄能源谈判中存在借机牟利动机。对蒙古国而言，相对于中俄两国，蒙古国国力弱小，"中国威胁论"的渲染使得蒙古国对中国和平崛起存有疑虑，随着中国对蒙投资额的增加，劳动力和人口的大量输出，以及对其地下能源开采力度的增加和范围的不断扩大，蒙古国民心中也随之产生了深深的不安与忧虑。[①]对中国而言，蒙古国和俄罗斯是能源输出国，中国是能源净输入国，中国在能源合作中处于被动地位。蒙古国和俄罗斯政府的对中政策缺乏一致性，往往使中国企业利益受损，俄罗斯单方面终止中俄"安大线"的输油管线建设就是对中国最现实的教训。互信缺失不但会降低合作的积极性，也增加了中蒙俄能源合作的不稳定性，若将来俄罗斯所面临的国际环境好转，不排除俄罗斯对中蒙俄合作意愿降低的风险。

4. 地缘政治经济因素导致能源合作与竞争并存

地缘政治经济因素，尤其是东北亚的地缘因素对中蒙俄能源合作有着重要影响。一方面，能源分布的国别差异，导致中日韩竞争俄蒙能源资源的东北亚能源格局。而且，东北亚地区的无序能源竞争往往导致"互损"的结果，2002年，中日对俄石油管线的"安大线"与"安纳线"之争就导致了"泰纳线""囚徒困境"式的结局。另一方面，俄罗斯与蒙古国都利用自身的能源战略优势，增加自身在东北亚

---

① 高新国：《中蒙贸易结构特征及其成因分析》，学位论文，暨南大学，2009年。

能源合作中的影响力。在俄罗斯能源出口市场多元化战略、蒙古国"多支点"外交战略的影响下，蒙俄两国在与中国加快能源合作的同时也加快了同日本、韩国、印度等国的能源合作步伐。中蒙俄能源合作因为地缘因素而增加了离心力，中国不得不在与亚太其他国家的竞争中参与中蒙俄能源合作，这增加了中国合作的难度和成本。

总而言之，在国际形势纷繁多变的情形下，中蒙俄能源合作机遇与挑战并存。中国应该抓好国际形势变化对中蒙俄能源合作所带来的有利时机，积极采取措施，加快推进中蒙俄能源合作，打造互利共赢的合作示范基地，增加世界各国对中国"一带一路"倡议的认同。

四 提升中蒙俄能源合作水平的几点思考

（一）构建多层次的中蒙俄能源合作机制

完善的能源合作机制不仅能够确保中蒙俄能源合作有序进行，也将为中蒙俄能源合作注入持久动力。能源国际合作牵涉领域众多、涉及的问题复杂，蒙古、俄罗斯的政策法规、人文习俗、生态环境、基础设施、成矿条件、劳动力及其成本、融资领域等产生的问题都有可能成为中国能源公司参与中蒙俄能源合作的阻碍。因此，必须加快构建多层次的中蒙俄能源合作机制。除了国家层面的领导人互访、政策互动外，未来应当重视次级区域、政府之间合作机制的创新。此外，还应该鼓励民间自主合作机制，与政府参与能源合作相比，民间能源合作的政治色彩相对较低，在资源民族主义与地缘政治风险并存的形势下，民间合作更容易被当地所接受，比如中国华信能源的海外投资之路，应当成为中国民营能源企业拓展境外合作的学习案例。从国家、地区、民间层面共同推进中蒙能源合作机制的建设，有利于形成多层次、多样化的合作机制。

（二）推动基础设施建设，夯实能源通道安全

基础设施尤其是口岸和油气管线的建设对实施中蒙俄能源合作，夯实能源通道安全至关重要。中国应该根据难易程度，先易后难，从

国内、国外两个层面逐步推进中蒙俄能源合作的基础设施建设、改造和升级。首先，中国应当加快黑龙江和内蒙古段口岸设施的改造和升级，提高口岸的支撑能力；并在此基础上，进行口岸的通关监管模式改革，以"互联网+"打造现代化的通关便利化程序。同时，应当以口岸为中心，建设辐射口岸周边的工业园区和油气储备设施，增加公路、铁路、油气管线建设投资，提升口岸的通行能力和油气储存、转运能力。其次，中国应该加强与蒙古国和俄罗斯的协商，投资蒙古国和俄罗斯远东地区的基础设施建设。中方投资蒙俄基础设施建设，有利于缓解蒙俄资金不足的问题，同时还有利于提高彼此商业依存度，增强能源通道安全。

（三）增强政治互信，降低能源合作倒退的可能性

在未来的能源合作中，中蒙俄三方均应拿出合作的诚意，换取彼此的信任。首先，中蒙俄三方应该就能源合作进行更广泛的交流，向彼此表明合作的态度。在俄罗斯面临制裁的困境下，俄罗斯加大对中国的能源出口是出于长远能源战略利益考虑，并非只为解燃眉之急。中方雪中送炭的行为绝非为了短期牟利，而是为了寻求长远互利共赢合作而作出的不懈努力。同时，中俄双方应当将蒙古国视为平等的利益主体，兼顾蒙方的利益关切，在能源过境蒙古国或在蒙古国能源开采中协助其建立完整的工业体系，且注重开发与保护并举。其次，就中国而言可从以下方面作出更多努力：在政府层面，应该坚定不移地坚持"共商共建、互利互赢"的合作道路，加强政策沟通。在企业层面，应该完善相关法规，规范三国边境地区中国企业的行为，严格出入境商品质量检查程序，保证中国企业出口蒙俄的产品尤其是轻工业产品的质量，重建中国企业在蒙俄居民心中的形象。在民众层面，扩大人文交流的范围，让更多的蒙俄人士来中国，了解中国政府和平发展理念和中国发展的成就。只有让合作伙伴国得到真正的实惠和发展，才能取得对方的信任。

（四）探索东北亚能源在合作基础上的有序竞争

"一带一路"倡议是开放的，中蒙俄能源合作与东北亚能源合作并不矛盾，且中蒙俄能源合作的顺利开展有赖于东北亚地区的有序竞争。长期以来，东北亚地区能源竞争的无序状态招致中日韩各国在进口能源时面临不同的"溢价"，若能实现东北亚地区的能源合作，中日韩巨大的能源市场将增强东北亚在世界能源格局中的影响力，有效降低"亚洲溢价"，从而使中日韩各方均从中受益。能源分布的国别差异注定了中日韩对俄蒙能源资源的竞争性，然而，建立在东北亚能源合作基础上的竞争，将更加有秩序，更能激发能源合作的活力。东北亚能源合作是解决东北亚能源问题和安全问题的最佳出路。但是，当前朝鲜半岛的局势显示，东北亚能源合作在短期内难以实现。面对激烈的竞争环境，中国应遵循务实原则，在加强同俄能源合作的同时，加大同中亚国家能源合作的力度，确保能源进口多元化。能源进口多元化及合作方式的多样化，是规避蒙俄能源合作风险的有效手段。

五 结语

当前中蒙俄地区周边安全风险加大，在"一带一路"倡议下推动"中蒙俄经济走廊"中的能源合作对于增进彼此的互补性和依存度，进而巩固东北亚的地区安全具有特殊意义。构建全方位、多层次的合作机制；借助亚投行、丝路基金扩充融资渠道，改造升级中蒙俄的能源基础设施；借中蒙俄外交关系融洽之际，增进中蒙俄政治互信，是推进中蒙俄能源合作顺利进行的内部条件。与此同时，中蒙俄需要立足于周边尤其是东北亚能源合作的更高层次上，探索实现东北亚各国在能源合作中实现有序竞争的非零和博弈，营造中蒙俄能源合作顺利开展的外部环境。

参考文献：

[1] 崔健：《中俄蒙能源合作开发研究》，学位论文，吉林大学，2010年。

[2] 冯玉军:《国际石油战略格局与中俄能源合作前景》,《现代国际关系》2004年第5期。

[3] 李国玉:《油气南下工程——中俄合作开发伊尔库茨克—萨哈油气区的设想》,《国际贸易》2001年第6期。

[4] 李国玉:《中俄蒙油气合作的前景》,中俄蒙边境区域合作论坛(会议论文),2006年6月26日。

[5] 娜琳:《中蒙矿产资源的态势及双边经贸关系》,《东北亚论坛》2001年第2期。

[6] 任晓娟:《论中蒙矿产、石油资源合作开发现状与对策》,《内蒙古财经学院学报》2009年第5期。

[7] 王晶超:《中蒙俄经济走廊建设对扩大三国能源合作的作用》,《大庆社会科学》2015年第6期。

[8] 王绍媛:《中、俄、蒙三国的油气合作》,《东北亚论坛》2010年第6期。

[9] K. Wu, Batsaikhan Usukh, Bulganmurun Tsevegjav, Energy Cooperation in Northeast Asia: The Role of Mongolia. CiNii, 2009 (12): 83 – 98.

[10] Leonty Eder, Philip Andrews-Speed, Andrey Korzhubaev, "Russia's Evolving Energy Policy for Its Eastern Regions, and Implications for Oil and Gas Cooperation between Russia and China," *Journal of World Energy Law & Business*, 2009, 2 (3): 219 – 242.

[11] I. Voropai, B. G. Saneev, S. Batkhuyag, K. Enkhjargal, "Energy Cooperation between Mongolia and Russia: Current State and Strategic Directions," *Spatial Economics*, 2013 (35): 108 – 122.

后　　记

　　为了进一步丰富"一带一路"的研究成果，为实现东北亚各国能源安全互利共赢建言献策，我院积极承担了外交部、财政部"亚洲专项研究"项目："'一带一路'与东北亚能源安全环境"（The Belt & Road and Northeast Asia Energy Security Environment）课题。在课题组成员的不懈努力下，最终完成了本论文集的收稿工作，作为课题研究成果，谨供各位读者参阅。

　　转眼间，课题历时已近两年。期间，由于诸多因素，进展一再放缓。首先，国际形势复杂多变，不断为东北亚能源安全增添新变量。本课题组审时度势、冷静思考，力求全面搜集各方信息、征询东北亚各国相互之间对能源问题的期许与建议。为此，本课题组积极联系国内外相关人士，并先后于2015年和2016年举办两次国际学术研讨会，诚邀各方专家学者、凝聚多方共识。其次，中国"一带一路"倡议在一片争论声中，不断更新理论和实践成果。本课题组意在尽量囊括"一带一路"下与东北亚能源相关的各种问题，为广大读者传递最新、最客观的"一带一路"能源合作与安全观。最后，中国在全球能源格局中的影响力不断上升，在国内能源结构调整的大背景下，新一轮能源生产与消费革命已悄然兴起。如何适应中国能源地位的转变并发挥中国能源的影响力，增进区域能源安全与合作，亦为课题组所关注，课题组成员对此进行了持续深入的思考与总结。

　　另外，值得大家缅怀的是徐小杰研究员，在课题研究进行期间，他因病入院，与病魔苦战数月后，于2016年病逝于北京。中国能源研究界失去一位优秀的研究者，我们也永远失去了这位同仁。课题组

后 记

几经周折，找寻到徐先生生前的手稿，由其学生合力整理成文，加入论文集，以期能为广大读者传递先人思想的结晶，启发后人。

在本论文集截稿之际，特向课题及论文集的所有参与者表示衷心的感谢！感谢各位在课题讨论期间给予的理解与支持；感谢各位为论文集撰稿的日日夜夜；也感谢亚太与全球战略研究院领导及各位同事的鼎力相助，尤其是李向阳院长，在非常艰难的环境中，对本课题所举办的国际学术会议给予大力支持；钟飞腾博士、李成日博士在举办学术研讨会及论文集收稿工作中，多方联络协调，保证了课题组各项工作的顺利进行；还有中国社会科学院研究生院亚太系 2015 级博士研究生李芳同学从头至尾参与了本课题的研究及大量的事务性工作，为本书的最终完成作出了巨大贡献；正是大家的共同努力，集成了今天的成果。

朴光姬
2017 年 4 月
中国社会科学院亚太与全球战略研究院